# 基础教育治理创新
# 与案例分析

包金玲 著

学苑出版社

图书在版编目（CIP）数据

基础教育治理创新与案例分析 / 包金玲著. — 北京：学苑出版社，2019.11
ISBN 978-7-5077-5860-3

Ⅰ. ①基… Ⅱ. ①包… Ⅲ. ①基础教育—教育管理—研究—中国 Ⅳ. ① G639.2

中国版本图书馆 CIP 数据核字（2019）第 254238 号

| | |
|---|---|
| 责任编辑： | 任彦霞 |
| 出版发行： | 学苑出版社 |
| 社　　址： | 北京市丰台区南方庄 2 号院 1 号楼 |
| 邮政编码： | 100079 |
| 网　　址： | www.book001.com |
| 电子信箱： | xueyuanpress@163.com |
| 联系电话： | 010-67601101（营销部）、010-67603091（总编室） |
| 印 刷 厂： | 北京虎彩文化传播有限公司 |
| 开本尺寸： | 787×1092　1/16 |
| 印　　张： | 19 |
| 字　　数： | 307 千字 |
| 版　　次： | 2019 年 11 月第 1 版 |
| 印　　次： | 2019 年 11 月第 1 次印刷 |
| 定　　价： | 68.00 元 |

# Preface 前言

国家现代化，教育要先行。教育要主动适应和服务于国家现代化的新目标，通过教育自身现代化，支持和引领国家现代化。教育现代化是系统工程，具体内容有教育观念现代化、教育治理现代化、教育内容现代化、教学方法现代化、教育手段现代化、教学设施现代化以及教师素质现代化等。其中，加快推进教育治理体系和治理能力现代化，是坚持立德树人、提高教育质量、促进教育公平、深化综合改革、推进依法治教、实现教育现代化的重要保障。《中国教育现代化2035》将"推进教育治理体系和治理能力现代化"作为我国实现教育现代化的十大战略任务之一。具体从提高教育法治化水平、健全教育法律实施和监管机制、提升政府管理服务水平、健全教育督导体制机制、提高学校自主办学能力、建立健全社会参与学校管理和教育评价监管机制等方面提出了改革目标。

伴随公共教育管理重心下移，我国基础教育管理领域开始注重实行民主决策、管理责任、监督制衡、参与合作和平等竞争等管理机制。自教育规划纲要颁布实施以来，我国明确指出按照现代教育治理理念，在教育领域推行依法行政、依法治教、依法参与，以法治思维和法治方式推进教育改革和发展。实践层面，国家采取了试点引领，鼓励地方先行先试，地方涌现出许多新探索、新举措，这些自下而上的自发探索，成为当前教改最具生命力的发展趋势，从而基本形成了目前国家和地方共同推进的教改推进模式。

各试点地区深化教育管理体制改革，破除体制机制障碍，加快完善各项体制机制建设，转变政府教育管理职能，逐步构建专业化、民主化、法制化和服务型教育管理体制，为教育改革与发展提供持续动力。实践表明，教育体制改革从最初的被动改革正向主动改革转变，政府由过去的主要主导部门正向拥有一定责权利部门转变；政府具体向学校下放一定的人财物管理权限，学校办学自主权有所扩大；学校评价由单一评价向社会多元评价方向转变。原有的政府、学校和社会关系正在被打破，三者间新型关系正在重建，为实现教育治理的制度化、规范化、程序化和民主化发展奠定了良好的实践基础。

Contents 目录

第一章　推进教育治理现代化　/001
　第一节　推进教育治理现代化　/003
　　一、教育治理的基本内涵和特征　/004
　　二、推进教育治理现代化的时代背景　/008
　　三、坚守中国特色社会主义教育制度　/018
　第二节　深化教育管理体制改革　/022
　　一、我国教育管理体制变迁　/022
　　二、多元化教育管理体制改革特征　/028
　　三、深化教育管理体制改革的基本策略　/044
　第三节　坚持教育优先发展战略地位　/053
　　一、优先发展教育是推进社会主义现代化建设的战略决策　/053
　　二、教育优先发展的战略地位得到进一步落实　/057
　　三、实现高水平有质量的优先发展　/060

第二章　转变政府教育管理职能　/071
　第一节　由管理属性向治理属性转变　/073
　　一、教育行政定义及其基本属性　/074
　　二、教育行政职能及其职能转变　/077
　　三、实行教育管办评分离改革　/087
　第二节　坚持教育优先发展案例　/102

一、上海市奉贤区优化投入促学校创新发展案例 / 102
　　二、陕西省汉阴县政府主导推动教育优先发展案例 / 104
　　三、湖北省荆门市兜底保障市直学校办学经费案例 / 108
　　四、安徽省寿县实行县乡合力保障教育优先发展案例 / 110
　　五、山东省青岛市制度保障教育优先发展案例 / 111
　　六、结论与启示 / 114
　第三节　转变政府教育管理职能案例 / 116
　　一、山东省青岛市制度保障学校自主办学案例 / 116
　　二、"最多跑一次"改革助推浙江省温州市教育发展案例 / 119
　　三、陕西省汉阴县不断优化教育发展环境案例 / 123
　　四、北京市朝阳区构建共商共治教育治理案例 / 126
　　五、结论与启示 / 128
　第四节　教育管办评分离改革案例分析 / 131
　　一、山东省青岛市管办评分离改革案例 / 133
　　二、江苏省无锡市管办评分离改革案例 / 140
　　三、重庆市江津区管办评分离改革案例 / 144
　　四、结论与启示 / 152

# 第三章　构建现代学校制度 / 159

　第一节　现代学校制度的理念与实践特征 / 161
　　一、现代学校制度的基本内涵 / 162
　　二、现代学校制度的实践特征 / 165
　　三、现代学校制度的实施对策 / 167
　第二节　探索校长职级制改革案例 / 184
　　一、现代校长的角色使命 / 184
　　二、职级制改革的现实意义 / 188
　　三、职级制改革案例 / 192

四、结论与启示　　/200

第三节　学校自主办学改革案例　　/204

　　一、山东省临沂市通过特色学校建设扩大学校教育教学自主权案例　　/204

　　二、吉林省长白山保护开发区管委会试点推进学校办学自主权案例　　/208

　　三、福建省福鼎市第九中学完善教代会制度案例　　/211

　　四、山西省阳泉市第十二中学实行学生自主治理改革案例　　/215

　　五、结论与启示　　/220

第四节　学校法人治理结构案例　　/223

　　一、宁夏回族自治区银川市高级中学法人治理结构建设试点改革案例　　/224

　　二、山东省青岛市黄岛区创新学校法人治理结构案例　　/228

　　三、江苏省南京市以校务委员会建设推进现代学校制度建设案例　　/231

　　四、江苏省泰州市推进家校共同发展委员会建设案例　　/234

　　五、结论与启示　　/238

# 第四章　探索多元化教育评价体系　　/241

第一节　构建多元化教育评价体系　　/243

　　一、基于核心素养的多元化教育评价体系　　/244

　　二、构建多元合作教育评价体系的时代背景　　/251

　　三、实行多元合作教育评价的实践特征　　/256

第二节　优化政府教育督导职能案例　　/262

　　一、浙江省丽水市建立政府领导兼任"特邀督学"工作机制案例　　/267

　　二、湖南省株洲市推进责任督学挂牌督导工作案例　　/270

　　三、浙江省温州市构建教育质量评价机制案例　　/273

　　四、结论与启示　　/278

第三节　第三方参与教育评价案例　　　　　　　　　／281
　　一、第三方教育评价的基本内涵　　　　　　　　／281
　　二、我国实施第三方教育评价现状　　　　　　　／283
　　三、第三方参与教育评价案例　　　　　　　　　／285
　　四、结论与启示　　　　　　　　　　　　　　　／293

# 后　记　　　　　　　　　　　　　　　　　　　　／295

# 第一章
# 推进教育治理现代化

## 第一节　推进教育治理现代化

国家现代化，教育要先行。教育要主动适应和服务于国家现代化的新目标，通过教育自身现代化，支持和引领国家现代化。2019年，中共中央、国务院印发了《中国教育现代化2035》，明确提出，到2035年，我国总体实现教育现代化，迈入教育强国行列，推动我国成为学习大国、人力资源强国和人才强国，为到本世纪中叶建成富强民主文明和谐美丽的社会主义现代化强国奠定坚实基础。教育现代化是系统工程，具体内容有教育观念现代化、教育治理现代化、教育内容现代化、教学方法现代化、教育手段现代化、教学设施现代化以及教师素质现代化等。其中，教育治理现代化是教育现代化的重要保证，教育治理是教育各项事业得以顺利开展的基本保障。

十八届三中全会明确提出："要完善和发展中国特色社会主义制度，推进国家治理体系和治理能力现代化。"十九大报告进一步指出："必须坚持和完善中国特色社会主义制度，不断推进国家治理体系和治理能力现代化，坚决破除一切不合时宜的思想观念和体制机制弊端，突破利益固化的藩篱，吸收人类文明有益成果，构建系统完备、科学规范、运行有效的制度体系，充分发挥我国社会主义制度优越性。"教育管理是公共管理服务系统中的重要子系统，适应国家公共管理领域改革发展趋势，我国明确将推进教育治理体系和治理能力现代化作为国家治理体系现代化的重要组成部分。

教育治理体系现代化在国家治理体系现代化当中具有举足轻重的地位和作用，加快推进教育治理体系和治理能力现代化，是教育改革坚持立德树人，提高教育质量，促进教育公平，深化综合改革，推进依法治教，实现教育现代化的重要保障。《中国教育现代化2035》将"推进教育治理体系和治理能力现代化"作为我国实现教育现代化的十大战略任务之一。具体从提高教育法治化水平、健全教育法律实施和监管机制、提升政府管理服务水平、健全教育督导体制机制、提高学校自主办学能力、建立健全社会参与学校管理和教育评价监管机制等方面提出了改革目标。

通过推进教育治理体系现代化，实现教育治理的制度化、规范化、程序化和民主化，进一步完善新时代具有中国特色社会主义教育制度，促进教育事业健康持续发展。可以说，推进教育治理体系和治理能力现代化，已成为当前我国教育管理体制改革的主要内容。

## 一、教育治理的基本内涵和特征

推进教育治理现代化，首先要理解"治理"一词的内涵。"治理"一词最早发源于20世纪70年代西方发达国家，为了提高公共服务质量与效率，一些发达国家的政府与家长和社区居民、有专业技能的企业和民间团体、非政府组织以及社会公益组织等各类公民组织、大学等领域之间进行广泛的联合与合作，以此避免政府单一化、统一化、垄断化带来的公共服务低效的弊端，以及规避市场的不确定因素所带来的对教育公益性的挑战风险。

"治理"一词，由世界银行于1989年首次使用，1992年，世界银行将年度报告主题定为"治理与发展"。目前，"治理"已成为政治和管理领域中使用频率极高的概念。关于"治理"定义有多个层面，全球治理委员会认为，治理是个人和制度、公共和私营部门管理其共同事务的各种方法的综合。它是一个持续的过程，在其中，冲突或多元利益能够相互调适并能采取合作行动。它既包括正式的制度安排，也包括非正式安排。我国著名学者俞可平教授认为，"治理一词的基本含义是指官方的或民间的公共管理组织在一个既定的范围内运用公共权威维持秩序，满足公众的需要。"[①]

治理与民主制度、法治建设密切相关。"统治的权威是政府，而治理的权威则不一定是政府。""管理是集权，治理是分权；管理是指导、领导，治理则是政府与私人组织的合作；治理是通过治理主体之间的互动实现的。"[②]

治理有以下四方面特征：（1）治理不是一整套规则，也不是一种活动，而是

---

① 任声策，陆铭，尤建新. 公共治理理论述评[J]. 华东经济管理，2009(11)：134-135.
② 俞可平. 治理与善治[M]. 北京：社会科学文献出版社，2000：1-15.

一个过程;(2)治理过程的基础不是控制,而是协调;(3)治理既涉及公共部门,还包括私人部门;(4)治理不是一种正式制度,而是持续的互动。[1] 治理的价值基础是更好地实现公共利益的最大化,即达到"善治"。治理理论的核心思想是,政府权力下放,公共资源提供者多元化,组织扁平化,形成网络化的社会服务体系,让各种关系参与公共政策的制定。

按照治理理念,教育领域内要全面构建教育治理体系和治理能力的现代化。

所谓的教育治理体系是规范政府、学校、市场、社会等多元治理主体的权力与行为,维护公共事务的秩序和提供优质教育公共服务的一系列制度和程序。教育治理体系和治理能力建设集中表现为教育政策与制度建设。教育治理体系现代化有四方面基本特征:(1)公共权力运行的制度化与规范化。(2)过程民主化。治理过程中需要充分采纳基层学校和公民意见和建议,实行平等协商、共同决策。(3)运行法治化(依据宪法和教育法规)。(4)结构一体化。主要指教育治理结构的政府、市场和社会"三位一体",多元治理主体相互信任、整体协调、集体行动。

运用治理理念构建现代教育治理体系和治理能力需关注如下三方面问题。

首先,逐步实现由政府单一管理向多元治理方向转变。治理理念下,强调多元主体治理,要求打破政府垄断公共资源的局面。

治理理论主张,在实践中,政府并不是公共管理的单一中心,公共管理主体理应由包括政府在内的众多机构和个人组成。实践表明,政府部门和非营利部门,它们依据不同的行为原则分别发挥着不同的社会职能,在某些领域非政府组织和个人甚至比政府拥有更大的优势。政府在治理中的主要责任不再是直接生产和提供公共产品和服务,而是通过政府与社会组织和个人之间形成伙伴关系,将部分政府责任交由非政府组织和个人来承担。根据治理理论,治理就是对政府全面控制社会、垄断一切公共服务的管理方式的挑战。要求政府下放权力,收缩控制范围,将不该管也管不好的事情让位于社会和个人,同时呼吁社会团体、公共

---

[1] 范国睿.教育管办评分离改革:理论假设与实践路径[J].教育科学研究,2017(5):6.

机构、私人机构、各种协会、个人积极参与社会公共事务的管理，并且成为公共管理的重要权威和主体，以形成国家、社会共同管理公共事务和提供公共服务的模式。① 随着社会治理成本的高涨，单靠政府力量已难以应付，多元治理理论就是适应当前治理环境而得以推广的公共管理理念。

治理主体主要有政治部门、企业部门和非营利部门。政治部门追求的是国家或地方的公共利益，提供的是纯公共产品；企业部门追求的是企业利润的最大化，提供的是私人产品；非营利部门以追求公共利益最大化为目标，提供的产品是纯公共物品或准公共物品。强调多元主体治理，即政府组织与非政府、非营利组织的合作，公营部门与私营部门的合作，目的在于提高和改善公共物品数量和质量。② 教育治理体系现代化，需要实现治理主体现代化、治理理念现代化和治理机制现代化。教育治理主体现代化最根本的是教育家办学（包括教育管理者和办学者）。教育治理理念的现代化，需要推进教育治理的科学化、民主化和法制化。教育治理机制的现代化，需要逐步将社会公民纳入教育决策和管理主体，完善内部治理机制，建立现代学校制度。

其次，治理意味着教育领域中正在构建新的公共空间，公共教育概念由国家为前提存在的概念向包含多样的"准公共性"概念转变。教育治理体系现代化，需要实现教育服务主体多元化、治理权力多中心化和服务结构多样化。教育服务供给主体多元化，主要指公共资源提供者多元化，既有官方的，又有民间的。治理主体多元化，表明政府并非唯一的权力中心，一些社会公益组织（NPO）、非政府组织（NGO）以及社区组织等都可以参与到公共治理过程中来。教育供给不再是官方一家，而是家长和社区居民、有专业技能的企业和民间团体、非政府组织、大学等领域与官方一道成为公共财政、公共服务的供给主体，通过各主体之间的参与、对话、协商、谈判与合作，以便达到扩大公共教育服务渠道和提高服务质量的目的。公共治理理念所追求的是"如何在日益多样化的政府组织形式下保护公共利益，如何在有限的财政资源下以灵活的手段回应社会的

---

① 张峰，周艳.治理理论视角下高等教育管理的社会参与［J］.科技情报开发与经济，2004(9)：171.
② 邢海燕.第三方教育评价的内涵探讨［J］.中国高等教育评估，2018(3)：4.

公共需求。"①

实行多元供给中，比较有代表性的是自 20 世纪 90 年代以来，英国率先提出的"公私合作伙伴关系"（Public-Private Partnertship，PPP），所谓的公私合作伙伴关系，指的是政府和地方自治体机关，与家长和社区居民、有专业技能的企业和民间团体、非政府组织、大学等领域进行广泛的联合与合作，在教育资源供给和管理过程中，结成公私合作伙伴关系（也称网络型统治力量）。伴随公私合作伙伴关系政策的进展，一直以来公共教育尤其是义务阶段教育主要靠国家和政府举办的办学局面正在发生变化，公共教育的概念正被赋予新的内涵，即教育领域中正在构建新的公共空间。

第三，公共教育是依据公共权力的国民教育，必须坚持国家和政府的主导权。以扩大服务渠道和提高服务质量为目的的多元化公共教育供给模式，将对国家和政府教育管理权限进行一定的限制，政府由过去的主要的主导部门向拥有一定责权利部门转变。这并不代表放松国家和政府所应承担的教育责任和国家干预意识，而是加大了国家和政府相关的责任和风险意识。公共教育坚持国家和政府主导权，取决于治理的四方面的特征：与传统管理方式不同，作为或多边或多元或综合的治理，它既不是一整套规则，也不是一种活动，而是一个过程；治理过程的基础不是控制，而是协调；治理既涉及公共部门，还包括私人部门；治理不是一种正式制度，而是持续的互动。② 因此，治理背景下，对政府的决策能力、行政执行及监管方式都提出了崭新的要求。要求提高决策的科学化、民主化水平，提高教育行政管理者的专业化、职业化水平，加强政府对教育事业的监管力度。

当前，我国主要通过推进管办评分离改革，重建政府、学校和社会关系，加强省级政府教育统筹权和扩大学校办学自主权等具体改革举措，逐步探索构建现代教育治理体系。

实践表明，在政府系统内部，一方面，存在着从中央到省、市、县等各级政府之间的教育权责划分问题；另一方面，在同级政府内部，存在着教育行政部门

---

① 陈振明，薛澜．中国公共管理理论研究的重点领域和主题［J］．中国社会科学，2007 (3)：140-152.

② 范国睿．教育管办评分离改革：理论假设与实践路径［J］．教育科学研究，2017(5)：6.

与组织、人社、财政、编制等相关部门在教育事务处理上的权责划分问题。前一个问题的核心是教育权力逐级下放，同时调动中央和地方的积极性。后一个问题的核心是在体制与机制上保障教育行政部门与相关的涉教育部门之间的沟通与协调，加强各级教育行政部门统筹教育发展的权限。

在政府系统外部，正以清单管理形式划清政府与学校、政府与社会的权责边界，不断理顺政校关系、政事关系、政社关系以及政府各职能部门间的关系。

从学校系统内部而言，在自主办学过程中"如何用好权"开始成为学校治理的重要问题。需要从组织架构、决策机制、参与机制、问责机制等方面，深化学校内部治理结构改革。建设依法办学、自主管理、民主监督、社会参与的现代学校制度，形成教师、学生、家长、社会组织、专家学者共同参与学校治理的格局。

## 二、推进教育治理现代化的时代背景

任何一项改革都不是单纯某一方面的行为，而是要受多种因素的制约和影响，加快推进教育治理现代化有其深刻的时代背景。

### （一）适应经济社会转型的时代要求

伴随经济高速发展，我国社会进入全面转型期。社会结构转型是广义的社会整体结构的变迁，必然要求社会方方面面进行系统、整体、协同改进。

首先，经济结构的转型。"十二五"期间，在深入分析国内外宏观经济形势和深刻揭示中国经济潜在增长新变化基础上，我国明确提出中国经济发展进入新常态。经济新常态有以下几个特征：一是增长速度由高速转向中高速。二是发展方式从规模速度型粗放增长转向质量效率型集约增长。三是产业结构由中低端水平转向中高端水平。四是增长动力由要素驱动投资转向创新驱动。五是资源配置由市场起基础性作用转向起决定性作用。六是经济福祉由先好先富转向包容共享。[①]新常态下我国经济从高速增长转为中高速增长，经济结构不断优化升级，第三产业、消费需求逐步成为主体，城乡差距逐步缩小，居民收入占比不断

---

① 张占斌. 中国改革新起点[M]. 北京：人民出版社，2017：4.

上升，发展成果不断惠及更广大民众。我国各项事业发展又上了一个台阶。到了"十三五"期间，十九大报告《决胜全面建成小康社会 夺取新时代中国特色社会主义伟大胜利》中进一步明确指出，"我国经济已由高速增长阶段转向高质量发展阶段，正处在转变发展方式、优化经济结构、转换增长动力的攻关期，建设现代化经济体系是跨越关口的迫切要求和我国发展的战略目标。"

其次，国家发展战略目标的转型。全面建设小康社会，是党的十六大提出的我国在21世纪头20年改革开放和现代化建设的奋斗目标和战略任务，是今后我国经济社会发展的重要战略目标。"小康社会及全面建设小康社会主要是一种经济社会发展战略目标，它是我国现代化建设过程中的一个特定时段，是一个被中国化了的现代化概念，当然也在一定层面上反映出了特定的生活方式和消费水平。"[1]

经过"十一五"期间经济持续健康发展，我国转变经济发展方式取得了重大进展，实现了国内生产总值和城乡居民人均收入比2010年翻一番，人民生活水平不断提高。在此前提下，2012年，党的十八大指出，我国的经济社会发展战略目标为全面建成小康社会。在十九大报告中进一步提出："从全面建成小康社会到基本实现现代化，再到全面建成社会主义现代化强国，是新时代中国特色社会主义发展的战略安排。"

第三，体制结构的转型。结构转型与体制转型同步进行，内容涉及经济、社会、文化等各个方面。适应社会转型，为实现小康社会，十八届三中全会通过的《中共中央关于全面深化改革若干重大问题的决议》规定："全面深化改革的总目标是完善和发展中国特色社会主义制度，推进国家治理体系和治理能力现代化。"党的十九大报告进一步指出："加强社会治理制度建设，完善党委领导、政府负责、社会协同、公众参与、法治保障的社会治理体制，提高社会治理社会化、法治化、智能化、专业化水平。"要求打造共建共治共享的社会治理新格局。

教育改革从来都是深受经济社会发展影响的，教育服务经济的主要功能是提供人才支持，适应当前经济发展方式转向高质量发展阶段要求，教育必须重新规划和设计人才培养模式和培养方式，尤其要提高人才创新意识和创新能力，才能

---

[1] 国家发改委宏观经济研究院课题组.全面建设小康社会的目标和任务（上）[J].经济研究参考，2004(29)：3.

应对经济结构转型、经济增长方式对人才提出的新要求。教育服务社会的主要功能是培养全面发展的人才，提高民族整体素质和促进社会公平和谐发展。进入全面建成小康社会阶段，相应地对教育提出了更高的要求，教育不仅要关注公平还要注重提高质量，不仅保障公民接受九年义务教育，还要为每位公民提供终身学习的机会，并培养公民终身学习的意识和能力。人才培养模式的转变、教育公平与质量的提升以及终身教育体系的构建等，必须要有政策引领、制度保障和相应的政策执行力。正是基于上述经济社会发展新要求，在国家治理背景下，作为公共管理系统重要组成部分的教育管理提出实现教育治理现代化。治理的目的就是发挥社会上所有教育主体的积极性和主动性，通过共建共治共享的治理手段，达到促进教育公正、公平且有效发展。

### （二）教育治理现代化是实现依法治国的必然要求

公共管理学者一般认为，"治理"一词与公共事务联系在一起。① 而从法学角度看，公共事务是社会成员共同的事务，它只能存在于基于社会成员之间相对平等关系基础上的社会合作的条件下，与人的权利能力与资格相关。离开了社会成员的置身其中并参与管理的权利，公共事务也就失去了公共属性。从这一层面看，公共事务具有一定的法的属性。②

教育行政是依据公共权力实现教育理念支撑下的教育政策的过程，它既要体现国家权力性质，还要保护公民受教育的权利，同时要遵循教育事业所特有的规律，维持和提高一定的教育质量。如何保证教育行政行为能够按照既定的政策和方针目标运行，如何保障教育行政行为的正当性，等等，这些都需要通过法律法规制度的事先规范。治理理念所倡导的多元主体的治理，则更需要通过法律法规明确各参与主体的职责权限以及相应的问责机制，即只有实现了教育行政有法可依、违法必究的法治化水平，才能实行依法行政、依法治教、依法办学、依法参与教育管理，否则，容易流于形式化。

依法治教的优势在于，一方面政府行为受法律制约，严禁超越法律规定滥施职权，督促政府能够公正有效地行使公共权力，以便保障教育的公平与公正的实

---

① ［美］埃莉诺·奥斯特罗姆.公共事物的治理之道［M］.上海：上海译文出版社，2000：9.
② 葛洪义.中国的地方治理与法治发展［J］.政策论丛，2019(2)：4.

施，维持一定水准的教育质量；另一方面通过行政立法规范行政对象的行为，以便管理者和被管理者都有明确的依据。按照依法参与的制度属性，参与治理的各主体都应该事先明确各自承担的职责、权利和义务，既可避免因政府权力范围过大而法律责任范围过小导致的容易忽视社会整体利益的弊端，同时也规范了各治理主体之间的相互协作行为。

依法行政是依法治国的基本要求。"行政机关是国家机关中对经济和社会发展影响最大的、与公民关系最密切的部门，80%的法律、100%的行政法规都需要行政机关去实施。"[1] 可以说，行政机关能否依法行政，将从总体上决定我国能否依法治国，也决定了社会主义法治国家的实际进程。

20世纪80年代以来，为适应依法行政的要求，我国制定了一系列行政法规，包括《中华人民共和国行政诉讼法》（1989年）、《中华人民共和国国家赔偿法》（1994年）、《中华人民共和国行政处罚法》（1996年）、《中华人民共和国行政监察法》（1997年）、《中华人民共和国行政复议法》（1999年）、《中华人民共和国政府采购法》（2002年）、《中华人民共和国行政许可法》（2003年）、《信访条例》（2005年）、《中华人民共和国政府信息公开条例》（2007年）等等，我国的依法行政制度不断得以完善。

1993年，《中国教育改革和发展纲要》中第一次正式提出依法行政、依法治教的要求以来，伴随国家推进依法治国、依法行政的进程，我国不断加强和完善教育法制建设，基本上构建起了由教育法律、教育行政法规、教育部发布的部门规章、地方性的教育法规和规章以及其他诸如教育部与各级教育部门发布的规范性文件、办学标准、教学规范、评估办法与专业标准、学术规范、评审制度、发展规划等在内的教育法律法规体系。[2] 依法行政、依法治教逐渐成为我国教育改革与发展过程中一项重要的制度保障。

我国的教育法律法规体系由以下三个层级构成。第一层是全国人大及其常委会通过的8部基本教育法律，分别是《中华人民共和国学位条例》（1980年）、《中

---

[1] 孙宵兵，翟刚学.中国教育法制的历史回顾与未来展望[J].课程·教材·教法，2017 (5)：6.
[2] 包金玲.去行政化：日本教育行政地方分权改革[M].重庆：西南师范大学出版社，2015：225.

华人民共和国义务教育法》(1986 年通过，2006 年修订，以下简称《义务教育法》)、《中华人民共和国教师法》(1993 年)、《中华人民共和国教育法》(1995 年，以下简称《教育法》)、《中华人民共和国职业教育法》(1996 年)、《中华人民共和国高等教育法》(1998 年)、《中华人民共和国国家通用语言文字法》(2000 年)、《中华人民共和国民办教育促进法》(2002 年)。第二层是教育法规，包括国务院发布的行政法规和地方人大发布的地方性法规、自治条例、单行条例。国务院发布了 16 部教育行政法规，根据 2016 年修订的《中华人民共和国立法法》，地方立法权扩大到全部 282 个设区的市。第三层是政府规章，包括国务院教育行政部门颁布的规章和地方政府规章。规章属于我国法律体系范畴，是国务院部委、省级政府（较大市政府）所能制定的效力最高的规范性文件。上述三个层级的教育法律法规规章，初步构成了中国特色的社会主义的教育法律法规体系，基本实现了我国教育事业各个领域都有法可依。

在建立法治国家的背景下，我国加快了教育重点领域的立法，依法治教稳步推进。

进入新世纪以来，我国不断强调教育法制建设的重要性，并着手改进和完善具有中国特色的教育法律法规体系的建设。2006 年 6 月 29 日，我国第一次修改《中华人民共和国义务教育法》，修改后的第七条规定："义务教育实行国务院领导，省、自治区、直辖市人民政府统筹规划实施，县级人民政府为主管理的体制。"这是我国第一次用法律条文的形式规定我国义务教育阶段的管理体制，通过制度保障而不是行政手段保障教育的管理运行，预示着我国教育管理体制向法制化方向转变。目前，已经修订完成《中华人民共和国教育法》《中华人民共和国高等教育法》《中华人民共和国民办教育促进法》《中华人民共和国残疾人教育条例》等教育法律法规，正在推动《中华人民共和国学前教育法》《中华人民共和国学位条例》《中华人民共和国职业教育法》和《中华人民共和国民办教育促进法实施条例》等法律法规的起草、修订工作。同时，适应教育管办评分离改革和"放管服"改革，教育部正着手制定出台加强教育行政执法体制机制改革意见，以便充分发挥制度的刚性作用。加大行政审批制度改革力度，至 2017 年底为止，教育部本级行政审批事项减少了近 70%。此外，鼓励各地区开展依法治校示范校创建活动,通过依法办学典型,促进学校成为践行法治理念的"首善之区"。设立全面依法治教的实践区,加大普法力度,切实提高依法行政、依法治教和依法治校的意识和能力。

2014年10月23日,十八届四中全会《中共中央关于全面推进依法治国若干重大问题的决定》中指出:"要以法治思维和法治方式推进教育改革、促进和保障教育发展。"本次大会的主题即为依法治国,这在党的历史上是第一次,从而开启了全面推进依法治国的新征程。2014年12月,习近平总书记提出"四个全面",即全面建成小康社会、全面深化改革、全面推进依法治国、全面从严治党。全面推进依法治国是四个全面的重要组成部分,进一步深化了对依法治国的认识。

2016年1月7日,教育部印发的《依法治教实施纲要(2016—2020年)》中提出,全面推进依法治教,全面推进教育治理体系和治理能力现代化。坚持教育立法和改革决策相衔接,做到重大改革于法有据,以法律规范引领和推动教育改革、促进和保障教育发展。

实践表明,十八届四中全会以来,各级政府普遍增强了依法行政、依法治教的意识,加快了教育法治建设的步伐。通过简政放权,制定权力清单、责任清单、负面清单等方式进一步加强教育行政的规范性。进一步转变管理方式,加强教育执法力度,深入推进教育领域"放管服"改革。深化教育行政审批制度改革,加快推进教育标准化建设。不少地区抓住了行政审批制度改革这个关键环节,转变政府教育管理职能,减少行政审批事项,探索实行"一站式"服务,社会满意度不断提升,教育正向有法可依,违法必究的方向迈进。

### (三)教育治理现代化是深化教育管理体制改革的现实需要

《国家中长期教育改革和发展规划纲要(2010—2020年)》(以下简称《教育规划纲要》)中明确指出,推进中央向地方放权、政府向学校放权,明确各级政府责任,规范学校办学行为,促进管办评分离,形成政事分开、权责明确、统筹协调、规范有序的教育管理体制。"十三五"教育规划对于今后如何深化改革,如何进一步加大改革开放的力度等都有具体的规定。其中,特别强调"要加快推进教育治理体系和治理能力的现代化",运用治理的精神和理念变革现有的公共教育服务体制。

现有教育体制弊端主要表现在教育管理主体单一化、垄断化和行政化，这一管理模式是典型的科层制管理模式，这一模式以它所具有的精确、快速、效率、成本低等优点，成为工业时代实现政府职能专门化的普遍做法。中华人民共和国成立以来，我国在很长一段时期内就是实行以国家和政府主导的单一化教育管理模式，这一模式在当时的中国经济社会发展过程中确实发挥了应有的功能，基本保障了国家各项事业对人才的需求，提高了国民基本素质。不过，这种单一化、垄断化和行政化体制有以下几方面的弊端：一是教育决策的民主化程度不够；二是教育政策执行的效果不高；三是督导制度不健全。这一体制机制下，政府非但没有发挥好政策引领和专业支持学校的作用，反而带来行政过多干预学校教育教学活动的弊端。从政府内部看，监管主体过多，监管内容过于庞杂，监管活动过于频繁，耗费大量人力、物力和财力，学校正常教育教学工作受到严重干扰，无暇全身心聚焦主责主业。据调查，中西部地区中小学校长每年接到上级部门下发文件数百份，最高的超过 700 份，还要接待各类检查、评比活动，学校管得过多、过细，学校活力出不来。①

因受到行政过多干预，学校缺乏办学自主权，很难培养出具有创造力、个性化的人才，也不能很好地整合协调社会各方面力量合力办学，原有的教育管理体制已成为当前教育改革与发展的主要瓶颈。

进入新世纪以来，伴随经济社会结构转型，国家迫切需要教育提供更多创新型、复合型以及国际型人才。伴随物质生活水准的提高，人民群众要求政府和社会提供多样化的、优质的教育资源。伴随全球化、信息化，教育内外部环境的日益复杂化，需要政府整合所有的教育利益相关主体力量，形成教育合力，实现共建、共治、共享的教育治理格局。面对这一系列新变化和新要求，如何摒除现有体制中的弊端，并能按照法治型、服务型、专业化方向具体构建新的教育管理体制，这需要按照现代教育治理理念对现有体制进行重新构建。"运用治理的精神和理念变革公共教育服务体制，意味着公共教育服务供给主体的多元化、公共教育治理权力的多中心化和公共教育服务结构的多样化。"②

---

① 张家勇.建设教育强国必须突破教育评价瓶颈[N].光明日报，2018-12-11（13）.
② 蒲蕊.公共教育服务体制创新：治理的视角[J].教育研究，2011(7)：54.

首先，针对现有体制中投入与管理一元化弊端，探索实行多元化投入与管理模式。采取政府包揽一切的一元化管理方式发展教育，是因为建国初期百废待兴，需要政府主导推动，"在公共教育领域，政府作为唯一的管理主体、供给主体和权力主体，包揽了所有教育产品的生产与服务①。"经过40多年的改革与发展，我国经济社会发生了翻天覆地的变化，经济总量跃居世界前列，综合国力不断得以提升，人民生活水平不断得以提高。当前，教育面临的主要矛盾是人民群众对优质教育资源的需求和现有教育不平衡不充分之间的矛盾。要解决现实中的主要矛盾，单靠政府以及有限的市场参与很难得到解决。"政府的理性或行动能力不足，导致教育公共服务供给匮乏，使得公众难以选择合适的教育；政府教育服务的成本无限增大，导致公共财政负担不断加剧；一元化服务主体教育公共物品供给效率低下，导致公平与效率的矛盾日益尖锐；教育资源的单一主体配置，导致短缺与浪费现象同时存在，等等。"②

另外，传统的单一化管理模式下，政府是主要投入者，同时主管人、财、物等权力，对学校的服务结构非常单一。学校虽然在法律上规定是法人单位，但由于不具备应有的人、财、物权力，学校无法自主办学。除了易带来管理上的缺位、越位和错位，还带来了管理上的无责任主体。

相对传统的单一化管理模式主张由国家、地方政府以及社会实行多元投入和管理，以此弥补政府财力不足、服务不充分等困难和问题。十八届三中全会首次提出："推进教育服务业领域有序开放。有序，指的是在宏观政策法规调控下推进；开放，包括对内对外开放，对内是向民间资本开放，同时对国外优质资源可探讨合作机会。"③这表明了我国开始探索多元投入与管理的新的教育管理体制运行模式。

其次，针对单一主导方式下公共服务水平和效率低下弊端，探索合议制公共教育责任体系。教育已经走出了传统的小教育的视野，进入大教育的时代。换言之，教育与社会各方面的利益联系太紧密了，公共教育是依据公共权力的公民教

---

① 蒲蕊.公共教育服务体制创新：治理的视角[J].教育研究，2011(7)：54.
② 傅树京.发展多元化服务主体：公共教育改革的路径选择[J].中国行政管理，2007(11)：76.
③ 张力."十三五"时期教育改革发展宏观政策方向解读[J].中国高等教育，2016(1)：4.

育，国家和政府应该在广泛听取公民的教育愿望基础上，制定相应的教育政策和采取必要的制度措施。因此，为了取得人民群众的信赖和支持，不少国家打破过去由政府单方面承担教育责任的局面，都在试图构建一个由国家、政府、地方、学校、社会、家庭以及民间组织等多方面力量组成的合议制公共教育责任体系，通过合力来共同推进教育的公平与公正的发展。"传统体制中严格区分的统治者与被统治者、管理者与被管理者等概念趋于模糊，传统的统治与管理的模式越来越被民主决策、学会妥协、公开透明、解决问题等治理要素所替代。"①

构建合议制公共教育责任体系，实际上涉及如何规定公共教育管理性质的问题，即如何构建作为"私有性"的公民的教育愿望与作为"公有性"的国家的公共权力之间的协调关系，这已成为当前各国公共教育管理领域不可回避的重要课题。"教育系统中各种利益盘根错节，故而单靠政府或者学术界的力量是难以独立解决问题的，应该联合国际组织、社会团体及私营机构等协同共治方能突破重围。"②

政府单一主导模式容易带来行政过多干涉学校教育，且在管理上容易产生越位、缺位或错位现象，行政过多干预学校，使得学校教育也变成了最基层行政单位，无法保障正常的教育教学规律，也就无法保障学校教育能够按照自身传统，培养个性化、具有创造性且多样化的人才。《中国教育现代化2035》提出到2035年，要"形成全社会共同参与的教育治理新格局"的发展目标。这表明了，我国决心要打破单一由政府主导的局面，以实现服务渠道多样化，组织管理扁平化，形成网络化社会服务体系，尽可能让各种关系参与公共治理的新的责任体系。

第三，针对一元化管理体制中缺乏部门联动机制的弊端，治理理念主张探索综合行政。伴随管理重心下移，强化同一水平上的组织之间形成联动机制，通过协同合作实施提供一体化的服务机制，使信息和成果共有化，成为各项教育政策和制度得以有效实施的重要保障机制。教育的重心是育人，基础教育阶段儿童青少年成为教育的主要对象，育人工作向来是全社会共同担负的公共事业，与

---

① 王晓辉.关于教育治理的理论构思［J］.北京师范大学学报（社会科学版），2007(4)：5.
② 严孟帅.国际视域下的"教育治理"：治理、组织与路径［J］.现代教育管理,2018 (2)：115.

教育相关的福利、劳动、医疗、安防等公共领域，理应形成一体化、合作化组织力量，为儿童青少年提供相关的支援和保护。这就要求打破各部门之间各自为政缺乏协调合作的局面，通过建立部门间合作与协调机制，调动政府各横向部门担负起与教育相关的职责和义务，形成协作型政府，为教育领域提供一体化的公共服务，实行综合行政。同时，政府还要整合和发动社会上一些公共领域的事业部门和人员，采取综合行政方式，合力为儿童青少年的健康成长提供相应的保护和支持。

近年来，在治理背景下，我国不少地区开始面向区域探索现代教育治理体系和治理结构，具体从以下两方面推进。

一是探索多元参与的综合治理模式。实行综合治理，打破政府一统天下，包揽办学格局，让各种教育利益相关者实际参与进来，并由被动的管理者变为主动的管理者。多元治理格局中，政府仍然起主导作用。首先，上级政府通过政策支持、服务支持、经费保障等为基层政府提供充足的资源。其次，通过各利益主体之间的沟通交流，实现信息通畅、获得基层和家长的理解与支持，同时，可以进一步完善治理方案。多元化强调协同合作，在民主协商的氛围中提高管理效能，提高服务质量。如北京市东城区教委，以学区制为基本单位，具体探索实行区教委领导，学区、社区、家庭等多元参与、共建、共治、共享的综合治理模式。其学区工作委员会成员由学区内的校长、责任督学、教育直属部门、学区所在街道社区、属地派出所、驻区单位代表、家长代表、学生代表以及人大代表、政协委员共同组成。

二是一些地区正按照现代教育治理理念逐步探索公共教育多元投入和多元管理模式。在现阶段，面对社会主要矛盾的变化，依靠国家和政府单一投入和管理的模式已无法满足人民群众对更多更好优质教育资源的需求。因此，一些地区以治理理念为引领，开始吸纳专业机构、企业以及社会资金参与到教育投入和管理当中来。上海浦东地区实行社会委托管理取得了一定的成效。为了解决公共教育资源不能很好地满足广大人民群众对优质教育的需求这一现实问题，山东潍坊市在全国率先将公私合作伙伴关系（简称PPP模式）应用于学校项目建设中。近年来，已有39所项目学校通过PPP模式公开招标达成41.43亿元融资规模，潍坊四中等新校建设已经按照进度到位 25 亿元 PPP 融资资金。①

上海的社会委托管理、潍坊的政府和民间混合式投资办学等实践表明，通过多元供给模式的探索，教育领域中的"管理属性"逐渐被"治理属性"所取代，教育管理逐步由过去的单一垂直管理向多元化、多样性、协商治理的管理模式转变。通过教育领域综合改革，在一定程度上，我国一元化的投入与管理模式正逐步趋向于多元投入与管理，政府由主要主导部门正向具备一定责权利部门转变，学校办学正由封闭半封闭系统趋于面向社会开放办学，开始打破长期以来我国教育行政部门单一化、行政化和对学校现场缺乏指导和服务的局面。

## 三、坚守中国特色社会主义教育制度

在推进教育治理现代化的进程中，当前我国主要面临以下四方面的困难：一是教育法制不足与教育治理制度创新需求之间的矛盾；二是多元治理结构之规范市场、成熟社会组织的"缺位"；三是规范性、文化——认知性制度与规制性制度之间的角力；四是政府"管制者"向"治理者"角色转换的"差位"。②制度的现代化、市场的现代化及人的现代化等缺乏，必然对我国教育治理现代化形成一定阻力。治理理念毕竟是西方发达国家经历了几百年实践得出来的经验，因此，在我国推进教育治理体系和治理能力现代化的过程中，一定要遵循坚持扎根中国与融通中外相结合的原则，在系统分析治理理念的基础上，探寻出具有中国特色的现代教育治理体系和治理能力的体系和框架。

中国特色的社会主义教育制度是推动中国特色社会主义教育事业科学发展的根本保障。教育治理涉及一个国家的传统文化特质、经济体制、政治体制、意识形态以及公共管理体制，是一个比较复杂的管理领域。可以说，不同国家、不同社会制度背景下具有不同特征的教育治理模式。

教育是国之大计、党之大计。"教育其实也是一种政治，只不过它是一种特殊的政治，是以育人方式而存在着的政治，是在教育中呈现并通过教育而得以

---

① 王清林，李早花编著. 丰碑：一座城市的教育记忆 [M]. 济南：山东人民出版社，2018：220.

② 张建. 教育治理体系的现代化：标准、困境及路径 [J]. 教育发展研究，2014(9)：29-30.

实现的政治。"① 在现阶段，我国推进教育治理体系和治理能力现代化，必须坚持中国特色社会主义教育制度。教育改革与发展需要坚持党对教育事业的全面领导，坚持把立德树人作为根本任务，坚持优先发展教育，坚持社会主义办学方向，坚持扎根中国大地办教育，坚持以人民为中心发展教育，坚持深化教育改革创新，坚持把服务中华民族伟大复兴作为教育的重要使命，坚持把教师队伍建设作为基础工作。具体讲，即始终坚持党的领导方向与促进人的全面发展、社会可持续发展的有机结合；始终坚持推动教育公平与提高教育质量的有机结合；始终坚持教育优先发展与统筹整个社会领域协同发展的有机结合；始终坚持完善正规学校教育体系和构建终身学习平台的有机结合；始终坚持教育制度继承性和教育制度开放性的有机结合；始终坚持教育制度中的政府主导和社会力量参与的有机结合。②

坚持党的领导方向是适应"五位一体"全面布局、"四个全面"战略布局对教育改革发展的总体要求，是实现"两个一百年"奋斗目标对教育改革发展的任务要求，同时也是实现中华民族伟大复兴"中国梦"的愿景要求。中国特色社会主义进入新时代，我国社会主要矛盾已经转化为人民日益增长的美好生活需要和不平衡不充分的发展之间的矛盾。从人民对于经济文化迅速发展的需要、日益增长的物质文化需要到日益增长的美好生活需要，以及从经济文化不能满足人民需要的状况、落后的社会生产到不平衡不充分的发展的状况，都标志着解决矛盾的方向、重点、途径、机制等有了新的内涵和要求，解决发展不平衡不充分问题成为今后教育改革发展的主要任务。教育工作者需要在党的领导下，抱着教育情怀、人民情怀和国家情怀，按照创新、协调、绿色、开放、共享的发展新理念全面深化教育管理体制改革。

习近平总书记在全国教育大会上的讲话精神为我国教改指明了方向，无论是坚持党对教育事业的全面领导，坚持立德树人，还是深化改革，确保教育优先发展，加强教师队伍建设等，都涉及现代教育治理结构和治理能力建设，需要进一步深化教育管理体制改革，因地制宜，锐意探索，通过教育治理创新实践，为教

---

① 吴康宁.教育究竟是什么——教育与社会的关系再审思[J].教育研究，2016(8)：6.
② 刘福才，刘复兴.论中国特色社会主义教育制度的基本特征[J].山东高等教育，2015(2)：25.

育现代化提供有效的制度保障。

推进教育治理现代化，也是发展民生事业的根本要求。保障和改善民生要抓住人民群众最直接最现实的利益问题。过去把教育当成是国家的事业，只要政府满意。现在不是这样，教育涉及千家万户的切身利益，人民群众对教育的满意不满意，已成为最大的民生问题。十九大报告提出，要以人民发展为中心，将教育事业放在民生的首要位置，这是一次历史性的重大转型。报告要求坚持在发展中保障和改善民生，在发展中补齐民生短板、促进社会公平正义，在幼有所育、学有所教、劳有所得、病有所医、老有所养、住有所居、弱有所扶上不断取得新进展，保证全体人民有更多获得感。

深化教育管理体制改革的动力来自于人民群众对教育的满意度，办好人民满意的教育已经成为国家和政府的重大民生工程，纳入了国家和地方经济社会发展的常规性规划当中。对此，新时期，党和国家主要采取了优先发展教育、完善社会治理体制和加强党对各项事业的领导等措施，具体推进教育管理体制改革。

优先发展教育事业，建设教育强国是中华民族伟大复兴的基础工程，需要在公共管理服务体系中进行系统设计、整体规划，优先发展。要求地方政府做到"两个确保一个不低于"。即确保一般公共预算教育支出逐年只增不减，确保按在校学生人数平均的一般公共预算教育支出逐年只增不减，保证国家财政性教育经费支出占国内生产总值比例一般不低于4%。这是办人民满意教育的最基本的政策保障。

用创新、协调、绿色、开放、共享的五大发展理念统领教育改革，不断提高治理社会化、法治化、智能化、专业化水平；通过加强教育领域综合治理力度，加强部门之间协调机制，共同担负起公共教育服务的责任和义务；逐步构建党委领导、政府负责、社会协同、公众参与、法治保障的共建共治共享的社会治理新格局，这是办人民满意教育的最主要的制度保障。

增强党对教育事业的领导，党委、政府主要领导以政治高度引领正确的办学方向，坚决落实立德树人培养目标；以大局意识统筹规划区域教育改革和发展，保障教育优先发展，促进教育公平且有质量的发展，发挥教育在社会主义现代化进程中的基础性、先导性和全局性服务功能；以核心意识带头健全组织保障体系，做好思想政治工作，全面从严治党，建立健全党组织生活。党政领导人员树立正确的政绩观，严禁以片面追求升学率为导向的教育业绩，进一步规范和完善教育局长的选拔和任用机制，尽可能让有教育情怀，有责任担当，并懂得教育管理理念的人员担任教育局长。理顺教育管理体制，进一步落实省级统筹、"以县为主"的教育管理体制。加强党建工作，将教育事业发展指标作为对地方党委和政府主要负责人的业绩考核项目，进行具体的问责和考核。加强党对教育事业的领导，对地方政府主要领导实行问责制，是办人民满意教育的最核心的组织保障。

# 第二节 深化教育管理体制改革

推进教育治理现代化既涉及国家经济社会发展总体目标，又涉及重建公共教育管理体制新模式，是一项复杂的系统工程。

进入 21 世纪以来，世界教改总的发展趋势是办学重心下移，尽可能就近提供服务，政府对学校的管理趋向投入—督导—管理。伴随公共教育管理重心下移，我国教育管理领域开始注重实行民主决策、管理责任、监督制衡、参与合作和平等竞争等管理机制。自《教育规划纲要》颁布实施以来，我国明确提出按照现代教育治理理念，在教育领域推行依法行政、依法治教、依法参与，以法治思维和法治方式推进教育改革和发展。深化教育管理体制改革，破除体制机制障碍，加快完善各项体制机制建设，逐步转变政府教育管理职能，构建专业化、民主化、法制化和服务型教育管理体制，为教育改革和发展提供持续动力。

## 一、我国教育管理体制变迁

中华人民共和国成立以来，伴随国家经济体制、行政管理体制变革，我国教育管理体制经历了几次制度变迁。单从教育决策以及教育执行层面看，我国教育管理体制先后经历了由国家主导的自上而下的财政单一投入和管理的一元化管理体制、国家和地方共同推进的多元化教育管理体制两个阶段。

### （一）国家主导的一元化教育管理体制

这一时期，经历了"文革"前 17 年新中国教育管理体制，"文革"10 年遭到摧残和破坏的教育管理体制，以及改革开放初期的"三级办学，两级管理"的教育管理体制和后来农村实行"以县为主"的教育管理体制四个阶段。

第一阶段，"文革"前 17 年新中国教育管理体制。这是新中国教育事业起步的创业阶段。这一时期，我国基础教育基本上实行由国家举办，主要由中央负责，实行财政单一投入和管理的中央集权的教育管理体制（1949 年至

1966年）。

当时的教育管理体制"是由中央决策层设计、规划和推行的，表现为一种自上而下、一体遵行的强制性特征。"[1] 教育决策实行自上而下设计并推动，主要由中央负责，形成了较明显的纵向的教育管理体制，即中央和省（市、自治区）、地（市）、县、乡（镇）教育管理垂直系统。

实行单一投入和管理的中央集权制有如下特征：一是公共教育管理领域实行国家垄断，公共教育政策是由国家主导并制定，在教育内部形成了自中央到地方的纵向垂直系统，即教育发展的决策权主要集中在中央，地方教育管理部门是中央决策的执行机构。教育管理具有典型的"上令下达""通知式""命令式"的行政化、统一化的官僚科层制特征。二是实行全国统一的学制与课程。三是教育系统封闭运行，独立开展管理工作。将诸如家长和社区居民、有专业技能的企业和民间团体、社会公益组织、大学等教育主体边缘化。

新中国教育是在经济文化非常落后的基础上发展起来的，当时采取国家统一领导，对旧有学校进行了全面改造，后来对高等学校院系进行了调整，开展教学改革，创办工农速成中学等，对教育事业进行了较大的调整。经过几次大的调整后，我国教育事业得到了迅速发展。可以说，这一时期，单一化管理体制发挥了其统一化、成本低的体制优势，为发展新中国教育打下了较好的基础。由于当时人才培养的重心放在了服务于阶级斗争的政治需要，而未从人的身心全面发展来考虑，所以，这一时期的教育管理体制，从人才培养质量以及为经济社会文化发展的贡献度来看，其效率是十分低下的。

第二阶段，"文革"10年教育管理体制遭到摧残和破坏时期（1966年至1976年）。有什么样的教育观念就有什么样的教育管理体制。"文革"期间，"为了摧毁'修正主义'教育路线，无产阶级要在教育这一上层建筑领域里对资产阶级实行全面专政，打倒'走资派'和'反动学术权威'，改造'资产阶级知识分子'。"[2] 这场10年浩劫造成学校停课，老师被批斗，学校教育不能正常运行，使

---

[1] 劳凯声.回眸与前瞻：我国教育体制改革30年概观［J］.教育学,2015(5)：7-8.
[2] 金一鸣.我国教育观念的改变［A］.刘佛年主编.回顾与探索——论若干教育理论问题［C］.上海：华东师范大学出版社，1991：94.

得不少儿童青少年成为了文盲，破坏了正常的教育秩序，不仅影响了当时的教育教学质量，而且因其整整影响了一代人的成长而带来的不良社会影响至今都没有得以完全修复。

第三阶段，实行"三级办学，两级管理"分级管理体制，探索实行教育行政地方分权改革（1976年至1993年）。

1978年5月11日，原南京大学哲学系教授胡福明撰写的《实践是检验真理的唯一标准》作为特约文章在《光明日报》头版刊登，由此在全国范围内引发了一场真理标准问题大讨论，开启了中国思想解放和改革开放序幕。围绕教育本质之争，教育界也开展了广泛大讨论。通过教育本质大讨论，对原有片面的教育观念予以澄清，进一步明确了"教育是一种教育者有目的、有意识地对受教育者的身心施加影响，使之成为社会合格人员的活动"。同时，"它要受到当时社会的生产力发展水平、社会关系、政治制度、自然地理环境、人口等多种因素的制约，其中物质生产水平是基本的，教育又通过所培养的人才影响到社会生活的各个方面"①。

教育观念的改变，带来了一系列管理体制上的变革。自20世纪70年代后期以来，在较短时间内，党和国家全面梳理了"文革"时期对教育事业发展造成的伤害和阻碍，恢复了正常的教育教学秩序。一是1977年恢复高考制度，不仅改变了几代人的命运，而且为今后的改革开放以及社会主义现代化建设奠定了良好的人才培养基础。二是由国家主导的管理体制，强制性管理明显，对学校管得过死，学校缺乏办学自主权，学校同质化现象比较突出。国家包揽过多、统得过死、管得过细，不利于调动县、乡、学校和社会力量办学的积极性，结果不但造成了教育投资的严重不足，而且也造成了有限教育资源在使用上的浪费和低效。② 对此，学校以及社会强烈要求改变教育管理体制，要求扩大学校办学自主权。直到现在，实行简政放权，减少行政过多干预，扩大学校办学自主权仍是我

---

① 金一鸣.我国教育观念的改变［A］.刘佛年主编.回顾与探索——论若干教育理论问题［C］.上海：华东师范大学出版社，1991：98-99.
② 鲍传友，冯小敏.徘徊在公平与效率之间：中国基础教育管理体制变迁及其价值向度［J］.教育科学研究，2009(5)：29.

国教育管理体制改革的主要内容。

自1978年，由农村开始的承包制带动地方财政包干体制，我国社会开始进入改革开放时期。适应当时改革开放的经济社会发展变化需要，以及应对来自基层学校的呼声，我国提出了在加强宏观管理的同时，实行基础教育由地方负责、分级管理的原则，开始探索由国家和地方共同分担的教育管理模式。1980年12月，中共中央颁布的《关于普及小学教育若干问题的决定》中提出："在我们这样一个人口众多、经济不发达的大国，普及小学教育，不可能完全由国家包下来，必须坚持'两条腿走路'的方针，以国家办学为主体，充分调动社队集体、厂矿企业等方面办学的积极性。还要鼓励群众自筹经费办学。"1985年5月27日，在《中共中央关于教育体制改革的决定》中进一步明确："基础教育管理权属于地方。除大政方针和宏观规划由中央决定外，具体政策、制度、计划的制定和实施，以及对学校的领导、管理和检查，责任和权力都交给地方。省、市（地）、县、乡分级管理的职责如何划分，由省、自治区、直辖市决定。"从此，我国基础教育开始由国家主导到"分级办学，分级管理"模式转变，办学体制由"人民教育国家办"向"人民教育人民办"转变。

将基础教育管理权下放给地方，这是对中华人民共和国成立以来教育领域实行的中央集权制的一次较为深刻的改革，表明了我国开始由国家主导的一元化投入和管理模式转向由国家和地方共同担负的教育管理模式。我国实行城乡二元化管理，在改革开放初期，农村地区由过去以集体为核心向以农户为核心的经济方式转变，实行"分级办学，分级管理"体制，使农村教育由集体支付变成由农民个人支付。相应地，城市财政管理由市政来实施。从而在这一阶段，我国的基础教育便形成了城市教育城市办、农村教育农民办的教育管理体制。

第四阶段，实行"以县为主"的农村义务教育管理体制，农村义务教育实行中央与地方共同负担投入机制（1993年至2010年）。

伴随社会主义市场经济体制的确立，我国于1993年和1999年先后出台了《中国教育改革和发展纲要》和《中共中央 国务院关于深化教育改革全面推进素质教育的决定》，这两份文件就进一步简政放权，探索由地方政府统筹和管理教育，尤其强调加大省级人民政府发展和管理本地区教育的权力以及统筹权，为深化教育改革，为实施素质教育创造条件等方面提出了具体的规定。

但由于实行"三级办学，两级管理"的教育管理体制改革不是公共教育管理系统自身的主动改革，而是国家主导下自上而下强制推进的，所以，这次的改革缺乏明确的地方分权推进理念和制度设计，因而，教育领域内的地方分权改革进展得很不彻底，而且还遇到了新问题。这就是后来伴随分税制改革，出现了区域间经济发展差距，进而带来了城乡教育差距以及后来的校际间差距，农村地区出现了举债办学、拖欠教师工资，以及出现危房校舍、儿童青少年辍学等问题，农村基础教育发展遇到了前所未有的困难和问题。

实行分税制改革后，中央财政重新占据优势，有实力加大对地方义务教育投入的力度。在这一背景下，2001年，国家提出了在"国务院领导下，由地方政府负责，分级管理，以县为主"的农村义务教育管理体制。2002年，在《国务院关于完善农村义务教育管理体制的通知》中进一步明确了农村义务教育实行"以县为主"的管理体制。

实行"以县为主"的管理体制，明确了县级政府的教育管理责任，为统筹县域内教育规划和布局，加快城乡教育一体化发展创造了条件。不过，这次体制改革仍然属于国家主导的自上而下改革，未对地方教育事业进行有效调研和分析。

可以说，从1985年实行的"三级办学，两级管理"体制到2002年的"以县为主"农村义务教育管理体制，都属于国家主导的且取效率化解决问题方式的教改举措，明显缺乏制度理念和制度设计。实践表明，缺乏制度理念和制度设计的体制创新会带来一系列难以克服的困难和问题。

基础教育尤其是义务教育阶段教育具有公益性，政府实际是受公民委托，用纳税人所交付的税款举办和管理学校教育的，因此，保障每一个公民平等接受教育是国家和政府的第一责任。

缺乏各级政府教育投入与管理责任的体制，实际上使得"以县为主"的农村义务教育管理成为"以县为主"的农村义务教育投入与管理。由于县级财政受区域经济发展水平制约，造成地方财力很不均衡，这导致当时除经济发达地区以外，大部分县级政府财力无力保证义务教育财政责任。新体制忽略了地区间差异，造成"富县办富教育，穷县办穷教育"的区域教育差距。① 而且直到现在，区域间教育差距仍未得到很好的解决。笔者于 2005 年 10 月，在国家教育行政学院第 18 期全国地市教育局长研修班暨第 10 期全国县（市）教育局长培训班，面向 167 位教育局长进行了问卷调研。调研表明，占 70.3% 的地市、县（市）教育局长认为，实施"以县为主"管理体制后面临的最大困难是县级财政薄弱，无力承担对义务教育的投入责任。

此外，缺乏对各级政府在教育人、财、物、责、权、利、监督等方面各自明确的职责规定，导致地方在执行教育政策过程中，形成多头管理、职责不清且相互推诿的局面，教育行政主管部门无法有效统筹人财物，导致教育改革只能局限于局部改革，难以形成全面系统的改革。

### （二）国家和地方共同推进的多元化教育管理体制

进入 21 世纪以来，我国教育发展模式开始由规模发展向内涵发展，由追求公平为主转向兼顾公平与质量并重的方向。推进区域教育均衡发展，保障教育的公平、公正且有质量的发展，成为当前以及未来一段时期内我国持续推进的教育改革目标。由政府主导的自上而下的一元化教育管理体制，因其对学校的服务结构非常单一，忽视了教育主体的多样性，更满足不了社会对多样化人才的需求，已成为当前制约教育改革与发展的体制性障碍。伴随现代治理国家的推进，要求转变政府单一化管理方式，进而逐步转向政府、学校、家庭、社会以及社会公益组织、非政府组织，甚至企业等各利益主体都能够依法投入和管理教育的多元化管理体制。

2010 年，国家颁布实施了《教育规划纲要》，这是进入新世纪以来，我国第一个教育改革和发展规划纲要，是指导我国今后很长一段时期内教育改革发展的纲领性文件。《教育规划纲要》从总体战略、发展任务、体制改革和保障措施四部分内容对教育改革发展做了全面规划。其中，在体制改革部分，《教育规划纲要》提出："适应国情和时代要求，建设依法办学、自主管理、民主监督、社会

---

① 包金玲."以县为主"教育管理体制与教育均衡发展——对全国地县教育局长的专题调查分析［J］.河北师范大学学报（教育科学版），2007(3)：77.

参与的现代学校制度，以构建政府、学校、社会之间新型关系。""以转变政府职能和简政放权为重点，深化教育管理体制改革，提高公共教育服务水平。""改变直接管理学校的单一方式，综合应用立法、拨款、规划、信息服务、政策指导和必要的行政措施，减少不必要的行政干预。"《中共中央关于全面深化改革若干重大问题的决定》中进一步指出："深入推进管办评分离，扩大省级政府教育统筹权和学校办学自主权，完善学校内部治理结构。"2010年，为进一步深化教育体制改革，根据《教育规划纲要》的部署，国家决定在部分地区和学校开展国家教育体制改革试点。确立了425个试点项目，全国有21个省、市、自治区和部分高校参与该项试点，实施的项目有44项。其中，专项试点改革包括建立健全体制机制、推进义务教育均衡发展、推进素质教育、改革职业教育办学模式、改革人才培养模式、改革高等教育管理方式、改革高等学校办学模式、改善民办教育发展环境、健全教师管理制度、完善教育投入机制、重点领域综合改革试点、省级政府教育统筹综合改革试点等共15项。

国家除了制定国家级改革试点地区外，还鼓励有条件的地方先行先试。近年来，不少地区加大了教育体制创新举措，不仅提高了区域教育治理水平，而且在社会上产生了较好的影响力。这些地区的实践经验及时被吸收纳入国家基本教育政策当中，从而基本形成了国家和地方共同推进的教改推进模式。这次大规模有组织的试点，极大地带动了地方教改的主动性和积极性，地方制度创新正处于活跃期。实践表明，地方成为"第一行动集团"，形成自下而上的需求诱导性制度变迁和中央主导型 – 中间扩散型的教育制度变迁模式。①

## 二、多元化教育管理体制改革特征

与20世纪80年代的教育改革不同，自2010年《教育规划纲要》颁布实施以来的体制改革，既有国家主导的自上而下的改革，又有地方主动探索的自下而上的改革，既有制度理念又有制度设计。制度理念上遵循公共治理理念，明确深化教育管理体制改革，实现教育治理体系和治理能力现代化。在制度设计路

---

① 杨瑞龙.我国制度变迁方式转换的三阶段论[J].经济研究,1998(1)：3–10.

线上采取了国家和地方政府共同担负发展教育事业的责任，建立健全教育法律法规体系，不断提高教育法治化水平；提升政府管理服务水平，提升政府综合运用现代治理手段的能力和水平；完善教育督导体制机制，提高教育督导的权威性和实效性；提高学校自主管理能力，完善学校治理结构，促进现代学校制度建设；推动社会参与教育治理常态化，加快建立社会参与学校管理和教育评价监管机制。

纵观近年来我国教育管理体制改革，当前我国推行的国家和地方共同推进的多元化教育管理体制具有以下四方面特征：一是由过去重视重点领域发展模式转向重视系统全面发展模式；二是由管制型政府逐步向服务型政府转变；三是学校自主权有所扩大，向构建现代学校制度方向转变；四是学校评价由单一评价向社会多元评价方向转变。政府、学校和社会之间关系正得以重建，为实现教育治理现代化奠定了较好的实践基础。

## （一）由过去重视重点领域发展模式转向重视系统全面发展模式

世界教改经验表明，仅着眼于局部的单项改革，难以解决教育改革和发展中的问题。只有实行教育领域综合改革，才能有效解决教育内外部环境面临的现实困难和问题。长期以来，我国进行了不少教育领域专项改革，但改革过程中总是因受到具体的体制机制因素的制约，而没有得以深入落实，这本身也表明了教育改革必须要采取综合措施推进。纵观多年来的教育综合改革，可以说，我国选择了一条适合自身国情的渐进式的教育发展战略。

教育综合改革肇始于改革开放初期，发展于20世纪90年代，重生于新世纪初期。改革是发展的基本动力，2013年，十八届三中全会颁布了《关于全面深化改革若干重大问题的决定》（以下简称《决定》）就如何全面深化改革做出了明确安排。在教育方面，按照系统性、整体性、协同性改革原则，实行教育领域综合改革。

"深化教育领域综合改革的主要目标重在体系、体制、机制的健全与完善，体系要上下贯通、左右衔接、相互协调、科学合理，体制要使主要环节相互配套、协调一致，机制要多方参与、合作共赢，改革的主要任务是强化统筹整合。"[①] 十九

---

① 曾天山.教育综合改革的现实意义和实践路径[J].教育研究，2014(2)：4.

大报告进一步指出,坚决破除一切不合时宜的思想观念和体制机制弊端,突破利益固化的藩篱,坚持在发展中保障和改善民生。深化教育领域综合改革是破除各种体制机制弊端,保障教育公平和一定教育质量的根本动力。

深化教育领域综合改革是一项十分艰巨同时也是一项极为复杂的任务,它必须对庞杂而又复杂的各种关系加以全面把握并统筹处理,而且还应该清醒意识到改革面临着重重阻碍,尤其要面对来自现行体制的阻碍。因此,综合改革要求采用系统思维和系统方法,统筹协调各种关系,科学谋划,整体推进。"全面把握"与"统筹处理"成为深化教育领域综合改革时需要遵循的两个基本原则。所谓全面把握,就是要把庞杂而又复杂的各种关系全部放置于深化教育领域综合改革的整个视野中去认识。所谓统筹处理,则是要把庞杂而又复杂的各种关系合理放置到深化教育领域综合改革的整体结构中去打理。① 没有全面把握和统筹规划,教育改革就有可能成为诸多单项改革的叠加,缺乏系统性、整体性,容易重复改革或改革半途而废。

为了促进地方和学校能够自觉主动地推进教育领域综合改革,自 2010 年起,依据国务院办公厅《关于开展国家教育体制改革试点的通知》(国办发〔2010〕48 号),我国在全国范围内开展了国家级教育改革试点项目,目的是为了落实好《教育规划纲要》内容。当时,全国确立了 425 个国家教育体制改革试点项目,分为专项改革试点和重点领域综合改革试点两方面的任务。在重点领域综合改革试点中又分为基础教育综合改革试点、职业教育综合改革试点、高等教育综合改革试点和民办教育综合改革试点。按照当时教育形势,规定基础教育综合改革试点的主要内容为:一是多种形式扩大学前教育资源,切实解决"入园难、入园贵"问题。二是建立健全义务教育均衡发展保障机制,多种途径解决择校问题。三是探索流动人口子女在流入地平等接受义务教育和参加升学考试的办法,探索建立健全农村留守儿童关爱服务体系。四是推动普通高中多样化发展,鼓励普通高中办出特色。五是系统改革教学内容、教育方法和评价制度,探索减轻中小学生过重课业负担的有效途径,全面推进素质教育。

---

① 吴康宁.理解"深化教育领域综合改革"[J].清华大学教育研究,2013(1):7-8.

十八大以来，我国不断深化教育领域综合改革，由国家和地方共同推进实施了16项改革措施。如全面贯彻党的教育方针，坚持立德树人，加强社会主义核心价值体系教育，完善中华优秀传统文化教育，形成爱学习、爱劳动、爱祖国活动的有效形式和长效机制，增强学生社会责任感、创新精神、实践能力。强化体育课和课外锻炼，促进青少年身心健康、体魄强健。改进美育教学，提高学生审美和人文素养。大力促进教育公平，健全家庭经济困难学生资助体系，构建利用信息化手段扩大优质教育资源覆盖面的有效机制，逐步缩小区域、城乡、校际差距；统筹城乡义务教育资源均衡配置，实行公办学校标准化建设和校长教师交流轮岗，不设重点学校重点班，破解择校难题，标本兼治减轻学生课业负担。加快现代职业教育体系建设，深化产教融合、校企合作，培养高素质劳动者和技能型人才。创新高校人才培养机制，促进高校办出特色争创一流。推进学前教育、特殊教育、继续教育改革发展。推进考试招生制度改革，探索招生和考试相对分离、学生考试多次选择、学校依法自主招生、专业机构组织实施、政府宏观管理、社会参与监督的运行机制，从根本上解决一考定终身的弊端。义务教育免费就近入学，试行学区制和九年一贯对口招生。推行初高中学业水平考试和综合素质评价。加快推进职业院校分类招考或注册入学。逐步推行普通高校基于统一高考和高中学业水平考试成绩的综合评价多元录取机制。探索全国统考减少科目、不分文理科、外语等科目社会化考试一年多考。试行普通高校、高职院校、成人高校之间学分转换，拓宽终身学习通道。深入推进管办评分离，扩大省级政府教育统筹权和学校办学自主权，完善学校内部治理结构。强化国家教育督导，委托社会组织开展教育评估监测。健全政府补贴、政府购买服务、助学贷款、基金奖励、捐资激励等制度，鼓励社会力量兴办教育。

综上所述，教育领域综合改革主要集中在四个方面，一是以立德树人为导向，全面创新育人模式，这是教育领域综合改革的核心要求。二是促进教育公平、提高教育质量，这是教育领域综合改革的两大战略重点。伴随教育领域综合改革的深入，有学者提出，"质量和公平作为评判一个教育体系健康程度和学校内涵发展的重要维度已不足够,活力逐渐成为一个新的评判维度"①。三是考试招生制度改革、教育治理体系创新,这是教育领域综合改革的两个重要抓手。四是始终坚持教育优先发展、努力加强教师队伍建设,这是教育领域综合改革的重要支撑保障。

1. 加快构建立德树人系统化机制

教育的根本功能在于促进人的发展,即教育的目的归根到底是要落到培养什么人、怎样培养人以及为谁培养人这一根本问题上。一直以来,人们普遍认为教育过程就是教书育人过程,而今天特别强调立德树人,其意义在于,教育不仅要完成教书育人这一过程性任务,同时还要完成培养成什么样的人的任务,即教育不仅要育人,同时还要树人,这是在当前强调立德树人的关键所在。在2018年全国教育大会上,习近平总书记指出,培养什么样的人,是教育的首要问题。我国是中国共产党领导的社会主义国家,这就决定了我们的教育必须把培养社会主义建设者和接班人作为根本任务,培养一代又一代拥护中国共产党领导和我国社会主义制度、立志为中国特色社会主义奋斗终身的有用人才。

中华人民共和国成立以来,我国的教育方针始终坚持定位于培养德智体美劳全面发展的社会主义建设者和接班人。以立德树人为导向,全面创新育人模式,这是当前教育领域综合改革的核心要求,是教育工作的根本任务,也是教育现代化的方向目标。全面贯彻党的教育方针,坚持立德树人,加强社会主义核心价值体系教育,更好地构筑中国精神、中国价值、中国力量。

(1)坚持以德育为先。这是由教育的社会功能决定的。涂尔干指出,教育的目的就是在儿童身上唤起和培育一定数量的身体、智识和道德状态,以便适应整个政治社会的要求,以及他将来注定所处的特定环境的要求。教育是年青一代系统地社会化的过程。我们每个人身上都有两种存在,一种是个体存在,另一种是社会存在。而教育的目的,就是在我们每个人身上形成这种社会存在。② 社会存在是一套观念、情感和实践的体系,这种社会存在不完全是以一种自发的形式

---

① 黄晓磊,邓友超.学校活力评价指标体系构建[J].教育学报,2017(1):23.

② [法]爱弥儿·涂尔干著.道德教育[M].陈光金,沈杰,朱谐汉译,渠东校,上海:上海人民出版社,2001:309-310.

发展而来的，而是从社会内部形成的具有传承与发展的巨大道德力量和一整套社会规范。要将特定社会的道德文化和制度规范传承给儿童青少年，就必须依靠教育。我国著名教育家吕型伟指出，"在人才问题上，我的观点，历来是'欲成才，先成人，不成人，宁无才'。我认为第一要做文明人，以区别于兽类；第二是要做现代人，以区别于古代人；第三是要做中国人，要热爱社会主义中国；第四是要做地球人，要放眼世界，关心生态。"①

儿童青少年是未来社会的接班人、建设者，同时也是社会公民和具有一定全球意识的世界公民。他们德智体美劳等各种素质的和谐发展，特别是道德素质的发展，不仅是关系着他们能否扮演好上述多种角色的问题，而且也是关系到人类社会能否持久和平发展的问题。儿童青少年的身心发展尚未成熟、尚未定型，他们主要还是各种环境影响的受体，为了培养社会主义建设者和接班人，在当前教育中必须坚持价值导向的一元化，建构以社会主义核心价值观为基础的新道德教育目标体系。

在当前，立德树人重点在培育和践行社会主义核心价值观，要把社会主义核心价值体系融入国民教育全过程。社会主义核心价值观是当代中国精神的集中体现，凝结着全体人民共同的价值追求。要以培养担当民族复兴大任的时代新人为着眼点，强化教育引导、实践养成、制度保障，发挥社会主义核心价值观对国民教育、精神文明创建、精神文化产品创造生产传播的引领作用，把社会主义核心价值观融入社会发展各方面，转化为人们的情感认同和行为习惯。习近平在《青年要自觉践行社会主义核心价值观——在北京大学师生座谈会上的讲话》中指出，"青年的价值取向决定了未来整个社会的价值取向，而青年又处在价值观形成和确立的时期，抓好这一时期的价值观养成十分重要。"

文化是一个国家、一个民族的灵魂。文化兴则国运兴，文化强则民族强。坚持文化自信，传承中华民族优秀文化，中华文明绵延数千年，有其独特的价值体系。没有高度的文化自信，没有文化的繁荣兴盛，就没有中华民族的伟大复兴。中华优秀传统文化已经成为中华民族的基因，植根于中国人内心，潜移默化中国

---

① 吕型伟.德育：21世纪教育的灵魂[A].朱小蔓主编,道德教育论丛（第1卷）[C].南京：南京师范大学出版社,2000：13.

人的思想方式和行为方式。文化自信是一个国家、一个民族发展中最基本、最深沉、最持久的力量。要坚持中国特色社会主义文化发展道路，激发全民族文化创新创造活力，建设社会主义文化强国。

（2）坚持能力为重。《教育规划纲要》明确指出，要着力提高学生的学习能力、实践能力、创新能力，教会学生学会知识技能，学会动手动脑，学会生存生活，学会做人做事，促进学生主动适应社会，开创美好未来。

21世纪教育的四大支柱是学会求知、学会做事、学会共处、学会做人。学会求知，就是要培养学生能够熟练掌握几门认知工具，获得继续学习的本领，即学会学习，学会探究知识、构建知识。学会做事，就是通过创造可供学生参与的学习环境，让学生在实践中去体验和产生兴趣，并通过体验和兴趣来提高学生的实际知识和能力。学会共处的核心是学会关心，学会共享，学会合作。要培养学生学会与他人共处，就要培养学生学会合作生活，合作学习，从过去的集中教学方式到个别学习方式，到现在提倡的协商学习(也称合作学习)。关于学会做人，我国优秀的传统文化中有很多名言名句，这些都是引导学生如何做人，如何生活，以及如何修身养性的至理名言。当然我们应是"学古而不泥古"，在坚持发扬优秀传统文化的同时，还要吸收当前先进的育人理念，并通过"知识—能力—情操"三维课堂教学目标的设计，让学生的智商、情商以及耐挫折能力等多方面得以提升。

（3）坚持全面发展。学生是以整个生命进入课堂，所以，教师在课堂上需要关注学生整体生命的发展质量，而不只是知识。具体落实到教学目标当中，一般地，要贯彻全面发展的教育教学目标，需要全面加强和改进德育、智育、体育、美育和劳动教育。

"德"，主要是理想信念、家国情怀、责任担当、不怕困难、与人为善、邻里相助、乐于奉献、继承传统、遵守纪律、淡泊明志、人格健全、品格高尚等方面。教育教学过程中，需要完善中华优秀传统文化教育，形成爱学习、爱劳动、爱祖国活动的有效形式和长效机制。

"智"，主要指求知欲、好奇心、探索精神、勤学、善学、乐学、科学本领、追求卓越、乐于合作、追求真理、文化修养等方面。教育教学过程中，需要增强学生社会责任感、创新精神和实践能力。

"体"，主要指身心健康、习惯良好、热爱劳动、经常锻炼、不畏困难、经受挫折等方面。教育教学过程中，需要强化体育课和课外锻炼，促进青少年身心健康、体魄强健。

"美"，主要指热爱自然、欣赏艺术、热爱文学、心灵纯洁、美好性情等方面。教育教学过程中，需要改进美育教学，提高学生审美和人文素养。

"劳"，主要指在学生中培养劳动精神，引导学生养成崇尚劳动、尊重劳动的好品质，长大后能够自觉成为一个自食其力、诚实劳动的合格公民。劳动可以树德、可以增智、可以强体、可以育美。要在学生中弘扬劳动精神，教育引导学生崇尚劳动、尊重劳动、懂得劳动最光荣、劳动最伟大、劳动最美丽。

综上所述，构建立德树人系统化教育体系，主要通过坚持面向全体学生，坚持立德树人，把社会主义核心价值体系融入国民教育全过程。坚持文化自信，传承和发扬中华民族优秀传统文化，培养具有中华民族独特文化的高度自信的中国公民。基于教育的四大支柱，培养学会求知、学会做事、学会共处、学会做人的有创造力的国民。坚持全面发展的教育，使得我们的儿童青少年发展能够更加人文化、更加可持续化。

教育决定人类的今天，也决定人类的未来。教育是人类的共同利益，教育可担负起"全球共同利益"的使命，可促进尊重权力平等、社会正义，尊重文化的多样性、国际团结和分担责任。当今世界正经历着深刻变革，新一轮科技革命和产业变革蓄势待发，作为有责任的发展中国家，我国始终站在科技进步最前沿，一方面正逐步实现我国由"跟跑者"向"并行者""领跑者"转变。另一方面，面对全球范围内的威胁因素，特别需要促进正义、社会公平和全球团结，这就意味着我们的教育必须要更加重视文化素养，立足于人的尊严和共同利益，让每一个生命个体承担起社会可持续发展的时代使命。

当前，全球范围内面临恐怖主义、环境污染、气候变暖、金融危机等诸多不稳定性因素的威胁。按照2011年《中国和平白皮书》中倡导的构建"人类命运共同体"的精神内涵，需要构筑全球利益共同体，共同担负起人类发展的责任，共同面对威胁人类和谐发展的困难和问题。

21世纪到底需要怎样的教育？联合国教科文组织继1972年出版研究报告《学会生存：教育世界的今天和明天》、1996年出版研究报告《教育：内在的财富》之后，2016年，出版了研究报告《反思教育：向"全球利益共同体"的理念转变？》。2016年出版的这份研究报告，是对人类教育以至人类社会产生重大影响的又一部具有里程碑意义的文献，必定像前两份报告那样对世界教育的发展产生重大影响。

2. 推动各级各类教育公平且有质量的发展

促进教育公平、提高教育质量，这是教育领域综合改革的两大战略重点。教育改革深受国内外经济、社会改革的影响。

从国际看，在世界经济缓慢复苏的背景下，必须靠持续高强度的人力资本投资，推动经济转型、产业升级，通过做强教育，提升国际竞争力。华为事件表明，若想打赢中美贸易战，关键还要看本国自主研发能力，而提升自主研发能力则必须做大做强基础学科研究。

从国内看，伴随经济发展速度的放缓，我国经济发展进入新常态，要保持中高速增长，跨越中等收入陷阱，实现对先行国家的超越，必须培育发展新动能，加大人力资本投资，实现人口红利向人力资源红利、人才红利转变。

从社会看，国民财富不断增强，城镇化进程加快，人口老龄化加速，利益主体更加多元，利益诉求更为多样，教育对促进社会和谐、进步的作用更加明显，迫切需要更高质量、更为公平和多样化、个性化的教育。

从教育自身看，当今世界正在发生革命性变化，确保包容、公平和有质量的教育，促进全民享有终身学习机会，成为世界教育发展新目标。同时，教育与经济发展、社会发展的结合更加紧密；以学习者为中心，注重能力培养，促进人的全面发展，全面学习，终身学习，个性化学习的理念日益深入人心；教育模式、形态、内容和学习方式正在发生深刻变化；教育治理呈现出多方合作，广泛参与的特征。

《教育规划纲要》颁布实施以来，我国的教育公平取得了重要进展。2015年12月1日，《国家中长期教育改革和发展规划纲要（2010—2020年）》中期评估义务教育的第三方评估组，对我国2010年至2014年义务教育改革发展情况进行了系统评估。评估结果表明,《教育规划纲要》中确定的义务教育目标任务得到全面落实,义务教育实现了全面普及,均衡发展得到了全面推进,内涵发展取得了长足进步,一些教育热点难点问题逐步破解,义务教育改革发展成效显著,已经站在了新的历史起点上,教育总体发展水平跃居世界中上行列。实践表明,教育优先发展战略成为我国长期坚持且有效的基本教育政策,很好地保障了教育通过人才培养和技术服务等服务于经济社会发展的功能。不过,面对人民群众日益增长的对美好生活的需求,我国的教育发展还不够充分、不够平衡。发展不充分,主要表现在解决了"有学上"后,还不能很好地保障"上好学"的问题,即目前的教育体量还不能满足人民群众高质量、多样化、选择性、终身学习等教育需求。发展不平衡,主要表现在区域之间、城乡之间以及校级之间存在的教育差距,教育与经济发展之间的不协调。

对此,需要进一步优化教育结构,保障教育公平,提高教育质量,同时,需要加大办学活力,通过激活学校办学活力,促进学校内涵发展,形成个性化、多样化的办学局面。首先,需要打破现阶段制约学校办学活力的体制机制障碍,使学校具备自主办学的基础条件。其次,按照现代学校制度建设的构想,实行学校法人治理结构,探索构建现代校内治理结构,让各教育主体都能主动参与、主动发挥各自职能,形成教育合力,共同育人。通过实践探索,加快建成公平、质量、活力三位一体的教育改革新局面。

3. 推进考试招生制度改革

推进考试招生制度改革和教育治理体系创新,这是教育领域综合改革的两个重要抓手。推进考试招生制度改革,探索招生和考试相对分离、学生考试多次选择、学校依法自主招生、专业机构组织实施、政府宏观管理、社会参与监督的运行机制,从根本上解决一考定终身的弊端。

2014年9月3日,国务院颁布的《关于深化考试招生制度改革的实施意见》(国发〔2014〕35号)规定,2014年,我国启动考试招生制度改革试点。通过考试招生制度改革,打破唯分数的应试教育倾向,逐步形成分类考试、综合评价、多元录取的考试招生模式。浙江、上海作为高考综合改革试点地区,率先公布了高考综合改革试点方案。北京、天津、山东、海南四省市作为第二批高考综合改革试点地区，2017年秋季学期进入高考综合改革实施阶段。目前，各省市区基本公布了深化考试招生制度改革实施方案。深化考试招生制度改革，目的在于提高人才培养的质量，促进学生全面而有个性化的发展。

#### 4. 建成教育优先发展的保障机制

我国始终坚持教育优先发展战略，强调教育事业要优先投入，优先发展，优先落实。重点强调了"三个优先"，即经济社会发展规划要优先安排教育发展，财政资金要优先保障教育投入，公共资源要优先满足教育和人力资源开发需要。要求各级政府做到"两个确保一个不低于"，在进一步完善财政教育投入机制，健全各级教育生均拨款制度基础上，确保一般公共预算教育支出只增不减，确保按在校学生人数平均的一般公共预算教育支出只增不减，保证财政教育投入持续稳定增长，保证国家财政性教育经费支出占国内生产总值的比例不低于4%。

在教育优先发展保障机制下，我国教育改革与发展成效显著，教育结构不断得以优化，免费义务教育全面实施，学前教育和高中阶段教育得到普及，职业教育大力发展，特殊教育得到重视并有了基本的保障，高等教育进入大众化阶段。教育提供人才支持和智力贡献的能力不断得以提升，培养了一大批高素质人才，提高了全民族素质，通过协同创新、科技转化等，推进了科技创新和文化繁荣，为经济发展、社会进步和民生改善做出了重要贡献，为全面建成小康社会和人的全面发展奠定了良好的基础。

时至今日，免费九年义务教育全面实施，《教育规划纲要》阶段性目标正得以如期实现，各级教育普及水平均达到或超过中高收入国家平均水平。在政府、学校、社会各方面力量协同努力下，区域普通高中教育呈现出多元化办学趋势，优质资源不断扩大，人才培养模式多样化。各级政府高度重视教育，财政投入持续增加，长期制约教育改革发展的一些瓶颈问题得到突破。实施了三轮学前教育三年行动计划（2011—2013年；2014—2016年；2017—2020年），全国学前三年毛入学率2016年达到77.4%，比2012年提高12.9个百分点，超过了中高收入国家平均水平，入园难的问题得到了缓解。实施了两期特殊教育三年提升计划（2014—2016年；2017—2020年），各地按照党中央、国务院的决策部署，认真实施特殊教育提升计划，残疾人受教育机会不断扩大，教育普及水平得到明显提高。远程教育、社区教育、老年人教育蓬勃发展，人人学习、时时学习、处处学习的学习型社会建设不断加快。

### （二）由管制型政府逐步向服务型政府转变

界定和转变政府职能是当前公共管理理论和实践领域共同关注的核心课题。"政府职能，是指国家行政系统根据国家和社会发展的需要，依法承担的职责和功能。"① "所谓政府管理职能转变是指政府在管理国家、社会事务并为社会提供服务中的职责和功能的转型、变化与发展，包括转变管理理念、模式、机制和方式等。"② 党的十三大以来，转变政府职能逐步成为深化政府行政管理体制机制改革的主要内容。十八届三中全会通过的《决定》中明确要求，"必须切实转变政府职能，深化行政体制改革，创新行政管理方式，增强政府公信力和执行力，建设法治政府和服务型政府。" 党的十九大报告中进一步指出，"转变政府职能，深化简政放权，创新监管方式，增强政府公信力和执行力，建设人民满意的服务型政府。"

公共教育是依据公民（即纳税人）所缴纳的费用举办的，政府管理机构实际上是代理公民行使对教育的管理，这是建设服务型政府的前提条件。因此，建设人民满意的服务型政府，就要努力构建提供每一位公民能够平等公平接受教育的公共教育体系，尽量满足人民群众对多元化、高质量、优质化教育的愿望。《教育法》第十四条规定，"国务院和地方各级人民政府根据分级管理、分工负责的原则，领导和管理教育工作。" 伴随教育对社会经济文化贡献度的加大，国家和社会越来越关注政府在推动教育事业公平、公正、有效和有质量的发展中的职能作用。在这种治理模式下，转变政府教育管理职能已成为当前政府职能转变的重要内容。转变政府教育管理职能，首先需要了解政府到底有哪些主要的教育管理职能。

政府对教育的管理是以制度化的学校教育为主要对象的，以国家和地方政府具体组织实施。其主要职能为，在保障贯彻落实党的教育方针政策前提下，统筹领导区域教育事业的发展，制定区域教育发展规划，出台落实教改政策的具

---

① 王浦劬.论转变政府职能的若干理论问题［J］.国家行政学院学报，2015(1)：31.
② 靳希斌.政府教育管理职能转变与公共教育财政体制建构［J］.现代教育管理，2011(10)：1.

体制度和实施策略。政府的教育管理职能主要通过教育行政主管部门来实现，因此，一般讲，政府教育管理职能主要指教育行政职能。教育行政职能是政府职能在教育领域的具体化，是政府职能的一个部分。它是指政府，通常是教育行政部门作为国家行政机关，依法在教育事务的管理中所应履行的职责及其所应起的作用。[①]

自公共教育体系成立以来，教育历来具有两面性，即教育的公共性和私有性，即作为"公有性"的国家和地方政府运用公共权力保障教育的公益性与作为"私有性"的人民群众对教育回报的教育愿望。关于教育的公共性，主要是由国家和地方法律所规定。一般地，公共教育最根本的内容是保障所有的儿童青少年公平、公正有质量的全面发展。当前，我国提出的要办让人民满意的教育，正是基于教育的公有性提出的。要做到保障所有儿童青少年的全面发展，需要依靠社会各方面力量来创造和经营公共教育。公共教育资源是有限资源，因而，除了义务教育阶段外，教育成本由国家、地方政府和监护者共同负担。另外，教育具有一定的竞争性和选拔性，因而需要政府部门运用公共权力维护一定的教育水准和教育公平。关于教育的私有性，主要是由于受教育者接受教育的目的，在于通过获得相应的教育资历谋求社会职位或职业，因此，会从利益最大化的角度对教育提出相关要求。

一方面要保障教育的公平与质量，办人民满意的教育，另一方面还要回应各教育主体的利益诉求，提高公共教育服务质量和效益，不断满足社会对教育的多样化需求，这对当前政府以及教育行政主管部门提出了新的挑战。面对新挑战，直接运用上级命令、通知等行政手段推进教育的模式已经不适应，需要转变政府的教育管理职能，要求政府从行政化、官僚化、经验式管理模式向制度化、服务型、专业型政府转变。

教育行政是指以实施教育政策为目标而开展的行政过程。教育行政组织活动的终点是学校，"教育行政机关制定的方针政策，归根结底要通过学校教育过程来体现并得到检验，而学校的行政管理过程也不能游离于国家之外，成为一种孤

---

① 金太军.政府职能的梳理和重构[M].广州：广东人民出版社，2002：4.

立的管理。"① 而学校管理是指直接开展教育活动并对教育结果担负主体责任的经营活动。学校教育最终的目的是面向儿童青少年的健康成长，传授人生必要的基础知识和基本技能，以及培育儿童青少年个性化、社会化成长。要了解政府教育管理职能，还需要处理好教育行政和学校管理之间的关系。

教育行政和学校管理都属于公共教育管理范畴，二者之间的关系是相互联系、密不可分的，即应是宏观指导与微观实施的关系，一般指导与具体执行的关系。教育行政部门主要是围绕学校公用经费、学校组织编制、教育课程、教科书选定、教育教学质量以及教职员的培养培训等方面对学校进行宏观管理和指导。从作为实现教育政策的专门场所来看，学校是教育行政的客体，有必要接受行政机关的指示、命令等，但按照《教育法》第三十二条规定，学校是法人单位，是相对独立运行的教育活动组织，学校是教育机构，它不属于教育行政组织的分支机构或附属机构。因此，学校不只是遵循上级行政机关的指示、命令，而且学校根据法律法规进行学校内部管理，根据自我判断、自我决策，主动发挥作为公共教育主体性的作用。学校的主体性以及育人特征，要求必须保障学校具备一定的办学自主权。通过扩大学校办学自主权，逐步构建起适应中国国情和时代、依法办学、自主管理、民主监督、社会参与的现代学校制度。

针对现实当中行政过多干预学校办学行为，导致学校负担过重，学校办学活力难以释放的现状，国家明确提出构建服务型政府。围绕推进依法行政，形成政事分开、权责明确、统筹协调、规范有序的教育管理体制，2015年，教育部颁发的《关于深入推进管办评分离　促进政府职能转变的若干意见》中明确以下7方面的具体要求：（1）加大政府简政放权力度；（2）推行清单管理方式；（3）加快国家教育基本标准建设；（4）健全依法、科学、民主决策机制；（5）建立健全教育行政执法机制；（6）加强和完善政府服务机制；（7）加大行政监督和问责力度。

树立现代教育治理理念，转变教育管理方式，确立学校办学主体地位，减少对学校过多行政干预，激发学校内生动力，已成为新时代教育体制机制改革必须面对和解决的问题。

---

① 吴志宏.教育行政学［M］.北京：人民教育出版社，2000：19.

## （三）学校办学自主权有所扩大，向构建现代学校制度方向转变

一元化管理体制下，政府既是主要投入者，又是人、财、物等的主要管理者，对学校的服务结构非常单一。学校只要按照教育行政部门制定的任务去执行就行，自身缺乏办学自主权和内在发展动力。这种政校不分、政府直接管理学校的方式，导致"我国的教育行政和学校管理之间关系的根本特征不是制度性的，而是具有行政性（上下级的）、管理性（管与被管）、习惯性（随意的、人际的）等根本特征。"[①] 这一关系特征一方面限制了学校的自主发展和特色发展；另一方面忽视了教育主体的多样性，将教师、家长以及区域内的教育资源排斥在外，学校实行封闭半封闭办学。其结果是造成人才培养模式单一化、僵硬化，学校教育在一定程度上偏离了正常的发展轨道。

针对政府单一主导的管理体制弊端，《教育规划纲要》明确指出："推进政校分开、管办分离。适应中国国情和时代要求，建设依法办学、自主管理、民主监督、社会参与的现代学校制度，构建政府、学校、社会之间新型关系。"《中共中央关于全面深化改革若干重大问题的决定》中进一步明确提出："深入推进管办评分离，扩大省级政府教育统筹权和学校办学自主权，完善学校内部治理结构。强化国家教育督导，委托社会组织开展教育评估监测。健全政府补贴、政府购买服务、助学贷款、基金奖励、捐资激励等制度，鼓励社会力量兴办教育。"关于如何推进政校分开，建设现代学校制度，2015年，教育部颁发的《关于深入推进管办评分离 促进政府职能转变的若干意见》中提出了5方面指导意见：（1）依法明确和保障各级各类学校办学自主权；（2）加强学校章程和配套制度建设；（3）完善学校内部治理结构；（4）健全面向社会开放办学机制；（5）完善校务公开制度。

至此，我国明确提出了构建现代学校制度建设的指导性政策，即扩大学校办学自主权，实现依法办学，优化学校内部治理结构，促进学校管理民主化，加强学校与社会之间的协作，构建和谐的教育环境。在某种程度上学校现代化建设的程度能够反映出所在地区政府转变职能的深度和广度。从这一角度讲，转变政府

---

① 蒲蕊.政府与学校关系重建：一种制度分析的视角[J].教育研究，2009(3)：82.

教育管理职能的最终目的就是构建现代学校制度，需要政府职能转变与现代学校制度建设共同推进。

实践表明，全国中小学阶段基本建立了学校章程，基本确立了教职工代表大会制度和家长委员会制度，并不同程度发挥了教代会和家委会在参与和评价学校管理中的基本作用，通过减少会议、通知、评比、检查等行政行为，政府不断减少对学校正常教育教学工作的干预，一些地区通过探索管办评分离改革，正逐步将一定的人财物管理权限下放给学校，探索面向区域开放办学，鼓励社会参与学校管理。通过一系列改革探索，学校具备了一定的办学自主空间和制度保障。政府、学校和社会之间的新型关系正得以重建，促进了现代学校制度建设的发展进程。

### （四）学校评价由单一评价向社会多元评价方向转变

新形势下，学校评价制度作为保障教育质量的基本制度，其主要目的已不再局限于筛选学生，而是基于学生发展为核心、引领学校自主发展以及为政府、学校和学生提供多元诊断服务方向转变。教育评价具有很强的专业性，要想正确发挥评价的检测、诊断、指导功能，必须要有专业机构的参与，需要打破原有单一评价体系，进而构建社会多元评价体系。

围绕推进依法评价，建立科学、规范、公正的教育评价制度，2015年，教育部《关于深入推进管办评分离 促进政府职能转变的若干意见》明确提出五方面的指导意见：一是推动学校积极开展自我评价；二是提高教育督导实效；三是支持专业机构和社会组织规范开展教育评价；四是切实保证教育评价质量；五是切实发挥教育评价结果的激励与约束作用。提倡并支持专业机构和社会组织开展教育评价，表明我国开始由过去以行政评价为主逐步向学校发展性评价转变，旨在发挥学校的办学自主权和积极性，强化作为公共服务机构的责任意识与责任承担能力。

目前，我国实行的学校评价主要有三种评价形式：一是自我评价，由学校按照学校发展规划，对目标和计划的实施状况进行具体的验证和评价。二是政府评价，通过教育督导部门，对学校办学规范、管理目标以及学业成绩等进行定期指导和评价。三是社会评价，即通过采纳人大、政协、事业单位、家长、学生、社区代表等的意见,开展社会满意度调查以及引入专业的第三方机构参与学校评价。通过社会满意度调查,开始保障家长和社会参与学校管理的权利;通过第三方机构分析研究对学校教育活动和其他管理活动进行专门的、客观的评价,有利于评价的客观性和公正性、专业性。

近年来,各地区在注重发挥政府教育督导部门职能作用的同时,开始注重社会参与学校评价。如一些地区已经开始探索加强评价指标体系建设,突出教育质量综合评价改革的导向性,以及将评价结果作为引导社会树立全面的教育质量观的有力抓手,引导社会和家长树立正确的人才观和成才观。实践表明,原有政府单一评价模式开始被打破,我国正逐步探索构建由学校自评为主、社会参与评价为辅、政府主导的学校多元评价体系。

适应公共治理模式的转变,各地区不断转变管理职能,因地制宜,正实际探索构建政府依法管理、学校依法自主办学、社会依法参与的公共教育治理新格局,为基本实现教育现代化提供了重要制度保障。

## 三、深化教育管理体制改革的基本策略

自《教育规划纲要》实施以来,各级政府尤其是教育领域综合改革试点地区,结合各自区域实情,坚持制度创新,深化教育管理体制机制改革,围绕基础教育综合改革目标,不断探寻克服原有体制机制弊端的有效途径和具体方法。通过多年实践探索,形成以下四方面基础教育综合改革实践模式:一是形成以均衡和提升为主旋律的城市教育综合改革,改革的重点是制度建设和机制创新。如上海、武汉等城市的教育综合改革,试验区方案以坚持教育优先发展,以改革创新为动力,以区域统筹为重点,实施教育综合改革试验,探索教育管理新体制、统筹协调新机制、科学发展新模式,促进各级各类教育协调发展,使本地区率先实现教育现代化,为推进全国城市教育改革发展提供依据。二是形成以城乡统筹促进均衡发展为主旋律的城乡教育综合改革。如重庆、成都等地以城带乡、整体推进、城乡一体、协调发展,实现城乡教育规划布局、资源配置、政策制度、水平提升一体化,为统筹城乡教育发展提供经验和借鉴。三是形成以发展职业技术教育为重点的职业教育综合改革。如天津、四川、河南、广西等地,在中等职业教

育攻坚、职教园区建设、加强农村职业教育、创新职业教育人才培养模式、逐步实行免费中等职业教育、推进职业教育体制机制改革等方面开展试验。四是形成探索构建覆盖城乡、布局合理、多渠道投入和管理的学前教育公共服务体系。如上海市闵行区将学前教育发展视为一项政府的基础性公共服务，由政府强力推动。大连市由政府主导和规划全市学前教育发展规划、发展、投入和管理，通过规范城区住宅小区配套幼儿园建设管理办法，以及由市政府回收已建成小区配套幼儿园的办法，增加了公办学位等，在破解入园难问题中，政府承担了主要的公共服务责任。

通过前期探索和实践，我国基础教育改革与发展逐步明确了改革的基本目标、基本原则和主要任务。伴随教改的进一步推进，原有教育管理体制机制弊端仍成为深入推进各项教改事业发展的主要制约因素，不断改进和完善教育管理体制机制改革俨然成为当前教改的重要任务。对此，2017年9月，中共中央办公厅、国务院办公厅印发《关于深化教育体制机制改革的意见》中指出了深化教育体制机制改革的四条基本原则：一是继承我国优秀教育传统，立足我国国情，遵循教育规律，吸收世界先进办学治学经验，坚定不移走中国特色社会主义教育发展道路。二是坚持以人民为中心，着眼促进教育公平、提高教育质量，针对人民群众反映强烈的突出问题，集中攻坚、综合改革、重点突破，扩大改革受益面，增强人民群众获得感。三是深化简政放权、放管结合、优化服务改革，把该放的权力坚决放下去，把该管的事项切实管住管好，加强事中事后监管，构建政府、学校、社会之间的新型关系。四是加强系统谋划，注重与《国家中长期教育改革和发展规划纲要（2010—2020年）》等做好衔接。尊重基层首创精神，充分调动地方和学校改革的积极性、主动性、创造性，及时将成功经验上升为制度和政策。

能否按党和国家教育政策设定的目标和任务扎实推进并有效实施，关键看今后采取怎样的推进策略。纵观近年来教改特点和发展趋势，深化教育体制机制改革，需要解决好纵向和横向管理体制以及如何提高教育决策的科学性等问题。

**（一）解决好纵向管理体制问题：加强国家的宏观指导，加大省级统筹力度，转变县域发展模式**

一是加强中央政府的宏观指导。为推动教育改革，1985年6月18日，六届全国人民代表大会常务委员会第十一次会议决定设立国家教育委员会，主任职位先由副总理、国务委员兼任。为了职能划转，淡化行政职能，1998年3月10日，新一届国务院机构改革方案经九届全国人民代表大会第一次会议通过，将国家教育委员会更名为教育部，从此降格为部长级单位，成为国务院政府直属机关，受国务院领导。

我国人口众多，地区差异大，国家制定的政策很难具有较强的普适性。按照《教育规划纲要》中第四十五条"健全统筹有力、权责明确的教育管理体制"的相关规定，中央政府负责统一领导和管理国家教育事业，制定教育改革和发展规划、方针政策和基本标准，优化学科专业、类型、层次结构和区域布局。教育部作为中央政府主管教育的主要职能部门，将管理重心放在制定宏观政策和总的指导方针上，进一步扩大地方政府的自主权，为地方能够灵活结合实际发展教育提供便利，切忌一刀切、全盘化。实行简政放权，通过采取灵活化、弹性化的行政手段，激发地方的主动性和积极性，可有效促进地方推动区域教育改革与发展。自《教育规划纲要》颁布实施以来，尤其十八大以来，我国教改取得了长足进步。国家加大了主导力度，出台了一系列重要文件和制度规范，教改政策越加明确、制度保障越加完善、改革思路越加清晰。

二是加强省级政府对教育的统筹力度，亟待破解县域间的教育差距。实现简政放权最主要的目的是激发地方的灵活性和自主性，可促进地方政府真正从区域经济社会和谐发展的目标出发，有效推动区域教育改革和发展，实现区域教育特色发展。加强省级政府教育统筹是历史阶段的新要求，由省级政府统筹教育，关系到今后我国教育改革发展的基本走向和治理模式。

《教育规划纲要》第四十六条关于"加强省级政府教育统筹"中指出，省级政府要"统筹推进教育综合改革，促进教育区域协作，提高教育服务经济社会发展的水平。支持和督促市（地）、县级政府履行职责，发展管理好当地各类教育"。依据当时国务院办公厅《关于开展国家教育体制改革试点的通知》（国办发

〔2010〕48号）要求，省级统筹综合改革的内容是：一是深化教育管理体制改革，探索政校分开、管办分离实现形式。二是统筹推进各级各类教育协调发展。三是统筹城乡、区域教育协调发展。四是统筹编制符合国家要求和本地实际的办学条件、教师编制、招生规模等基本标准。五是统筹建立健全以政府投入为主、多渠道筹集教育经费、保障教育投入稳定增长的体制机制。六是建立健全地方政府履行教育职责的评价制度。七是探索建立督导机构独立履行职责的体制机制。《中共中央关于全面深化改革若干重大问题的决定》中进一步明确提出，要"扩大省级政府教育统筹权"。

扩大省级政府教育统筹权，一是可以发挥行政力量推动地市、县级政府履行教育职责。二是有利于教育资源的统筹和协调发展，根据省域内各市县实际，合理配置人、财、物，可在一定程度上缩小县域间教育差距。相对地市、县市地区，省域内教育体系相对完整，既可克服地市尤其是县级政府财力支撑能力和管理水平的局限性，又具备在更广范围内统筹协调教育发展保障机制，如可根据省域内市县经济发展实际，进行合理分配教育资源，加大对经济欠发达地区的支持力度等。三是可加强省域之间、区域之间的合作，有效调配教育资源。

实践表明，省级教育统筹综合改革，起初主要以破解适龄幼儿入园难、义务教育均衡发展、城乡教育一体化发展以及创新型人才培养等重大教改难题为重点推进改革，按照简政放权、先行先试的改革基本原则，在改革过程中，选取一些城市作为省级教育统筹综合改革的试验区具体推进。2016年10月，青岛市成为山东省首个教育综合改革试验区。2017年初，青岛市政府出台了《青岛市教育综合改革方案（2016—2020年）》，通过重点推进11大项37小项改革任务，计划到2020年，基本建立起体系开放、机制灵活、渠道互通、选择多样的人才培养体系，建成各类教育协调发展和适应终身学习需要的教育基本公共服务网络，形成教育与经济社会发展开放联动、合作共赢的机制以及政府、学校、社会各司其职、协同推进的现代教育治理体系，构建公平普惠、多元开放、保障有力、特色鲜明的教育格局。青岛市积极回应国家深化教育综合改革部署，全面深入推进教育管办评分离改革、学前教育改革发展、现代学徒制、校园足球、教育行政执法体制改革等国家级试点任务，正在努力提供更多可复制可推广的经验做法。

三是转变发展模式，破解县级政府重经济效益轻公共服务的业绩倾向，进而转向"人—自然—社会"协调持续发展模式。适应社会发展模式，我国采取了区域推进教育发展的基本策略，通过区域内教育的科学规划和统筹发展，以期从县域到省域最后在全国内实现教育的公平、公正和有效发展。教育发展的关键在于政府对教育的投入和教育资源的统筹。但因我国采取了地方政府主要是县际政府间竞争发展模式，在这一模式下，政府为追求最大行政效果，用于竞争性领域的投入偏多，而用于服务性领域的投入偏少，导致社会公共治理明显滞后于经济发展的速度。由于"一把手"的业绩导向，忽略了区域社会的协调持续和谐发展，导致老百姓唯有期待通过考学改变其子女的命运，而每年考入清华、北大或重点大学的数据指标则成为县教育局长们最大的现实压力。为了转变这一现状，国家层面开始引导区域发展模式，考核指标从 GDP 转向区域社会发展的综合指标。在教育领域主要是通过强化教育督导，切实督促政府履行教育职责。为了进一步强化督政职能，切实督促政府履行教育职责，国家层面成立国务院教育督导委员会，组建专门的督导检查组，定期对省级政府履行教育职责情况进行督导评价。各省市区也相继制定出台了对市区县人民政府履行教育职责督导评价的办法，并开始启动新一轮市级政府对县区政府履行教育职责评价工作。评价结果将作为对各级人民政府及其有关部门领导班子和领导干部进行考核、奖惩的重要依据。通过定期对政府主要领导和相关部门履行教育职责的评价制度，将有效促进地方政府真正面向区域社会统筹规划，培养区域所需的各类人才，逐步完善地方社会良性循环发展的公共管理体制。

**（二）解决好横向管理问题：建立部门联动机制，形成育人共同体**

伴随管理重心下移，"同一水平上的组织间通过形成网络，使信息和成果共有化，同时强化多个政府机关间的协同合作，实施提供一体化的服务。为了提供一体化的公共服务，使不同阶层的部门统一起来构成协作型的政府（joined-up government），这项改革的优点在于消除纵向行政当中的弊端，追求政府机关通过横向联系形成良好的合作和协助。"①

教育是个系统工程，教育部门不是上位部门，教育政策的执行需要各横向部门之间的合作与配合，否则，政策的执行难以有效推进。伴随教育体制机制改革的深入，教育的外部制约作用比教育内部的制约作用更明显。为此，当前迫切需要建立主管教育的各横向部门之间的联动机制，形成育人共同体。

### （三）改革保障：提高教育决策的科学性

强化政府服务意识并不是强化控制，而是加强宏观指导和制度保障。自20世纪80年代以来，我国先后成立了多个教育决策机构和咨询机构，这些机构在制定国家基本教育政策、重大教改任务以及指导教育实践等方面发挥着重要的作用。

1994年，为了加强对各地区、各部门教育工作的宏观管理，保证国家有关教育方针、政策、法规的执行，推动义务教育的实施和整个中等及中等以下教育的改革与发展，经中央编制委员会审核，国务院批准，建立了国家教育督导团。团长由当时的国家教委分管基础教育的领导担任，办公室设在国家教委。国家教育督导团在国家教委党组领导下，行使国务院赋予国家教委的教育督导职权。其主要职责有六方面：一是对国家有关教育工作的方针、政策、法规的执行情况进行监督、检查。二是主要就省、自治区、直辖市人民政府及有关职能部门对中等及中等以下教育及有关工作的管理情况进行督导和评估，向国务院和国家教委反映情况并提出建议。三是拟定有关教育督导工作的法规和重要的规章制度。四是制订有关教育督导工作的方针、计划、办法和指导方案，组织实施全国性的教育督导工作。五是指导地方各级教育督导工作。六是指导督导人员的培训和教育督导理论研究工作。

1998年，为加强对科技、教育工作的宏观指导和对科技重大事项的协调，实施科教兴国战略，推进科技、教育体制改革，提高我国科技、教育水平，促进经济与社会事业的发展，我国成立了国家科技教育领导小组。国家科技教育领导

---

① 宫腰英一、教育変革における公私協働：イギリスと日本［A］.日本比較教育学会紀要編集委員会.教育における公私協働（比較教育学研究第34号）［C］.东京：株式会社東信堂，2007：113-114.

小组由总理任组长，成员有国家发展计划委、国家经贸委、教育部、科技部、国防科工委、财政部、农业部、科学院、工程院等单位。2003年，增加了自然科学基金会，发展计划委员会和国家经贸委合并为发改委。2008年，增加了工业和信息化部、中国科协等成员，其职能是宏观指导与协调部门和地方科教工作重大事项的议事协调，对推动教育综合改革作用有限。

2010年8月25日，我国成立了国家教育体制改革领导小组，组长由党和国家主管教育工作的领导担任，建立之初由时任中共中央政治局委员、国务委员刘延东任组长。国家教育体制改革领导小组的主要职责是审议教育改革发展的重大方针和政策措施，研究部署、指导实施教育体制改革工作，统筹协调教育改革发展中的重大问题。成员单位包括中央组织部、中央宣传部、中央编办、发展改革委、教育部、科技部、工业和信息化部、公安部、财政部、人力资源和社会保障部、农业部、法制办、国研室、中科院、社科院、工程院、发展研究中心、自然科学基金会、共青团中央、中国科协等20个部门。国家教育体制改革领导小组的成立，更显教育改革的综合性，使教育改革进入快车道，领导层级更高，组织更健全，功能更齐备。

2013年12月30日，中共中央政治局召开会议，决定成立了中央全面深化改革领导小组，由习近平任组长。中央全面深化改革领导小组有四项职责，一是研究确定经济体制、政治体制、文化体制、社会体制、生态文明体制和党的建设制度等方面改革的重大原则、方针政策、总体方案。二是统一部署全国性重大改革。三是统筹协调处理全局性、长远性、跨地区跨部门的重大改革问题。四是指导、推动、督促中央有关重大改革政策措施的组织落实。在中央政治局和中央政治局常委的领导下，地方也相应成立了全面深化改革领导小组，由地方党委书记任组长。全面深化改革领导小组的成立，表明了党和国家以前所未有的决心和力度全面推进深化改革。实践表明，坚持和加强党对全面深化改革的集中统一领导，有利于全党和各级政府统一思想，有利于各部门之间协调配合、共同合作，为全面深化改革提供了根本的组织保障。

2018年2月28日，中共中央印发了《深化党和国家机构改革方案》，该方案中提出组建中央教育领导小组，作为党中央决策议事协调机构，旨在加强党中央对教育工作的集中统一领导。有了党中央的集中统一领导，地方各教育主管部门的联动机制就有望建立，有了各部门之间的联动机制，教育领域综合改革就有望进一步深入推进。

2012年，在教育部内部设立了综合改革司，主要承担国家教育体制改革领导小组办公室的日常工作，具体落实改革任务。承担统筹推进贯彻落实教育规划纲要有关工作；研究提出落实教育体制改革的重要方针、政策、措施的建议；承担组织推进重大教育改革的有关工作；监督检查教育体制改革试点进展情况；承担教育体制改革宣传工作。综合改革司的成立，标志着基本形成国家实施教育改革的框架，并启动了教育综合改革实验区。

作为国家教育体制改革领导小组的咨询机构，我国成立了以下几个专业的咨询机构。

一是成立国家教育咨询委员会。为提高国家重大教育决策的科学性，根据《教育规划纲要》第四十七条，2010年11月8日，我国组建了国家教育咨询委员会（以下简称咨询委员会）。咨询委员会是新中国成立以来建立的第一个国家级的教育咨询委员会，也是我国政府决策机制建设的一个新的重要探索，充分体现了党中央、国务院推进教育事业科学发展的坚定决心。咨询委员会第一届咨询委员共有64人，其中曾担任大中小学校长的有22人，全国人大代表和政协委员有18人，现任或曾任民主党派中央、人民团体副主席的有12人，中科院院士、工程院院士有10人。按照《国家教育咨询委员会章程》（教改办〔2010〕2号）第三条规定，咨询委员会的主要职责是：一是对重大教育政策、重大改革事项等进行论证评议，提供咨询意见；二是开展调查研究，对教育改革和发展的重大问题提出政策建议；三是对国家教育体制改革试点以及重大项目进行评估，提出报告。

二是成立国家教育督导委员会。2012年8月26日，为贯彻落实《教育规划纲要》，进一步健全我国教育督导体制，国务院决定成立国家教育督导委员会。这是我国首次成立的由国务院主管领导任主任的国家教育督导委员会，该委员会办公室设在教育部，承担委员会日常工作。成员单位包括发改委、教育部、科技部、公安部、监察部、财政部、人力资源和社会保障部、住房和城乡建设部、卫生部和审计署等 10 个部委。其职责是研究制定国家教育督导的重大方针、政策；审议国家教育督导总体规划和重大事项；统筹指导全国教育督导工作；聘任国家督学；发布国家教育督导报告。该委员会成立以来，有效解决了当前教育领域中督政难的问题。

三是成立国家教育考试指导委员会。2012 年 7 月 19 日，由教育、科技、经济、法律、管理等领域 26 名专家组成的国家教育考试指导委员会在北京成立，旨在加强研究制定高考改革总体方案（包括考试内容和形式、考试程序、综合评价体系、考生选择机会、高校招生自主权等），指导地方和学校教育改革实践，坚持试点先行，以点带面，确保改革的科学、协调、渐进和有序。

2016 年 10 月，中共中央办公厅、国务院办公厅印发了《关于新形势下加强和改进大中小学教材建设的意见》，这是新中国成立以来第一个关于教材建设的中央文件。为贯彻落实该文件意见，进一步做好教材管理有关工作，2017 年 7 月 3 日，国务院决定成立国家教材委员会，由时任中共中央政治局委员、国务院副总理刘延东任国家教材委员会主任（目前国家教材委员会主任是国务院副总理孙春兰），教育部成立教材局。国家教材委员会的主要职责为，指导和统筹全国教材工作，贯彻党和国家关于教材工作的重大方针政策，研究审议教材建设规划和年度工作计划，研究解决教材建设中的重大问题，指导、组织、协调各地区各部门有关教材工作，审查国家课程设置和课程标准制定，审查意识形态属性较强的国家规划教材。同年，国家教材委员会设立专家委员会，通过层层推荐、全面比较、反复研究遴选出 200 余名专家委员会委员。国家教材委员会专家委员会的设立，是贯彻落实中央决策部署、加强和改进大中小学教材建设的重大举措。党中央、国务院高度重视教材建设工作，为在新形势下推进教材建设指明了方向，提供了根本遵循。各级政府和广大教育工作者要站在国家高度，深刻认识教材建设是落实党的教育方针、传承中华优秀传统文化、增强全民族自豪感和凝聚力的基础工程，充分认识加强和改进新形势下大中小学教材建设的重要性、紧迫性，切实推进教材建设。

# 第三节　坚持教育优先发展战略地位

各国之间的竞争越来越聚焦于人才竞争,优先发展教育已成为各国经济发展战略的共性,也成为很多国家经济刺激计划的重要内容。在我国,教育优先发展战略思想是中国共产党几代中央领导集体政治智慧的结晶,是马克思主义思想中国化的重要理论成果,是中国特色社会主义教育理论的重大战略实现,是推进社会主义现代化建设的战略决策。《教育法》第四条明文规定:"教育是社会主义现代化建设的基础,国家保障教育事业优先发展。"自党的十一届三中全会以来,历届党的全国代表大会都强调了落实教育优先发展,要求各级领导提高对教育的基础性、先导性和全局性战略地位的认识,把发展教育事业、依靠科技进步和提高劳动者素质作为实现经济增长和社会进步的重要工作,切实加强对教育事业的政策保障和经费支持力度。进入新世纪以来,尤其是《教育规划纲要》颁布实施以来,教育优先发展的战略地位得到进一步落实,教育优先发展的超前性、未来性作用更加突出,教育优先发展战略地位在经济社会协调发展中的作用越来越明显。党的十九大从新时代坚持和发展中国特色社会主义的战略高度,做出了优先发展教育事业、加快教育现代化、建设教育强国的重大部署。

## 一、优先发展教育是推进社会主义现代化建设的战略决策

改革开放以来,总结历次经验教训和纵观国内外发展变化趋势,党和国家始终把教育作为关系到社会主义现代化建设全局和国家前途命运的根本任务,作为建设中国特色社会主义总体发展战略的重点之一加以落实和全面推进,明确提出把教育摆在优先发展地位并不断加以贯彻落实。

## （一）在总结1949年以来历次经验教训基础上作出把教育摆在优先发展位置的重大教育决策判断

中华人民共和国成立初期，国家百废待兴，亟待发展经济，全面提高人民生活文化水准。在1958年至1960年期间，受"左"倾冒进思想的影响，我国搞了"大跃进"，想以此迅速改变我国经济文化落后的状况。由于这次运动忽视了客观经济规律，从而导致国民经济比例大失调，国民收入出现负增长，造成严重的经济困难。后经国民经济的调整，到了1966年左右的时候，经济调整任务才基本完成，但就在这个时候，受意识形态领域的影响，在国家进入第三个五年计划的时候，我国又陷入了一场长达10年的灾难。1966年5月至1976年10月，以1966年5月中共中央召开的政治局扩大会议和同年8月召开的八届十一中全会作为其全面发动的标志，我国发起了"文化大革命"。受错误路线影响，"文化大革命"对中国经济社会发展带来了严重的破坏。它既表现在10年经济增长停滞，更表现在人力资本遭受了极大的破坏。如违背教育教学规律，打乱正常的教学秩序，停办大学和职业教育，使得全国人均受教育年限缩短。此外，还表现在它对中国经济增长路径的影响上，"由于'文化大革命'使国有经济的物质资本与人力资本都遭到破坏，从而使其经济增长处于相对较低的稳态水平。"①

1977年8月，党的第十一次全国代表大会宣告了"文化大革命"结束，重申了在20世纪内把我国建设成为社会主义现代化强国的根本任务。不过，由于受华国锋的"两个凡是"错误方针指引，当时继续坚持"文化大革命"的"左"倾错误理论和政策路线，对教育在经济社会中的重要作用认识还不够充分。直到1978年12月，十一届三中全会纠正了"两个凡是"的错误思想方针路线，纠正了"以阶级斗争为纲"的错误政治路线，重新确立了党的马克思主义的思想路线和政治路线，果断地做出把全党工作着重点和全国人民的注意力转移到社会主义现代化建设上来的战略决策，并提出实行改革开放的伟大决策，从此开启了中国改革开放新的历史时期。十一届三中全会以后，经过指导思想的拨乱反正，党中央对教育工作做出了一系列新的论断和决策。其中，把教育摆在优先发展的位置

---

① 蔡昉，都阳."文化大革命"对物质资本和人力资本的破坏[J].经济学（季刊），2003(4)：805.

上就是其中最重大的教育决策之一，教育优先发展战略从此始终成为党和国家关于社会主义现代化建设总体发展战略的重点之一。

1982年9月1日至11日，召开了中国共产党第十二次全国代表大会。本次大会由邓小平主持，邓小平在总结中华人民共和国成立以来的历史经验基础上，正式提出了"建设有中国特色的社会主义"的新命题。胡耀邦代表第十一届中央委员会向大会作了《全面开创社会主义现代化建设新局面》的报告，明确提出在实现四个现代化的基础上，全党全国人民全面开创社会主义现代化建设新局面的决定。

伴随改革开放，社会不断进步，国家的发展，民族的振兴，越来越依赖于科学技术的发展，越来越取决于人才培养的质量。正是在这一背景下，1983年国庆前夕，邓小平为北京景山学校题词："教育要面向现代化，面向世界，面向未来。""邓小平同志对科技和教育工作的重视，与一般的科技工作者和教育工作者不同，更加体现了一位政治家和战略家的远见卓识，他是从实现社会主义现代化的视角加以论述的"①，其中，"现代化"是核心思想，"面向世界"和"面向未来"都是为实现现代化服务的。"三个面向"为我国教育改革与发展奠定了战略指导方针，确立了教育现代化的基本发展战略。同时，更加坚定了教育优先发展的战略地位。

## （二）教育优先发展战略始终是党和国家关于社会主义现代化建设总体发展战略重点之一

对教育在社会主义现代化建设中的价值和功能的选择和判断上，事实上，在改革开放之初，社会上存在三种主张：一是教育后行论，即先发展经济后发展教育；二是教育并行论，即二者同步发展；三是教育先行论，即先发展教育后发展经济。② 总体上讲，党和国家在战略上实行的是教育先行论，这可通过历届党的全国代表大会反复强调优先发展教育中可以得到证明。

自党的十一届三中全会以来，在坚持四项基本原则和坚持改革开放总方针指导下，我国发生了深刻的变化，在经济、政治、思想、文化、国防、外交等各领域都取得了显著成就。其中，以经济建设尤为突出，1986年同1978年相比，国

---

① 石中英."三个面向"与中国教育改革［J］.中国教育学刊，2013(10)：2.
② 王逢贤.对教育优先发展战略的再认识［J］.中国教育学刊，1998(1)：8.

民生产总值大体翻了一番。此时邓小平提出："经济要发展，教育要先行。"1987年10月25日至11月1日，召开了中国共产党第十三次全国代表大会。十三大报告明确提出"把发展科学技术和教育事业放在首要位置，使经济建设转到依靠科技进步和提高劳动者素质的轨道上来"。百年大计，教育为本，坚持将教育事业放在突出的战略位置，伴随经济发展，国家要逐年增加教育经费，同时鼓励社会各方面力量集资办学。

1992年10月12日至18日，召开了中国共产党第十四次全国代表大会。在认真总结十一届三中全会以来14年的实践经验基础上，十四大在党的历史上第一次明确提出了建立社会主义市场经济体制的目标模式。不仅坚持提出了"优先发展教育，努力提高全民族思想道德和科学文化水平"，而且进一步提出了"发展教育是实现我国现代化的根本大计"，第一次将教育置于比经济发展更为根本的地位。1997年9月12日至18日，召开了中国共产党第十五次全国代表大会，十五大报告提出了社会主义初级阶段的基本纲领，并提出实施"科教兴国"战略，要"切实把教育摆在优先发展的战略地位"。

2002年11月8日至14日，召开了中国共产党第十六次全国代表大会。大会提出了全面建设小康社会的战略目标。十六大报告指出："教育是发展科学技术和培养人才的基础，在现代化建设中具有先导性全局性作用，必须摆在优先发展的战略地位。"教育担负着全面建设小康社会、为实现第三步战略目标和中华民族伟大复兴提供强有力人才支持和智力贡献的历史使命，日益成为实现我国现代化事业的关键所在。2007年10月15日至21日，召开了中国共产党第十七次全国代表大会，大会提出了科学发展观。十七大报告提出"优先发展教育，建设人力资源强国""办人民满意的教育"等主张。

2012年11月8日至14日，召开了中国共产党第十八次全国代表大会。十八大报告提出"努力办好人民满意的教育""坚持教育优先发展，全面贯彻党的教育方针，坚持教育为社会主义现代化建设服务，为人民服务，把立德树人作为教育的根本任务，培养德智体美劳全面发展的社会主义建设者和接班人。""全面实施素质教育，深化教育领域综合改革，着力提高教育质量，培养学生创新精神。"这次会议提出了教育的根本任务是立德树人，全面深化教育领域综合改革。

2017年10月18日至24日，召开了中国共产党第十九次全国代表大会。党的十九大，是在全面建成小康社会决胜阶段、中国特色社会主义发展关键时期召开的一次十分重要的大会。习近平代表第十八届中央委员会向大会作了题为《决胜全面建成小康社会 夺取新时代中国特色社会主义伟大胜利》的报告。报告明确提出"建设教育强国是中华民族伟大复兴的基础工程，必须把教育事业放在优先位置，加快教育现代化，办好人民满意的教育。"

教育在国民经济和社会发展中占有重要战略地位已成为普遍共识。"优先发展教育，提高全民族的素质，是我国社会主义现代化建设的根本大计，是我国在21世纪的国际竞争中赢得战略主动地位的根本保证，它直接关系到中华民族的兴衰荣辱，关系到社会主义的前途和命运。必须从讲政治的高度来落实该战略。"[1]

## 二、教育优先发展的战略地位得到进一步落实

我国规定财政性教育经费占国民生产总值4%的重要参考依据源于一项学术研究。我国在落实教育优先发展的过程中，主要面临教育经费短缺的实际问题。在很长一段时期内，我国用不足3%的教育经费支撑了全世界22%的教育人口。对此，1983年，我国成立了由厉以宁教授、王善迈教授等十几位经济学和教育学专家学者组成的国家社科基金重点项目团队，专项研究我国公共教育支出占GDP的合理比重。通过研究世界上39个典型样本国家的教育投入，该团队的研究结果表明当时我国公共教育支出占GDP的合理比重为3.87%。党和国家采纳了这一研究成果，并于1993年，在《中国教育改革与发展纲要》中规定了财政性教育经费占GDP的比重要在2000年达到4%。在当时，4%的目标是发展中国家的平均水平，为实现这一目标，我国虽经逐年加大投入力度，如2006年和2007年分别为3.01%和3.32%，但到了2010年，当时财政性教育经费依然只占国内生产总值的3.66%，与目标相差0.34个百分点，仍未达到4%的目标。2010年，《教育规划纲要》重新提出要在2012年实现这一目标。

---

[1] 李象春.讲政治.确保教育的优先发展——学习邓小平优先发展教育战略有感[J].求实，1997(10)：16.

马国贤等认为，财力总量的有限性、体制上的脱节和机制上的非理性，是我国财政性教育支出比重长期达不到4%的三个主要原因。一是我国的财政收入比重不高。"凡是教育支出占GDP比重较高的国家，财政收入占GDP的比重都超过或接近35%。"而我国"即使是快速增长的2007年，财政收入占GDP的比重也仅为20.68%。"[1] 若按教育拨款占GDP的4%要求，则全国应有1/5财政收入用于教育，这对政府来讲压力是很大的。所以，提高财政性教育支出比重的根本路径，应当是提高财政收入占GDP的比重。二是多元财政主体，责任难以落实。"影响我国教育投入的另一因素是6万亿元财政收入分散在5级约3500个政府的手上，其中，中央和省级政府掌握了近2/3的财力。"[2] 三是缺乏基于理性的地区性教育财政政策。"在分级财政体制下，各级政府是特定的利益主体，强制要求市级政府将自己的钱用于县级农村教育是不可能，也不符合居民利益的。"[3]

为实现4%的目标，国家和地方采取了多方努力。国家教育咨询委员会委员王善迈教授从三方面总结我国为实现4%的目标所采取的主要对策：一是提高财政教育支出占公共财政支出的比例。2011年，财政部将中央和各省级财政教育支出占财政支出的比例做了规定，各省又对所辖市县应达比例做了相应规定。二是扩大教育费附加征收范围。教育费附加是财政性教育经费构成中仅次于公共财政支出中教育支出的部分。2010年之前，我国规定，教育费附加只限于内资企业和个人，地方教育费附加只限于部分地区。自2010年12月1日起，我国规定，实行统一内外资企业和个人城市维护建设税、教育附加制度，教育费附加统一按增值税、消费税、营业税实际缴纳税额的3%征收。同时，还决定全面开征地方教育费附加，地方教育费附加也要统一按增值税、消费税、营业税实际缴纳税额的2%征收。三是拓展政府收入中用于教育的支出。国务院决定，自2011年1月1日起，政府基金收入中的土地出让收入，扣除征地拆迁、拆迁补偿、土地开发等

---

[1] 马国贤，马志远. 教育支出占GDP的比重：国际比较与政策建议［J］. 教育发展研究，2009(3)：10-11.

[2] 马国贤，马志远. 教育支出占GDP的比重：国际比较与政策建议［J］. 教育发展研究，2009(3)：11.

[3] 马国贤，马志远. 教育支出占GDP的比重：国际比较与政策建议［J］. 教育发展研究，2009(3)：11.

支出后，余额 10% 计提教育基金用于教育。①

  自 20 世纪 90 年代确立了教育优先发展战略以来，我国对教育重要性的认识不断提高，对教育支持的力度不断加大。尤其"十二五"以来，面对经济下行压力、财政紧缩的经济形势，全党全社会坚持优先发展教育的决心和信心没有动摇，在《教育规划纲要》指引下，教育优先发展的战略地位得到进一步落实。经过中央与地方的共同努力，经历了整整 29 年，我国终于在 2012 年实现了 4% 的目标。2015 年 12 月 1 日，《国家中长期教育改革和发展规划纲要（2010—2020 年）》中期评估义务教育的第三方评估组的评估结果表明，2010 年至 2014 年间，义务教育经费投入明显增加，"办学经费得到保障"。2012 年，我国首次实现了国家财政性教育经费支出占 GDP 的比例一般不低于 4% 的目标，这在我国教育史上是具有里程碑意义的一件大事。

  据全国教育经费执行情况统计公告显示，从 2012 年至 2017 年，国家财政性教育经费占国内生产总值比例分别为 4.28%、4.30%、4.15%、4.26%、4.22%、4.14%，连续六年超过了 4%，财政性保障成为教育事业第一大保障。我国教育总体发展水平跃居世界中上行列，为教育现代化发展奠定了良好的基础。

  4% 的目标，一方面切实回应了长期以来国内外社会各界对中国教育的高度关切问题，表明了国家和政府优先发展教育的决心和态度，同时，伴随教育投入的增多，为今后中国教育改革和发展提供了更加有力的财政保障。

  伴随经济社会发展，教育优先发展内涵在不断丰富。教育规划纲要明确了教育优先发展是实现教育现代化、构建学习型社会、打造人力资源强国的主要动力源泉。将教育置于经济社会发展战略之中优先予以发展，并按照人才培养周期长的特征，教育发展要超前于其他行业的发展理念，全党全社会高度重视教育事业，着重从加大投入力度，加强监督保障机制等方面，具体落实教育优先发展战略任务。教育经费支出城乡差距不断缩小。"从 2000 年以来，义务教育生均拨款的县级差距按差异系数、基尼系数、20% 倍率等方法测算，均呈不同程度的缩

---

① 袁贵仁总主编，刘自成主编. 中国教育咨询报告（一）[M]. 北京：高等教育出版社，2012：389-390.

小态势，而且差距也明显小于人均财政支出的县际差距。"①2014年，农村小学、初中生均预算内事业性经费、生均预算内公用教育经费支出，相比2010年，分别高于城市小学、初中。有的增长幅度很大，如农村小学增幅超过城市20.54%。"十二五"以来，《教育法》关于教育经费投入的"两个提高"和"三个增长"得到持续有效落实。各级教育财政性教育经费稳步提高，确保了各级教育生均公共财政预算公用经费逐步增长。

## 三、实现高水平有质量的优先发展

### （一）坚持财政性教育投入不低于4%的比例不动摇

教育投入规模与经济发展存在一定的正向联系。经济发展水平越高，教育投入比例越高；越是面对危机，越是需要加大教育投入。在世界经济缓慢复苏背景下，不少国家继续依靠持续高强度的人力资本投资，推动经济转型、产业升级，通过做强教育，提升国际竞争力。2008—2012年，经济合作与发展组织（OECD）国家公共教育经费占GDP的比例不降反升，从5%提升到5.3%。高收入国家则达到5.5%。《2009年美国复兴与再投资法》推出了总额为7870亿美元的经济刺激方案，其中，教育投资为1059亿美元，占投资总额的20%。2015年，奥巴马又提出社区学院免费计划。英国出台"创新国家战略"，建立技术战略委员会。在2011—2015年间，每年提供1.5亿英镑的高等教育创新基金，同时继续探索鼓励产学研合作的新方式。世界主要国家公共财政教育支出占GDP比例总体分布在3.42%~7.26%之间。其中，经合组织国家平均水平4.79%，欧盟22国平均值为4.75%。②

与上述国家相比，由于我国发展具有底子薄、发展快、积累少、结构差等特点，现阶段我国教育的总体保障水平仍处于较低水平，教育优先发展战略地位在经济社会协调发展中的体现还不够充分。伴随经济社会发展，我国需要进一步提

---

① 袁贵仁总主编，刘自成主编.中国教育咨询报告（一）[M].北京：高等教育出版社，2012：397.

② 陈纯槿，郅庭瑾.世界主要国家教育经费投入规模与配置结构[J].中国高教研究，2017（11）：79.

高公共教育支出比例。基于现行经济增速水平，在保证现在的公共教育支出比例不低于 4% 的条件下，需要持续稳步提升公共教育支出比例。

**（二）进一步提高人力资源投入标准**

综合国力竞争归根结底在于人才之争，人才则需要通过制度化的教育体系和教育结构来培养和造就。在实际运行过程中，关键在于定位好我们的教育应该培养什么人、怎样培养人的问题。

进入新世纪以来，多个国际组织、国家和地区都在思考如何培养未来公民，以适应 21 世纪的工作与生活。美国 21 世纪技能合作组织提出了"21 世纪技能"（简称"P21"）；经济合作与发展组织（OECD）提出了"21 世纪核心素养"；欧盟提出了"关键素养"。这些理念已逐渐成为许多国家或地区制定教育政策，开展教育改革的基础。人才培养不仅关注核心素养，培育全面发展的人才，同时，还要通过终身教育、全面教育等学习平台，为所有公民提供能够终身得以学习和进步的教育资源。

世界银行在《2020 教育战略——全民学习：投资于人们的知识和技能以促进发展》中提出，为在未来十年里在发展中国家达成"全民教育"目标而制定议程。美国在《2014—2018 年教育战略目标》中提出通过完善高等教育和终身学习，提高高等教育的机会、可负担性、质量和完成率。俄罗斯在《2013—2020 年俄罗斯教育发展规划》中提出，要保证经济对优先发展领域高技能人才的需求，为终身获得职业教育，提高所有公民职业技术以及再培训创造条件。欧盟是世界上最大的经济共同体和政治联盟体，欧盟 2002 年和 2009 年先后制定了"教育和培训 2010 计划"和"教育和培训 2020 计划"，这两项计划与我国《教育规划纲要》中制定的未来十年教育发展目标有大致相同的地方，特别是在优先发展、保证机会、促进公平、提高质量、终身学习、能力为重等目标维度上呈现出趋同性。

实践表明，进入新世纪以来，我国基本上完成了学校硬件建设，城乡学校之间在教育硬件投入上的差距不断缩小。教育的规模扩张阶段接近尾声，我国教育进入到注重教育质量、兼顾教育公平的新的历史发展阶段。这一阶段，重点在于培养学生的核心素养，培养一大批创新型人才。经教育部委托，北京师范大学联合国内高校近百位专家组成的课题组，历时 3 年提交了《中国学生发展核心素养研究报告》。2016年9月，北京师范大学发布中国学生发展核心素养研究成果，即《中国学生发展核心素养》总体框架，该框架提出了人文底蕴、科学精神、学会学习、健康生活、责任担当、实践创新六大素养，具体细化为国家认同等18个基本要点。依据《教育规划纲要》提出的立德树人目标以及中国学生发展核心素养框架，我国进一步明确了人才培养目标和评价标准，为更好地发挥人才优势奠定了良好的政策基础。今后需要通过建立优先发展指标，保证就学机会、促进教育公平、提高教育质量、核心素养以及终身学习等指标体系建设，继续加强人力资源建设。

### （三）通过制度建设保障教育优先发展战略地位

教育决定着人类的今天，也决定着人类的未来。历史证明，无论是战争崛起还是和平崛起，教育和人才先行发展都是决胜因素。通过"十二五"期间的努力，教育优先发展成为我国实现人力资源强国和人才强国的重要动力，为实现教育现代化奠定了良好的基础。

中国特色社会主义进入新时代，我国社会主要矛盾已经转化为人民日益增长的美好生活需要和不平衡不充分的发展之间的矛盾。对此，习近平总书记在党的十九大报告中明确提出："建设教育强国是中华民族伟大复兴的基础工程，必须把教育事业放在优先位置，深化教育改革，加快教育现代化，办好人民满意的教育。"这一重要论断，对"优先发展教育事业"做出了新的全面部署。"十三五"期间，在认真总结已有经验基础上，积极应对国内外经济社会发展新形势新任务，以新时代中国特色社会主义思想为引领，着力于教育质量、公平和结构，继续坚持把教育摆在优先发展战略地位不动摇。

在进一步巩固和完善公共教育经费占国民生产总值4%目标的基础上，全党全社会站在实现"两个一百年"奋斗目标和中华民族伟大复兴中国梦的高度，按照"十三五"教育事业发展规划，持续提高公共财政支出比例，同时实行开放办学，多方筹措教育经费，探索多元化的教育投入模式与经费监管机制，为实现教育现代化提供强有力保障。

2018年9月10日是我国的第34个教师节，在这一天召开了全国教育大会，习近平总书记做了重要讲话。习近平指出："教育是民族振兴、社会进步的重要基石，是功在当代、利在千秋的德政工程，对提高人民综合素质、促进人的全面发展、增强中华民族创新创造活力、实现中华民族伟大复兴具有决定性意义。教育是国之大计、党之大计。"习近平讲话中将教育从过去的"民生"工程提升到"德政"工程，为新时代教育改革与发展赋予了新的内涵、新的定位，即明确了今后落实教育优先发展战略的四个定位：一是优先发展教育是"国之大计、党之大计"；二是优先发展教育需各方尽责，办大教育；三是优先发展教育是国家发展基石，德政工程。将教育提升到"德政"工程，意味着党和政府主要负责人需从政治的高度重视并发展教育，自觉把教育事业摆到最优先发展的地位，围绕党和国家的中心大局来谋划、部署、推进、落实新时代教育事业；四是优先发展，积极行动。教育要抢占先机，赢得主动，超前发展，需要做好以下六件事。

1. 经济社会发展规划要优先安排教育发展

《教育法》第六十四条规定，"地方各级人民政府及其有关行政部门必须把学校的基本建设纳入城乡建设规划，统筹安排学校的基本建设用地及所需物资，按照国家有关规定实行优先、优惠政策。"按照这一法律条款，一些地区从确保城镇居住区教育设施配套建设来具体落实教育优先发展策略。山东省出台了《关于城镇居住区配套教育设施规划建设的意见》（鲁政办字〔2018〕189号），该意见规定，吸收教育行政部门进入各级城乡规划委员会，即在城乡规划委员会领导下，各市、县（市、区）规划主管部门牵头，教育、国土资源部门共同参与居住区配套教育设施建设布局规划。

规划部门牵头做教育规划，负责将居住区配套教育设施建设布局规划纳入城镇控制性详细规划和居住区规划，明确每所配套教育设施的具体位置、设置范围。并规定住房城乡建设部门负责将教育规划落实到城镇规划上，国土部门负责将教育规划落实在土地利用规划上，将幼儿园、中小学建设列入土地出让书中。

2. 财政资金要优先保障教育投入

必须明确清理教育挂钩事项并不意味着削弱对教育事业的投入。2014年，国务院下发《关于深化预算管理制度改革的决定》提出："清理规范重点支出同财政收支增幅或生产总值挂钩事项，一般不采取挂钩方式。对重点支出根据推进改革的需要和确需保障的内容统筹安排，优先保障，不再采取先确定支出总额再安排具体项目的办法。"实行弹性挂钩，即当财政经常性收入比上年增长的时候，《教育法》《义务教育法》规定："国务院和地方各级人民政府用于实施义务教育财政拨款的增长比例应当高于财政经常性收入的增长比例，保证按照在校学生人数平均的义务教育费用逐步增长，保证教职工工资和学生人均公用经费逐步增长"。"三个增长"机制，对保障我国教育事业的优先发展，发挥了不可替代的作用。

3. 建立健全教育经费保障制度

4%目标实现后面临的主要问题是如何巩固已有成果，即进一步建立或完善财政教育投入持续稳定增长的长效机制，以保障教育优先发展战略的实施。对此，王善迈教授指出，"通过制度保障政府教育投入，避免因政府换届、领导人更替等导致政府教育投入出现随意性。同时要严格按照国家规定，规范财政性教育经费的统计范围和统计口径，防止在财政性教育经费统计中出现弄虚作假、做数字游戏、形式上增加教育经费而非实质性增加教育经费的行为。"[①] 为此，需要通过建立健全相关制度来规范教育经费的投入和管理。[②]

一是建立和完善各级各类教育办学标准、各级各类教育生均经费标准、生均公用经费标准和生均财政拨款标准。我国教育管理体制实行高等教育由中央和省级政府两级管理、两级财政负担，基础教育管理和财政责任实行"以县为主"的管理体制，并构建了国务院和地方各级政府依法保障义务教育的财政支持体系。在此基础上，我国基本建立了以财政拨款为主、其他多种渠道筹措教育经费为辅的教育经费保障体制。《中国教育现代化2035》和《实施方案》明确了我国建设现代化强国的时间表、路线图，2019年政府工作报告庄严承诺，国家财政性教育经费支出占国内生产总值比例不低于4%的目标不动摇，坚持优先发展教育事业，必须落实"三个优先"要求，即经济社会发展规划要优先安排教育、财政资金要优先保障教育投入、公共资源要优先满足教育和人力资源开发需要。这次政府工作报告不仅对确保4%的目标作出了庄严承诺，而且强调各级政府要切实用好教

---

① 袁贵仁总主编，刘自成主编. 中国教育咨询报告（一）[M]. 北京：高等教育出版社，2012：393.

② 王善迈. 教育经济实证研究与规范研究的案例[J]. 清华大学教育研究，2016(1)：2.

育经费，重点抓好教育预算，全面公开教育经费预算和决策，接受人民群众的监督；重视教育经费绩效管理，扎实开展教育财政绩效评估，加强教育资金使用管理；建立完善的财政教育经费竞争性使用机制；整合使用各种民生资金；使用大数据加强资金管理等。

《教育规划纲要》颁布实施以来，国务院进一步加强了教育经费保障机制建设，对落实教育经费做出了全面部署，并开展专项督导，对各地财政教育投入状况进行动态监测，各级政府制定了严格的经费监管制度，规范经费使用，加强经费管理，强化监督检查，坚决杜绝截留、克扣、虚报、冒领等违法违规行为的发生，确保了4%目标的实现。

二是按照事权与财权相匹配原则，明确中央与地方教育事权与财权的划分。财政事权是一级政府应承担的运用财政资金提供基本公共服务的任务和职责，支出责任是政府履行财政事权的支出义务和保障。改革开放以来，中央与地方在财政事权关系上，先后经历了高度集中的统收统支到"分灶吃饭"、包干制，再到分税制财政体制的变化，财政事权和支出责任划分逐渐明确。但随着时代发展，中央与地方财政事权和支出责任划分还不同程度存在不清晰、不合理、不规范等问题，不利于政府有效提供基本公共服务，与推动国家治理体系和治理能力现代化的要求不相适应。对此，2016年8月16日，国务院公布了《国务院关于推进中央与地方财政事权和支出责任划分改革的指导意见》（国发〔2016〕49号），该意见要求按照体现基本公共服务受益范围、兼顾政府职能和行政效率、实现权责利相统一、做到支出责任与财政事权相适应的划分原则，合理划分中央与地方在基本公共服务提供方面的任务和职责，形成科学合理、职责明确的财政事权和支出责任划分体系。

2017年，中共中央办公厅、国务院办公厅印发的《关于深化教育体制机制改革的意见》中指出，合理划分教育领域财政事权和支出责任，明确支出责任分担方式，依法落实各级政府教育支出责任，健全各级教育预算拨款制度和投入力度，合理确定并适时提高相关拨款标准和投入水平，保证"两确保一个不低于"，即确保一般公共预算教育支出逐年只增不减，确保按在校学生人数平均的一般公共预算教育支出逐年只增不减，国家财政性教育经费支出占国内生产总值比例一般不低于4%。

2018年1月27日,国务院办公厅印发了《关于印发基本公共服务领域中央与地方共同财政事权和支出责任划分改革方案的通知》(国办发〔2018〕6号),依据该方案,国家将增加义务教育投入、免费提供教科书、加强学生资助等。该方案规定,义务教育公用经费保障,中央与地方按比例分担支出责任,第一档为8∶2,第二档为6∶4,其他为5∶5。家庭经济困难学生生活补助,中央与地方按比例分担支出责任,各地区均为5∶5,对人口较少民族寄宿生增加安排生活补助所需经费,由中央财政承担。

2019年5月24日,国务院办公厅印发了《关于印发教育领域中央与地方财政事权和支出责任划分改革方案的通知》(国办发〔2019〕27号),该方案提出以下几方面的基本原则:一是坚持统一领导,强化顶层设计。明确中央在财政事权确认和划分上的决定权,落实地方按规定履行教育领域财政事权的责任,充分调动地方因地制宜发展区域内教育事业的积极性和主动性。二是坚持科学规范,清晰划分权责。正确处理政府与市场的关系,合理确定政府提供教育领域公共服务的范围和方式,合理划分各级各类教育领域相关公共服务的财政事权和支出责任。三是坚持突出重点,守住保障底线。以义务教育、学生资助等基本公共服务为重点,适度加强中央财政事权和支出责任,强化地方政府分级负责机制,落实国家基础标准,加快推进教育领域基本公共服务均等化。四是坚持分类施策,平稳推进改革。在保持现行财政教育政策体系总体稳定的基础上,加强与教育事业改革发展的协调,兼顾当前与长远,分类推进改革,合理把握改革的时机、节奏和力度。

另外,在义务教育公用经费保障上,将国家制定分地区生均公用经费基准定额,调整为制定全国统一的基准定额,并按规定提高寄宿制学校等公用经费水平,单独核定义务教育阶段特殊教育学校和随班就读残疾学生等公用经费标准。所需经费由中央与地方财政分档按比例分担,其中,第一档中央财政分担80%;第二档中央财政分担60%;第三档、第四档、第五档中央财政分担50%。将家庭经济困难寄宿生生活补助调整为家庭经济困难学生生活补助,并制定家庭经济困难寄宿生和人口较少民族寄宿生生活补助国家基础标准,按照国家基础标准的一定比例核定家庭经济困难非寄宿生生活补助标准,各地可以结合实际分档确定非寄宿生具体生活补助标准。所需经费由中央与地方财政统一按5∶5比例分担。人口较少民族寄宿生增加安排的生活补助全部由中央财政承担。

经过上述改革,初步构建起了中央与地方财政事权和支出责任划分的体系框架,为我国建立现代财政制度奠定了良好基础。

在"以县为主"的教育管理体制下,对财力薄弱的县市实行财政转移支付的办法来支持。按照中央、省、县三级行政体制和省直管县试点制度,采取中央、省级财政转移支付制度。

今后,需要加大财政教育经费向困难地区、边远贫困地区及人群的倾斜力度,财政性教育经费投入,国家仍坚持向老少边穷地区倾斜,向家庭经济困难学生倾斜,向薄弱环节和关键领域倾斜。教育部主要围绕优化支出结构,增加学前投入,加强城乡一体化建设,加强普通高中经费补助,加大特殊教育和民族地区寄宿生生活补助,教师队伍建设投入,扶贫攻坚,贫困生资助等八大类十八项内容推进教育领域财政改革。在优化支出结构改革中,将加大转移支付的合理性,督促地方财政拨款加大力度,加强国家、省市教育经费使用情况的监测。今后面临的主要问题是,如何保障和提高财政资金使用效益,即如何使用好财政教育投入,如何提高财政资金使用效益等。

4.公共资源要优先满足人力资源开发需要

加速人力资本积累是跨越中等收入陷阱的战略跳板。实践表明,通过优先发展教育和优先开发人力资源,后发国家能够成功追赶经济发达国家,因而,教育发展和人力资源开发成为各国增强综合国力和国际竞争力的重要战略构想与政策举措不断加以强化。新一轮科技革命蓄势待发,更为激烈和具有针对性的教育和人才竞争已经在全球展开。我国作为发展中的转型国家,正处于由人口红利向人力资源红利、人才红利转变的重要发展阶段。我国具有较好的人力资源基础,"未来20年中国16—59岁劳动年龄人口比例将维持在60%的较高水平,劳动力资源相对充裕,同时也为人力资源开发带来了巨大需求的历史性机遇。"[①] 我们能

---

① 中国教育与人力资源问题课题组.从人口大国迈向人口资源强国——中国教育与人力资源问题报告[J].教育发展研究,2003(3):23.

否按照创新驱动模式,优先发展教育,加大人力资源投资力度,采取多方鼓励政策,加快创新型人才的成长?这是我国赶超世界先进国家的重要历史发展时期。

教师作为教育公平与质量的核心要素,早已成为党和国家教育政策的关注重点。培育一流的人才必须具备一流的师资,培养出更多更好,能够满足党、国家、人民、时代需要的人才,必须倾力打造一支数量充足素质优良的教师队伍。

进入21世纪以来,我国出台了一系列关于加强教师队伍建设的文件,全面加强教师队伍建设,其中,《国务院关于加强教师队伍建设的意见》(国发〔2012〕41号),是有关教师队伍建设的纲领性文件,这份文件较系统全面地总结了改革开放特别是党的十六大以来我国教师队伍建设所取得的成绩以及面临的主要问题。近年来的教师队伍建设改革,主要是依照这份文件精神具体推进的,并基本上形成了以立德树人为教师队伍建设基本价值取向,建立健全教师管理基本制度以及以教师队伍建设指标体系为基本要素的教师队伍建设新体制。

2017年11月20日,新一届党中央深改小组通过了《全面深化新时代教师队伍建设改革的意见》(以下简称《意见》),《意见》标志着我国教师队伍建设迈入了一个新的发展阶段,即全面深化改革阶段。《意见》是新一届党中央深改小组通过的第一个教育文件,表明了党和国家是将新时代教师队伍建设放在实现"两个一百年"奋斗目标、实现中华民族伟大复兴的中国梦的高度提出的,可见全面深化新时代教师队伍建设改革的重要性和迫切性。《意见》涉及教师思想政治素质和师德水平、教师教育、教师管理体制机制、教师经济待遇和社会地位以及组织保障等内容。其中,如何深化教师管理体制,直接关系到形成优秀人才争相从教、教师人人尽展其才、好老师不断涌现的良好局面,应成为全面深化教师队伍建设改革的重点,而如何提高教师工资福利待遇则成为深化教师管理体制改革的重点。

在2018年全国教育大会上,习总书记强调指出:"全党全社会要弘扬尊师重教的社会风尚,努力提高教师政治地位、社会地位、职业地位,让广大教师享有应有的社会声望,在教书育人岗位上为党和人民事业作出新的更大的贡献。"全党全社会从国家兴旺、民族繁荣的高度,以超前发展的理念,加大教师队伍建设的力度,努力营造尊师重教的良好社会风气,进一步提高教师工资待遇,吸引更多优秀人才从教。让教师做好学生锤炼品格的引路人、学习知识的引路人、创新思维的引路人、奉献祖国的引路人。

5.完善地方各级党委和政府的教育经费投入和管理机制

强化责任担当意识,2012 年,我国终于实现了 4%的目标,鉴于财政教育经费的有限性,可以说,达到这一目标实属不易,因此,需要地方各级党委和政府从改善民生的政治大局上精心谋划,依法管理,优化投入与分配结构,保障教育资源的公正性和有效性。

加大省级政府统筹教育的力度,鼓励省直管县的财政管理制度。按照城乡一体化建设、区域教育均衡发展的总体思路,合理投入和配置教育经费,逐步缩小实际存在的城乡差距、区域差距以及校际差距。省级政府要担负起提供地方教育经费的主要责任,进一步增加用于教育的财政支出,提高公共教育经费的比例,逐步形成各级政府共同负担、以省级政府统筹管理为主的教育财政体制。

完善教育投入保障监管机制,探索实行教育财政和学校财务公开化。建立健全教育经费投入统计公告制度,加强人大审议教育基本制度,建立教育优先发展主要领导人问责制。政府主要领导人加强对辖区内的教育经费执行情况的监督,落实各级财政教育支出责任,进一步巩固和提高公共教育财政支出比例成果,提高经费使用效益。公共教育是政府部门受纳税人的委托举办的公共事业,财政收入和学校财务收入的供给方有权监督教育财政和学校财务,因此,政府和学校有义务面向纳税者公开财政和财务信息,公开包括收入来源、教育预算公开、数量和结构、支出结构以及收支计划科目等在内的财政和财务信息。

6.积极鼓励引导社会资本,加大教育投入力度

深化教育供给侧改革,实行教育开放办学,积极鼓励社会资本投入教育事业,促进由单一的政府投入和管理向多元化投入和管理转变,进一步完善非义务教育阶段培养成本分担机制,鼓励社会资本投入到教育领域,健全多渠道筹措教育经费的体制。《教育规划纲要》指出,要健全政府主导、社会参与、办学主体多元、办学形式多样、充满生机活力的办学体制,形成以政府办学为主体、全社会积极参与、公办教育和民办教育共同发展的格局。近年来,不少地区,在加

大公办学校投入力度的基础上，开始发挥社会力量办学的积极性，加大了办学体制改革，基本形成了公办、民办和混合办学等三种办学体制。通过这项改革，一方面缓解了地方政府财政压力，形成教育多样化发展，满足人民群众多样化的教育需求，另一方面也开始打破公办学校一统天下局面，为学校管理带来了竞争和活力。由于各地区实情不同，以及教育决策者和执行者的政策理解力和执行力不同，特别需要国家层面注意引导好社会力量有序参与办学，保障教育公益性、公正性和公平性，避免教育领域的无序竞争和国有或公有教育资产的流失。

# 第二章
# 转变政府教育管理职能

## 第一节　由管理属性向治理属性转变

自20世纪90年代起,为了既要解决政府机构臃肿、效率低下的问题,又能有效应对市场失灵的危机,西方福利国家一些学者提出在综合政府和市场两者的基础上加入第三部门(社会组织)的构想,构成由政府、市场和第三部门共同治理国家和社会的一种理念和方式,自此"治理"概念开始被广泛运用。构成由政府、市场和第三部门共同治理国家和社会的理念和方式,目的在于发挥政府职能的同时,重视社会组织群体之间相互合作、共同治理。治理实际上已成为公共管理和公共行政的同义词。

适应世界教改趋势,进入21世纪以来,尤其是《教育规划纲要》颁布实施以来,我国教育事业发展进入到一个新的历史时期,基本实现教育现代化成为今后我国教改的主要任务。实现教育现代化,制度现代化是关键。制度现代化,在当前具体的改革目标即构建教育治理现代化。实现教育治理现代化,首先要对原有教育管理体系进行重新审视和思考。

我国原有的教育管理体系,基本运行模式为由国家和政府实行单一投入和管理,这一体系具有统一化、集权化、经验化特征,具有资源垄断、纵向管理行政行为特征。管理属性是这一体系的根本特征。而治理理念的核心思想是政府权力下放,公共资源提供者多元化,实行多元治理,组织扁平化,形成网络化的社会服务体系,让各种关系参与公共政策的制定。要想打破一元化管理模式,探索实行多元治理模式,即由管理属性向治理属性转变,需要不断深化教育管理体制改革,一方面破除原有体制弊端,另一方面按照治理理念重构新的管理运行体系。无论哪一方面,都涉及转变政府教育管理职能。

转变政府教育管理职能是当前我国教育改革的重要课题,也是深化教育管理体制改革最为迫切的改革内容。而转变政府教育管理职能,有必要事先了解我国教育行政定义及其基本属性,明确教育行政基本内涵以及职能定位,在此前提下，才能具体探讨政府到底应该转变哪些职能，以及职能转变的具体实施策略。

## 一、教育行政定义及其基本属性

教育管理包含教育行政和学校管理两方面，教育行政是以制度化的学校教育为主要对象的，主要通过国家和地方教育行政部门具体组织实施教育基本方针和政策，而教育基本方针和政策归根结底是要通过学校教育过程来体现并得到检验。

### （一）我国关于教育行政定义的表述

对教育行政定义的理解决定着政府如何发挥其教育管理职能。中华人民共和国成立以来，在很长时期内，通常认为教育行政主要是指政府对教育事业的管理，"教育行政是国家行政的重要组成部分，是国家通过政府的教育行政部门对教育事业进行领导和管理。"[1] 这一时期，我国采取的是中央集权的教育管理体制。

伴随改革开放，以及学习借鉴国外及港台地区的教育行政学研究成果，开始有学者从广义的角度来理解教育行政的定义，认为教育行政是"有关人员在一定的社会背景之下，为完成特定教育目标而实施的各项教育管理活动的总称。"[2] 这是从教育行政过程和特征的角度来理解教育行政定义。还有学者认为应从教育行政主体与范围来理解教育行政定义，认为"教育行政就是国家通过行政机关依法管理教育事务以及机关内部事务的活动。"[3]

教育行政定义应有广义狭义之分，"广义的是指教育工作的管理和组织领导，包括各级教育行政机关和各级各类学校的管理工作，也被称为教育管理。狭义的是指各级教育行政机关对教育事业的管理与领导，也被称为宏观教育管理。"[4] 本章主要围绕狭义的教育行政即宏观教育管理，研究政府如何管理教育的问题。

---

[1] 萧宗六，贺乐凡主编.中国教育行政学［M］.北京：人民教育出版社，1996：3.
[2] 吴志宏.教育行政学［M］.北京：人民教育出版社，2001：6-7.
[3] 蒲蕊编著.教育行政学［M］.北京：中国人民大学出版社，2008：5.
[4] 刘淑兰.教育行政学［M］.北京：北京师范大学出版社，2013：1.

### (二)教育行政的基本属性

伴随教育在国家战略中地位的提升和作用的增强,作为教育决策和执行机构的教育行政组织的功能作用也得到了关注和重视。在当前,教育行政作用的重要性主要体现在,通过提高公共教育服务水平,保障教育的公平、公正和质量,办人民满意的教育。提高公共教育服务能力和水平,就是要提高教育决策和教育行政效率,这必然关系到教育行政组织结构及其职能定位。对此,有必要对教育行政属性及其职能定位进行深入研究和分析。

教育有其自身的特殊属性,教育的特殊属性主要在于它的育人属性。基于育人特征,教育具备以下四方面的特殊属性。

一是教育过程充满不确定性和复杂性。因受不同年龄段身心发育特征、不同个体能力特征、不同家庭背景以及文化环境等因素的影响,儿童青少年成长过程充满了不确定性和复杂性,这使得面向儿童青少年的教育过程也充满了不确定性和复杂性。

二是教育具有公共性。公共性具有国家性、共同性、公开性等多个标准。公共性是现代教育的基本属性,教育的公益性、平等性、民主性、国家干预等特点均源于此。一般地,教育的公共性内容应由法律规定,并通过教育制度得以保障落实。有学者认为,公共性具有八种标准:①社会有用性或者社会必要性;②社会共同性;③公开性;④普遍性的人权;⑤国际上形成的跨文化价值;⑥特定的集体认同感水平;⑦具有开放的新公共争论焦点;⑧程序上的民主性。[①]

三是教育的政治属性。教育不仅担负着传授基本技能和基础知识、促进儿童青少年健康成长的责任,同时还受一定的意识形态支配,需要培育能够担负起国家发展和民族进步、社会稳定等使命担当的合格的建设者和接班人。面对环境污染以及各种恐怖活动等威胁人类和谐发展的问题,教育还要担负起培育儿童青少年具有全球视野、维护世界和平等使命任务。

四是教育结果具有长期性和滞后性。教育是培养人的社会活动,而人才培养经历学前三年、义务教育九年、高中教育(包括中等职业教育)三年、大学四年

---

① 山口定ほか.新しい公共性——そのフロンティア[M].东京:有裴阁,2003:21.

以及再后来的三至六年研究生教育,是一个漫长的学习过程。只有当人才从事一定的职业产生社会价值以后,才能看到教育效果。因此,教育结果往往具有长期性和滞后性。

教育行政是关于教育的行政,是实现教育政策的行政,同时也是保障各项教育事业顺利开展,维护教育公平、公正且有质量的行政。教育的上述属性决定了教育行政有以下四方面属性:

一是教育行政是以制度化的学校教育为对象的,具有制度属性。这决定了教育行政部门的职能定位关键在于牢固树立以学校发展为本的管理理念和管理内涵。

二是教育行政是依据公共权力的行政,具有政治属性。教育行政主要是通过运用公共权力来实现教育目的的,因此,在现实中有必要将权力层面作为政治行政来考虑,以保障教育的公平、公正和有效。

三是教育行政必须立足于教育的特殊性质,具有非权力、专业属性。教育行政应具备专业技术服务的属性。

四是教育行政具有服务属性。教育行政是通过发挥教育制度的功能作用来具体实施行政行为,它在本质上属于公共服务的行政行为。

教育行政的制度属性、政治属性、专业属性和服务属性,决定了既要探索实践公共治理理念下的教育治理,以提高公共教育利益最大化,同时,作为实现公共教育制度理念的手段,教育行政需要遵循一定的教育价值理念和基本原则。

教育行政的上述属性,决定了教育行政不同于一般行政,不能照搬一般行政部门的做法,它必须是在一定的教育理念支撑下的行政行为。首先,教育行政应遵循法制化、民主化、专业化等基本原则。其次,教育行政是为了实现教育目标、教育政策的行政,不仅有法制的规定,而且有具体的价值追求。价值是教育实践活动的一个基本要素,如基本满足受教育者的教育需求,保障教育机会均等,能够公平、公正、有效地配置好公共教育资源等。最后,教育行政职能不仅具有公共管理权力(领导管理职能),而且还有依据教育改革与发展的实际需要不断调整和完善规划指导、方针政策、制度保障以及向学校提供统筹规划、政策引导、监督管理等专业技术指导能力。

构建新的教育管理体制，应该从教育行政的制度属性、政治属性、专业属性和服务属性等多方面进行整体把握和构建。转变政府教育管理职能，具体要转变强制性、命令性、通知性的政府教育管理行为，减弱政府行政的权力性和强制性要素，逐步提升公共教育服务水平和专业技术指导能力。

## 二、教育行政职能及其职能转变

职能是事物、机构本身具有的功能或应起的作用。一般来讲，职能与职责不同，通俗地讲，职能是指哪些事属于你的管辖范围，哪些事不属于你的管辖范围。职责是指哪些事属于你必须要做的以及承担相应的责任。对公共事业单位来讲，职能就是职责，按照法律法规，公共事业单位机构履行一定的职能时必然要承担一定的职责，即要遵循权力与义务相统一原则。

职能是机构设置和机构改革的重要依据，只有明确各级政府的教育管理职能，才能有效落实各项教育政策和教改任务。

### （一）教育行政职能

教育行政职能"是政府职能在教育领域的具体化，是政府职能的一个部分。"[①] "它是指政府，通常是教育行政部门作为国家行政机关，依法在教育事务的管理中所应履行的职责及其所应起的作用。"[②]

教育行政职能是教育行政部门在依法管理教育事务中所应发挥的功能与作用。发挥教育行政职能，要处理好两对关系，一是教育政策与教育行政之间的关系，二是教育行政与学校管理之间的关系。如何处理好教育政策、教育行政与学校管理三者之间的关系，将直接关系到教育目标和教育改革是否得以有效贯彻和执行，同时也决定着教育行政的基本特征和功能的发挥，以及关系到能否保障学校的自律的、自主的发展特性。

关于教育政策与教育行政之间的关系，教育政策是教育行政的根本方针、基本原理，是学校教育成立并得以发展的基础。"教育政策是教育行政当局针对目

---

① 李轶.教育行政：是什么、做什么——对某省教育行政机构组织结构、职能和行为的研究[J].北京大学教育评论，2007(2)：157-171.

② 金太军.政府职能的梳理和重构[M].广州：广东人民出版社，2002：4.

前社会需求和学生愿望而形成之问题及未来发展之趋势，依据国家教育宗旨与法令规章，确定方针，规划方案，经由法定程序，公布实施，以为行政部门或教育机构执行之准则。"① 教育政策是行动准则，是为教育目标服务的，它一般由较高的决策层制定，从制定到公布实施需要依照一定的程序进行。② 而教育行政则是指以实施教育政策为目标而开展的行政过程，并担负着实现教育政策的职责，这一过程要涉及到政策的制定、选择、实施和评价等一系列过程，因而决定了教育行政过程的复杂性。

在公共教育管理领域内的政府和学校之间的关系，在现实中，主要体现为教育行政与学校管理之间的关系。教育行政过程主要是根据教育政策制定教育理念和制度，采取必要的标准和战略策略，具体通过学校制度与组织结构的建立，寻求学校管理与教育主管部门之间的有效调控点，以实现学校教育目标。而学校管理是指直接开展教育活动并对教育结果担负主体责任的经营活动。教育行政与学校管理之间一般有三种管理水平：一是法制管理水平，二是制度管理水平，三是二者在教育管理运行机制上的自觉的意识管理水平（也称为文化管理水平）。

**（二）转变教育行政职能**

政府职能转变，涉及政府机构改革、职能定位等诸多领域。其中，机构改革与职能定位最为基础。

1. 调整机构改革，优化管理效能

改革开放以来，我国在 1982 年、1988 年、1993 年、1998 年、2003 年、2013 年、2018 年先后进行了七次大部委制政府机构改革。通过这几次改革，大致由过去的管制型、全能型政府管理模式，向强化社会管理和公共服务的模式转变。

十八大以来，以习近平同志为核心的党中央以构建国家治理体系和治理能力现代化为目标，提出全面加强党对各行各业的领导。国家治理体系是在党领导下管理国家的制度体系，国家治理能力是运用国家制度管理社会各方面事务的能力。其中，构建结构合理、运行有效的机构职能体系是构建国家治理体系现代化

---

① 瞿立鹤.教育行政［M］.北京：茂昌图书有限公司，1992：127-128.
② 吴志宏.教育行政学［M］.第 2 版，北京：人民教育出版社，2001：197.

的主要目标。2018年2月28日，中共中央十九届三中全会通过了《深化党和国家机构改革方案》，同年3月18日，十三届人大一次会议通过了《国务院机构改革方案》，这两个方案的制定，标志着我国加快构建国家治理体系和治理能力现代化的新的发展阶段。"从政治背景上来看，这是我国从改革开放向全面深化改革和全方位开放的关键时期；从社会背景上看，我国社会主要矛盾已转化为人民日益增长的美好生活需要和不平衡不充分的发展之间的矛盾。就经济背景而言，我国正进入高质量发展的现代经济体系建设时期。"① 此次机构改革是历次中国特色党政关系改革的延续和发展，中国特色党政关系经历了从"党政不分，以党代政"到"党政分工""党政分开"，再到"改革完善党的领导方式和执政方式""党政职责分工"的阶段。"党政职责分工"阶段，将全面加强党对机构改革和对国家事务的领导，将减少公共权力对市场的过度干预，提升公共机构运行效果。

十八大报告中指出："更加注重改进党的领导方式和执政方式，保证党领导人民有效治理国家。"从此，开始从国家治理的角度进一步深化党政关系。十九届三中全会通过的《中共中央关于深化党和国家机构改革的决定》指出，"以加强党的全面领导为统领，以国家治理体系和治理能力现代化为导向，以推进党和国家机构职能优化协同高效为着力点，改革机构设置，优化职能配置，深化转职能、转方式、转作风，提高效率效能"。"所谓'优化'，就是科学合理，权责一致。主要是科学设置党和国家机构，合理配置职能，坚持一类事项原则上由一个部门统筹、一件事情原则上由一个部门负责。所谓'协同'，就是有统有分、有主有次。加强机构配合联动，避免政出多门、责任不明、推诿扯皮。所谓'高效'，就是履职到位、流程通畅。"②

按照《教育法》第十四条规定，国务院和地方各级人民政府根据分级管理、分工负责的原则，领导和管理教育工作。中等及中等以下教育在国务院领导下，

---

① 李瑞昌.机构改革的逻辑：从政府自身建设到国家治理体系现代化[J].华南师范大学学报（社会科学版），2018(6)：79-80.
② 崔言鹏，高新民.中国特色党政关系构建的理论背景、历史进路和新趋势[J].理论导刊，2018,8：11.

由地方人民政府管理。2006年，新修订的《义务教育法》第七条规定，义务教育实行国务院领导，省、自治区、直辖市人民政府统筹规划实施，县级人民政府为主管理的体制。

目前，教育部设26个内设机构，具体为办公厅、政策法规司、发展规划司、综合改革司、人事司、财务司、教材局、基础教育司、职业教育与成人教育司、高等教育司、教育督导局、民族教育司、教师工作司、体育卫生与艺术教育司、思想政治工作司、社会科学司、科学技术司、高校学生司、学位管理与研究生教育司、语言文字应用管理司、语言文字信息管理司、国际合作与交流司（港澳台办）、巡视工作办公室、直属机关党委、离退休干部局、中国联合国教科文组织全国委员会秘书处等部门。①

地方人民政府主管教育的机构主要有省（自治区、直辖市）教育厅、地市教育局（或教育委员会）、县区教育局（或教育体育局等）。省教育厅主要负责省域内教育的统筹发展，具体教育事务则主要是地市教育局和县区教育局负责执行。

2010年9月9日，笔者曾围绕"关于转变政府教育管理职能"专题，面向国家教育行政学院举办的第28期全国地市教育局长全体学员作了专题调查，发放问卷100份，回收有效问卷67份。调研表明，长期以来，教育局作为政府直接管理教育的行政机关，在机构设置上存在处室（科室）划分过多、过细，且职能任务相互交叉，职责不明晰等问题。不仅存在内设科室的设置不规范，而且还存在同一个职能机构在称呼上也不统一的问题。以对学校进行指导的内设科室为例，北京某中心城区教委设有中教科、小教科、学前科、职教科。上海市某中心城区教委内设有基础教育办公室。天津市某欠发达地区（区县）教育局内设有中小学科。湖北某欠发达地区市教育局内设有基教科。陕西某欠发达地区市教育局内设基教科、职成科。黑龙江某发达地区市教育局内设有中教科、初教科。

另外，教育局对学校进行专业技术指导的机构设置繁多、职能交叉严重。如江苏省某欠发达地区市教育局内设、外设的专业技术指导机构有基教科、职

---

① 教育部门户网站，http://www.moe.gov.cn. 2019年10月10日.

教科、体卫艺科、师资科、教研室、教科所、发展规划科、督导室和电化教育馆等，这些部门之间职能相互交叉，还有些部门职能已经不适应教育改革发展新趋势。

政府职能转变还涉及机构人员编制问题。2012 年，笔者曾对国家教育行政学院举办的第 25 期全国县区教育局长培训班全体学员做了专题调查，当时发放问卷 169 份，回收有效问卷 142 份。调研表明，从编制上看，县区教育局公务员编制普遍不够。据统计，当时县区教育局实际公务员编制数平均为 21 人（均值 20.76，标准偏差 19.47），占 92.20% 的教育局长认为教育局需要增加公务员编制数。从学校或其他部门临时调配的人员平均为 23 人（均值 22.57，标准偏差 20.16）。另外，占 72.80% 的县区教育局长认为，当时的教研员编制数不能满足现实需要。这说明，教育局及其内设专业机构人员编制非常紧张，难以有效发挥作为主管教育机构对学校现场的有效管理和提供有效的专业技术指导。

伴随教育在经济社会发展中作用的不断增强，教育行政机构及其职能也变得日益复杂化。适应教改发展新形势、针对教育行政机构及其人员编制中面临的实际困难和问题，按照当前国家机构改革要求，需要尽快调整教育行政机构，一方面通过精简机构，合并一些职能相近的部门，取消已不再发挥作用的职能部门，适度增加新的处室（科室），以适应当前教育改革与发展的形势与任务。另一方面增加相关人员尤其是专业指导机构人员的编制数，以便有效发挥政府作为公共服务部门应有的作用。

实践表明，伴随国家机构改革，以及结合各自区域实际，各地区不断在调整教育行政机构，减少职能重叠部门，新增一些职能部门，以适应教育治理现代化的现实要求。以青岛市为例，目前，该市教育局共有 15 个部门，分别有办公室（挂市委高校工委办公室、教育新闻中心牌子）、政策法规处、国际交流合作处（挂港澳台办公室牌子）、行政审批与执法处（属于新增部门）、基础教育处（挂科技信息处、团委牌子）、职业教育处、民办教育与终身教育处、市政府教育督导室、人事处（挂教师工作处、工会牌子）、计划财务处、体育卫生与艺术教育处（挂语音文字处牌子）、安全保卫处、组织处（挂机关党委、离退休干部处牌子）、市委高校工委综合处（挂市政府高校办、市教育局高等教育处牌子）、市委高校工委思想政治工作处等部门。①

同样，县区也如此，不断调整精简机构。以成都市武侯区为例，2013年，武侯区教育局设有13个职能科（室）：办公室、督导室（挂成都市武侯区人民政府教育督导室牌子）、政策法规科、宣传教育科、体育卫生与艺术教育科、人事科、计划财务科、基建设备科、中学教育科、小学教育科（挂成都市武侯区语言文字工作委员会办公室牌子）、学前教育科、学校安全管理科、对外交流合作科。②

2. 依法行政，加快改进和完善教育法律法规制度建设

教育行政是依据公共权力实现教育理念支撑下的教育政策的过程。既然是公共权力，必然要体现出国家公正有效行使公共权力的性质以及公民接受教育并能够广泛参与且能反映教育诉求和教育愿望的权利，而保障这些权利诉求的最有效途径，就是加强相关的教育法律法规建设。教育行政必须遵循法律法规规定才能有效执行教育政策，这是由教育行政的基本原则所决定的。伴随国家法治化进程，我国教育法制建设也将进入一个新的发展时期，教育领域依法治教的社会环境将日益成熟。

目前，我国有11部教育相关法，百部教育部门规章，已经形成了由法律、法规和规章三个层面构成的教育法制体系框架，教育工作基本上做到了有法可依。不过，无论从教育法理论研究和实践研究水平看，还是现有教育法律法规制度建设的水平来看，当前我国的教育法律法规体系建设水平与依法治教、依法办学和社会依法监督和参与的现代教育治理体系还有一定的距离，需要尽快制定和完善相关法律法规，依据保障国家有效行使公共权力和保障公民接受教育的权利这两个维度不断改革和完善教育法律法规。

另外，应对现代社会急剧多样的发展变化，不断加强教育法理论与实践研究，加强和完善教育法律法规制度建设。依法治教，关键在于完善责任体制。如通过制定和完善相关法律法规，以法律条文的形式明确界定各级政府职责。同时，

---

① 青岛市教育局官方网站，http://edu.qingdao.gov.cn. 2019年9月20日.
② 成都市武侯区教育局官方网站，http://www.whjyw.com. 2013年6月9日.

按照构建法治政府的要求，有必要对我国现有教育法律法规体系进行系统的研究，遵循教育法的发展规律，加强教育法的理论与实践研究，为不断修改和制定相应的教育法律法规提供科学依据和前瞻性指导。

3. 职能定位由管理属性转向治理属性

改革开放以来，我国政府职能转变主要经历了两个阶段。"1979年，我国以'政企分开'为突破口，在全国范围内广泛推行的经济体制改革，促成了政府职能的第一次转变，使私人产品的提供大大改善。2005年7月以来，北京、上海、无锡等地以'政事分开''管办分离'为突破口，探索深化行政体制改革的新路径，这将促成政府职能的第二次转变，使公共服务的提供得到优化和发展。"① 具体讲，改革开放以来，我国在探索政府职能转变，构建基本公共服务体系方面，大致经历了如下几个阶段：

1984年，党的十二大在关于经济体制改革的决定中提出了转变政府职能，即实行政企职责分开、简政放权，要改变那种长期形成的领导机关不是为基层和企业服务，而是让基层和企业围着领导机关转的局面，扫除机构重叠、人浮于事、职责不明、互相扯皮的官僚主义积弊。相应地，1985年，《中共中央关于教育体制改革的决定》中指出："改革管理体制，在加强宏观管理的同时，坚决实行简政放权，扩大学校的办学自主权。……把发展基础教育的责任交给地方。"

1993年，党的十四大确定我国经济体制改革的目标是建立社会主义市场经济体制。相应地，《中国教育改革和发展纲要》规定，教育体制改革要采取综合配套、分步推进的方针，加快步伐，改革包得过多、统得过死的体制，初步建立起与社会主义市场经济体制和政治体制、科技体制改革相适应的教育新体制。

1998年，党的十五大再次提出了转变政府职能，实行政企分开。相应地，1999年，《中共中央国务院关于深化教育改革全面推进素质教育的决定》中提出，进一步简政放权，加大省级人民政府发展和管理本地区教育的权力以及统筹力度。

2007年，党的十七大提出加快行政管理体制改革，建设服务型政府的改革目标。相应地，2010年，《教育规划纲要》提出推进政校分开，管办分离，以简

---

① 赵锡斌，查竞春.论政府职能的第二次转变——政事分开、管办分离改革的理论与实践[J].武汉大学学报(哲学社会科学版)，2007(3)：362.

政放权和转变政府职能为重点,深化教育管理体制改革,提高公共教育服务水平。

2012年,党的十八大报告明确提出要构建服务型政府。要深化行政审批制度改革,继续简政放权,推动政府职能向创造良好环境、提供优质服务、维护社会公平正义转变。稳步推进大部门制改革,健全部门职责体系。创新管理方式,提高政府公信力和执行力。

2017年,党的十九大报告进一步提出,要转变政府职能,深化简政放权,创新监管方式,增强政府公信力和执行力,建设人民满意的服务型政府,赋予省级及以下政府更多自主权。在省市县,对职能相近的党政机关探索合并设立或合署办公。深化事业单位改革,强化公益属性,推进政事分开、事企分开、管办分离。

适应党和国家关于转变政府职能的改革要求,按照现有法律法规的规定,各级教育行政主管部门也在不断探索转变政府教育管理职能,并按照信息公开原则,都在政府官方网站上公开了各级政府的教育管理职责。

《教育法》第十五条规定,国务院教育行政部门主管全国教育工作,统筹规划、协调管理全国的教育事业。根据第十一届全国人民代表大会第一次会议批准的国务院机构改革方案和《国务院关于机构设置的通知》(国办发〔2008〕11号),设立教育部,为国务院组成部门。按照《教育部主要职责、内设机构和人员编制规定》(国办发〔2008〕57号)规定的教育部主要职责共计十七项。其中,与基础教育相关内容主要有七项:负责推进义务教育均衡发展和促进教育公平(宏观指导与协调义务教育,指导普高、幼教和特教。制定教育教学基本要求和教学基本文件,组织审定国家课程教材,全面实施素质教育)。指导全国的教育督导工作(负责组织和指导、督导检查和评估验收工作,指导教育教学质量的监测工作)。指导职业教育(制订中等职业教育专业目录、教学指导文件和教学评估标准,指导教材建设和职业指导工作)。参与拟订教育经费筹措、教育拨款、教育基建投资政策,负责统计全国教育经费投入情况。统筹和指导少数民族教育工作(协调教育援助)。指导思想政治、德育、体卫艺教育工作及国防教育工作。主管全国的教师工作,会同有关部门制订各级各类教师资格标准并指导实施,指导教育系统人才队伍建设。

地方政府教育行政部门按照信息公开原则，采取清单式管理方式，也公开了部门职责等相关信息。以青岛市为例，青岛市教育局的职责有：贯彻执行国家和省有关教育工作的方针政策和法律法规，拟订全市教育工作的政策法规并监督实施。拟定全市教育事业发展规划，提出教育体制改革意见和建议、教育发展规模、结构、速度及发展重点并组织实施，负责教育督导和评估。指导、协调各区（市）、各部门有关教育工作和教育教学改革，负责有关学校的规划、布局和调整。会同有关部门承办市属高校、成人高校、中等专业学校等有关招生工作，负责全市高中阶段教育和成人教育、市属高等教育及市区初中教育的管理工作。规划、指导全市教师和教育行政干部队伍建设，指导教育人事制度改革和学校内部管理体制改革，指导全市师范类毕业生就业和就业制度改革。会同有关部门拟定教育经费筹措、教育拨款、教育基建投资、教育收费的政策、规定并组织实施，按规定管理国内外对我市的教育援助和教育贷款。协调驻青高校、中等专业学校与本市的有关工作，参与协调"产学研"结合等工作。组织、指导教育科研和教学研究工作，统筹规划全市教育信息化建设，指导电化教育工作。指导全市学校校舍场地建设和修缮，拟定全市教育技术装备规划并组织实施，指导全市勤工俭学、校办产业工作。负责管理全市语言文字工作。组织开展教育对外交流与合作。承办市政府和上级业务部门交办的其他事项。①

按照《教育法》第十五条规定，县级以上地方各级人民政府教育行政部门主管本行政区域内的教育工作。县级以上各级人民政府其他有关部门在各自职责范围内，负责有关的教育工作。以成都市武侯区教育局为例，该市教育局主要职责有11项：贯彻执行国家、省、市、区有关教育方针政策、法律法规，组织实施城乡一体化发展；负责全区教育教学工作，素质教育、均衡和公平、教学科研；管理全区基础教育、职业教育和成人教育，入学、招生、布局、民办教育、对口支援；制定中小学、中等职业学校教育评估标准，负责教育督导和评估；参与拟定筹措教育经费、拨款、基建投资的政策和措施，监督经费筹措和使用情况，负责治理中小学乱收费工作；负责全区教师队伍建设，教师继续教育和培训工

---

① 青岛市教育局官方网站，http://edu.qindao.gov.cn. 2019年9月20日．

作，教师资格申报、报批和管理，会同有关部门组织开展职称评定、聘用，工资福利；全区学校和事业单位的政治思想教育、思想品德、体卫艺、国防，行风建设；指导全区教育系统国际交流，港澳台地区交流；教育系统基本信息的统计、分析、发布，安全管理和教育，危机处理；校园周边综合治理；政府交给的其他事项。①

从上述国家构建基本公共服务体系的政策脉络可以看出，当前转变政府教育管理职能，需要从以下几方面具体推进：

一是加强党的领导。建立健全党委统一领导、党政齐抓共管、部门各负其责的教育领导体制，这是做好教育工作的根本保证。

二是强化依法行政职能。建立健全执法体制机制，建立教育系统内统一执法行政，配齐配强教育执法力量，借机构改革的机会，设立专门负责执法的处室或科室。加强依法行政能力，用"放管服"改革牵引政府职能转变，以科学化、民主化、法制化手段提高教育行政质量。

三是职能整合，减少职能交叉以及向学校管理的层次。一方面是将原来的内设机构中职能交叉部门进行整合和调整，另一方面是按照新的机构改革方案，将卫生、体育或科技部门也整合调整到教育局当中，教育行政机构管辖的范围开始由单纯的学校教育领域，扩展到了与人的终身发展相关的卫生、体育、科技等部门领域。以上海市教委为例，目前，上海市教育委员会内设机构为24个，分别是：办公室、秘书处（研究室）、发展规划处、人事处、财务处（国有资产管理处）、基础教育处、职业教育处、高等教育处、终身教育处、托幼工作处、民办教育管理处、学生处、科学技术处、信息化工作处、体育卫生艺术科普处、国际交流处（港澳台办公室）、学校后勤保卫处、政策法规处（政风行风办公室）、教材和语言文字管理处、审计处、德育处、督导室、青少年保护工作处、信访办公室。②

四是转变行政行为，由管理属性向治理属性转变。按照服务主体多元化、治理权力多中心化和服务结构多样化的治理理念，由管理属性向治理属性转变，探

---

① 成都市武侯区教育局官方网站，http://www.whjyw.com. 2013年6月9日。
② 上海市教育委员会官方网站，http://edu.sh.gov.cn. 2019年9月20日。

索构建教育治理现代化。具体来说，教育行政部门由过去的主要主导部门向拥有一定责权利部门转变，由管制型政府向服务型政府转变，提升依法行政和公共服务能力和水平。发挥政府主导作用，实行政府权力下放，公共资源提供者多元化，组织扁平化，吸纳各教育相关利益者依法参与到教育管理过程中来，形成网络化的社会服务体系，并能够充分运用现代信息技术手段，尽可能就近为人民群众提供方便、迅捷的服务。

### 三、实行教育管办评分离改革

教育管办评分离改革是当前深化教育领域综合改革，事关国家教育治理体系和治理能力建设全局的系统性、整体性、协同性改革，是全面推进政府管理职能转变和激发学校办学活力的重要内容和关键环节。通过这项改革，基本形成政府依法管理、学校依法自主办学、社会各界依法参与的公共教育治理新格局，为基本实现教育现代化提供重要制度保障。

作为教育体制机制改革的一项重要政策举措，是否按政策最初设定的目标迈进，有必要依据该项政策的执行情况，不断进行政策的调整和改进，这是教育行政管理改革所特有的规律。基于这一规律，自2015年至2018年，国家教育行政学院基础教育研究中心围绕"关于推进教育管办评分离的基本情况"，连续四年进行了专题调研，被调研对象主要是参加国家教育行政学院定期举办的全国地市教育局长研修班、全国县市教育局长培训班以及全国县区督学培训班的全体学员。调研的时间、对象、有效人数分别为：2015年9月8日，地市教育局长（47人）；2015年10月19日，县区教育局长（147人）；2016年9月9日，地市教育局长（56人）；2017年6月7日，县区督学（106人）；2018年3月7日，地市教育局长（52人）。

调研表明，推进教育管办评分离改革，着手破解体制机制弊端，提高公共教育服务水平，尽量满足人民群众对优质教育的需求，已成为当前地方政府的普遍共识。被调查的教育局长、县区督学普遍认同推进教育管办评分离改革策略，认为这是当前转变政府教育管理职能、进一步深化教育体制机制改革的一项重要举措。

伴随改革的深入，教育管办评分离改革从最初的被动改革正向主动改革转变，政府由过去的主要主导部门正向拥有一定责权利部门转变；政府具体向学校下放一定的人财物管理权限，学校办学自主权有所扩大；学校评价由单一评价向社会多元评价方向转变。原有的政府、学校和社会关系正在被打破，三者间新型关系正在重建，为实现教育治理现代化奠定了较好的实践基础。

### （一）教育管办评分离改革的现状

《教育规划纲要》颁布实施以来，推进管办评分离改革已成为教育领域综合改革的一项重要内容。不少地区结合各自实际，正从不同层面、不同程度地实际探索推进管办评分离改革。调研表明，2018年，48.08%的地市教育局长认为所在地区已开始系统探索推进教育管办评分离改革。

#### 1. 教育行政部门由过去的主要主导部门正向拥有一定责权利部门转变

经过40多年的努力，按照国家倡导的职能转变相关政策以及适应教育领域综合改革的需要，一些地区切实采取措施，实行简政放权，逐步由过去的主要主导部门向拥有一定责权利部门转变。采取的具体策略有，实行清单式管理、减少行政过多干预学校行为和具体向学校下放人财物管理权限等。

（1）推行清单式管理，教育行政管理趋于规范化。近年来，教育行政主管部门将清单式管理作为转变政府管理职能的重点具体加以推进。清单式管理与服务，"其实质是对政府行为的规范与约束，有利于推动政府职能转变，也有利于推进政府依法管理经济社会事务，依法公平提供公共服务，是政府的'自我革命'。"①

调研表明，在实行清单式管理的地区中，主要制定了权力清单和责任清单，并呈现出常态化。如，认为所在地区制定了权力清单的，地市局长，2016年占80.36%，2018年占92.31%；县区督学，2017年占60.38%。认为所在地区制定了责任清单的，地市教育局长，2016年占71.40%，2018年占73.08%；县区督学，2017年占36.79%。

"广义的权力清单，是指有权力的组织，根据一定的分类标准，把掌握权力

---

① 许勤. 全面推行清单式管理与服务，促进法治政府和服务型政府建设 [J]. 中国机构改革与管理，2015(2)：6.

的公权力组织的权力进行归纳、整理,形成一个结构合理、条理明确的权力体系并对外公布。"① 实行权力清单和责任清单管理方式,明确每项权力和责任的规范运行流程,并制定事中事后监管办法,加强了对行使权力过程的指导和监督,从而在一定程度上增强了教育管理的规范性。目前,权力清单主要由行政审批项、行政处罚项、行政给付项、行政确认项、行政监督项以及其他行政权力项等内容组成。

相比权力清单和责任清单而言,涉及政校之间职责关系的、向学校下放管理权限清单的制定,虽然相对缓慢一些,却有逐年增强的趋势。认为所在地区制定了向学校下放管理权限清单的地市教育局长,2016 年占 48.21%,2018 年占 51.92%。

(2)精简会议、文件、评比和检查等,减少行政过多干预学校行为。行政过多干预学校的表现多种多样,尤以各种会议、文件、评比、检查最为突出。因此,在坚持统一性的前提下,不少地区主动减负,尽量合并或取消会议、文件、评比、检查等,减少行政过多干预学校行为。

调研表明,全国大部分地区开始精简会议、文件、评比和检查等。2015 年,占 87.24% 的地市教育局长和占 93.20% 的县区教育局长,2016 年,占 58.93% 的地市教育局长,2017 年,占 67.92% 的县区督学,2018 年,占 75.00% 的地市教育局长,认为所在地区开始精简会议、文件、评比和检查等行政行为。

同制度化、组织化相比,对与行为和作用相关事项的把握更加困难。目前,减少行政过多干预学校行为不仅涉及教育行政主管部门,还涉及与教育相关的各横向部门。在现有体制还没有得到理顺之前,虽然教育行政主管部门减少了会议等过多行政行为,但却无法避免来自其他横向部门对学校的过多行政干预行为。因此,有近一半的被调查对象认为,虽然精简了会议等行政行为但效果却一般,学校负担重的现象还没有得到根本性转变,还未起到激发学校办学主动性和积极性的作用。另外,2016 年,占 5.36% 的地市教育局长认为所在区域非但没有精简反而有增加倾向。这表明,教育改革尤其是涉及组织行为的改革具有反复性、

---

① 杜敏.权力清单制度:理论维度、现实困境与发展展望[J].科学社会主义(双月刊),2015(5):99.

复杂性。

（3）具体向学校下放人财物等管理权限，学校办学自主权有所扩大。在管理学中，自主权包括财权、人权、物权和事权。伴随国家治理体系建设的实际进展，一些地区在实行学校自主办学改革试点的基础上，开始将一定的人财物等校内管理权限下放给学校，教育行政管理部门主要负责事前审批、事中监管和事后考核。

一是将部分人事管理权下放给学校。校长是否具备校内人事调配权和聘用权，是决定学校办学自主权的一个重要层面。副校长、中层干部是学校管理中坚力量，这一管理层担负着最繁重的校内事务性工作。如果副校长、中层干部也要由教育主管部门任命，那么，校长的办学理念难以贯彻落实到具体的教育教学环节中。

长期以来，我国中小学校管理层（校长、副校长、学校中层）主要以任命制为主。[①] 任命制下的学校管理层容易采取行政化手段管理学校内部事务，很难形成各具特色的办学传统和办学活力。针对任命制存在的弊端，2003 年，人事部、教育部《关于深化中小学人事制度改革的实施意见》提出，实行聘用（聘任）制和岗位管理为重点，以合理配置人才资源，探索构建符合中小学特点的人事管理运行机制。一些地区开始探索将校内管理层的选聘权下放给学校，实行校长提名副校长人选以及公开选拔中层管理干部，以此扩大学校办学自主权。相比任命制，将副校长提名权下放给学校，由校长提名，再由政府相关部门考核任命的方式，更加有利于学校内部治理的实施。

近年来，伴随简政放权力度的加大，已经有部分地区打破了由组织部门任命副校长的方式，将副校长提名权下放给学校，由校长提名，组织部门考核认定。但由于现阶段我国中小学校长（包括副校长）按照学校类别相应地具备一定的行政级别，所以，从目前来看，下放副校长提名权的比例不大且进展较为缓慢。调研表明，认为所在地区校长具备副校长提名权的地市教育局长，2015 年占 31.92%，2016 年占 35.71%，2018 年占 34.62%；认为所在地区校长具备副校长提

---

① 包金玲.教育去行政化与现代学校制度建设——以中小学教师人事管理为例［J］.教育发展研究，2012(12)：7.

名权的县区教育局长，占62.59%。数据表明，地市一级副校长提名权比例偏低，而县区一级副校长提名权比例却超过半数，在副校长提名权比例上，县区明显大于地市一级。另外，调研表明，多数地区做到了将学校中层管理岗位及干部聘用权下放给了学校。认为所在地区将学校中层管理岗位及干部聘用权下放给了学校的地市教育局长，2015年占82.98%，2016年占76.79%，2018年占65.39%。数据表明，近年来，地市一级下放中层管理岗位及干部聘用权的比例连续几年在下降。

这是因为，近年来，按照"以县为主"的管理体制，不少地市教育局将所辖的义务教育阶段的学校划归区县一级管理，受现阶段中小学校长具有一定的行政级别的影响，即处级校长由组织人事等部门任命，科级以下校长由教育局任命。因此，将部分人事管理权下放给学校的主要集中在义务教育阶段，而高中阶段学校（包含中等职业学校）的人事管理权仍以组织人事部门为主，这是造成近年来以主管高中、中职为主的地市教育局将副校长、学校中层管理岗位及干部聘用权下放给学校的比例持续下降的主因。

二是将部分经费使用权下放给学校。重建政府与学校之间新型关系，关键看学校是否具备一定的经费自主权，这是确保学校开展特色化建设的基本保障。目前，政府将部分经费使用权向学校下放，除了学校具有一定的预算内经费自主支配权之外，主要下放的是学校自筹经费和政府专项经费使用权。

调研表明，超过半数的地市、县区和县区督学认为，所在地区已经开始实行学校预算化管理，学校在预算内经费可自主支配。除此之外，学校可自主支配的经费权限多数仅限于学校自主筹措的经费和政府奖励性经费使用权。从调研结果来看，在下放学校经费使用权上，县区比地市下放的力度还大。后经访谈了解到，这是县区和地市教育主管部门所管辖的学校经费来源不同造成的。县区所辖学校主要是义务教育阶段学校（含部分幼儿园），县区教育局长以及县区督学普遍认为，除了公用经费、生均经费外，义务教育阶段学校政府部门基本上没有多少可支配的自筹经费来源，因没有多少具体下放的经费管理权限，因而大部分县区教育局长和县区督学认为目前所辖学校基本上做到了预算内经费可自主支配。而地市教育主管部门所辖学校以非义务教育阶段的学校为主，因非义务教育阶段的学校具备一定的自主筹措经费和政府奖励性经费来源，因而学校能否在预算内自主支配这部分经费，涉及政府权限下放的问题。因此，从这一层面看，在经费下放的力度上地市没有县区大。

调研还表明，即使在财政保障之下的义务教育阶段的学校仍然存在预算内经费不能自主支配的现象。通过访谈了解到，受政府统一采购等政策的影响，一些地方完全照搬行政部门设备采购办法，无论是大件设备还是小到如教学用U盘设备等，都需要经各种繁杂申报手续才能办理。县区督学是县域内监督学校办学行为和教育教学质量的主要职能部门。2017年，占27.36%的县区督学认为，所在地区主要以政府管理为主，学校经费自主权不大。占15.09%的县区督学认为，所在地区仅限于专项经费由学校自主。可见，政府对学校经费管得还是过死，学校办学缺乏灵活性，这在一定程度上压抑了学校办学的自主性和积极性。

三是将教师职称评聘权下放给学校。一直以来，中小学教师职称是教师专业水准、职业认同感以及成就感的一个重要评价指标，职称制度是拓宽中小学教师职业发展通道，激发教师工作积极性的重大举措。发挥学校校长、副校长、年级主任以及同行教师的评价作用，才能更好地发挥职称制度的能力和业绩导向作用。因此，教育主管部门能否将职称评聘权下放给学校，成为建立起以能力和业绩为导向、以社会和业内认可为核心、覆盖各类中小学教师职称评价机制的关键。

调研表明，职称评聘权下放力度不大。不过，数据表明，伴随教师人事政策改革的深化，将教师职称评聘权下放给学校的力度逐年增强。以地市教育局长为例，认为将教师中级职称评聘权下放给学校，教育局和人社局等只管规则和程序的地市教育局长，2015年占10.64%，2016年占23.21%，2018年占36.54%。除了将教师中级职称评聘权下放给学校外，还有个别地区正在探索将高级职称评聘权也下放给学校，教育局和人社局等只管评聘规则和程序。

2. 完善校内治理结构和治理能力，探索构建现代学校制度

实践表明，教育领域内的管办评分离改革，一方面通过政府层面的简政放权，转变政府教育管理职能；另一方面通过学校层面完善校内治理结构和治理能力，正在实际探索构建现代学校制度。

（1）制定学校章程，构建学校依法办学的制度基础。学校章程是学校依法自主办学、实施管理和履行公共管理职能的基本准则，对于学校理顺内部关系、优化内部治理、保持学校持续发展具有重要作用。按照教育部《全面推进依法治校实施纲要》的要求，制定学校章程成为当前构建现代学校制度的重要指标之一。

调研表明，2015年，占19.15%的地市教育局长和占29.93%的县区教育局长，2016年，占35.71%的地市教育局长，2017年，占39.62%的县区督学，2018年，占51.92%的地市教育局长，认为所在地区已基本建立学校章程。

自2003年《教育部关于进一步推进依法治校工作的若干意见》中明确提出"积极推进学校章程和制度建设，要从建章立制着手，推进学校的依法治校工作"以来，近16年过去了，却只有过半数的地市一级建立了学校章程，县区还不到半数，这表明依法治校的进程比较缓慢，并且从相关专题访谈中了解到，不少地区虽然建立了学校章程，但面临形式大于内容的现实问题。对此，一方面需要多方面配套制度的跟进，加快推进教育法律法规体系的建设；另一方面还要强化运用法治思维和法治方式推动教育改革发展，不断转变学校管理者的管理理念和管理方式。

（2）实行校长职级制改革，探索教育家办学。伴随事业单位人事制度改革的深入，国家提出逐步实现校长与行政级别脱钩，鼓励有条件的地区探索校长职级制改革。2017年，中组部和教育部联合印发《中小学校领导人员管理暂行办法》，该办法明确提出，加快推行中小学校长职级制改革，拓宽职业发展空间，促进校长队伍专业化建设。

调研表明，从地市层面看，认为所在地区开始实行校长职级制改革的地市教育局长，2015年占27.66%，2016年占19.64%，2018年占15.39%；从县区层面看，2015年，占23.81%的县区教育局长，2017年，占17.93%的县区督学认为所在地区开始实行校长职级制改革。至今为止，实行校长职级制的地区都没有达到三分之一。表明了在现阶段，实行校长职级制还面临诸多困难和问题。

职级制改革目前遇到的主要阻力有两方面：一是地方是否有财力支撑校长职级工资；二是实行校长职级制后如何平衡副校长和中层干部积极性的问题。通过访谈了解到，占绝大多数的教育局长比较认可职级制改革，认为可有效促进校长的职业化、专业化，但受地方财力限制，地方政府难以划出部分经费保障校长职级工资，这是制约职级制改革进程的主要因素。实行校长职级制后，保持校内事务性工作不变的情况下，校长增加了职级工资，在一定程度上激发了校长的主动性和积极性，而副校长以及中层干部却因为没有增加相应待遇，其工作主动性和积极性受到了挫伤。对此，一些财力较为充足的地区将校长（园长）、副校长和党总支书记、副书记全部纳入职级制改革范围，即使这样，仍面临中层管理干部积极性不好调动的问题。这表明，职级制改革只能算作是当前探索校长队伍职业化、专业化的一个有效探索，需要进一步补充和完善该项制度。

（3）完善校内民主管理制度，提升学校民主管理水平。学校民主管理制度作为自主办学的制度保障和规范手段，具有基本的监督和参与学校管理的功能。重建学校与社会之间的关系，必须保障作为教育主体的教师、家长、学生代表等能够依法参与学校管理。

《教育法》第三十一条明确规定，"学校及其他教育机构应当按照国家有关规定，通过以教师为主体的教职工代表大会等组织形式，保障教职工参与民主管理和监督。"教职工代表大会的职责主要有审议建议权、审议通过权、审议决定权和评议监督权。如何确立教职工在学校治理结构中的地位和作用，不仅关系到学校管理民主化程度，而且还关系到现代学校制度建设的实际进程。[1]通过制度建设来保障家长参与学校管理，是构建现代学校制度的又一个重要制度保障。《教育规划纲要》第十三章第四十一条"完善中小学学校管理制度"中，专门提出"建立中小学家长委员会"。综上所述，我国基本上建立起了教职工代表大会制度和家长委员会制度，这为构建现代学校制度奠定了制度基础，问题的关键在于这一民主制度是否真正发挥了其应有作用。

调研表明，2016年占55.36%的地市教育局长、2017年占57.55%的县区督学、2018年占73.08%的地市教育局长，认为所在地区基本上发挥了教职工代表大会基本的监督和参与学校管理的功能。调研表明，2016年占32.14%的地市教育局长、2017年占39.62%的县区督学、2018年占61.54%的地市教育局长，认

---

[1] 范禄燕主编.学校管理［M］.北京：中央广播电视大学出版社，2016：22.

为所在地区基本上发挥了家长委员会基本的监督和参与学校管理的功能。

伴随教育管理权限下放，为保障教育教学的正常秩序和一定的质量，越来越多的地区开始注重加强学校内部治理结构和治理体系建设，通过发挥教职工代表大会制度和家长委员会制度来参与和监督学校管理的基本功能，来保障学校办学行为与质量，正逐步成为中小学管理的一个常态。不过，从调研结果来看，家委会功能作用的发挥不如教职工代表大会功能的发挥，并且县市的不如地市的。这表明了，家长依法参与学校管理，一方面需要考虑在保障教育教学秩序和质量前提下的依法参与，另一方面需要考虑在当地公民的民主参与意识水平与参与能力的前提下的依法适度参与。

3. 转变政府单一评价模式，探索社会参与学校评价

政府、学校、家庭、社会是教育的核心利益相关者，从教育的公共性考虑，教育利益者彼此间需要平等对话，以保障教育的公共性。社会参与，实行开放办学，有两个功能，即一方面教育各主体之间通过平等对话、协商、交涉等规则，可以起到解决教育纠纷，减少关系当事者间的信息差距的功能；另一方面给予每个参与者合适的权限，给予弱者适当的法律扶持，使各教育主体之间具备对自我问题的发现、学习、调整、解决的能力，可提高学校管理自我调整的功能。《中共中央关于全面推进依法治国若干重大问题的决定》第三（二）中指出："健全依法决策机制。把公众参与、专家论证、风险评估、合法性审查、集体讨论决定确立为重大行政决策法定程序，确保决策制度科学、程序正当、过程公开、责任明确。"这表明，我国开始从以主管部门经验为主的决策机制转向注重社会各界参与的科学民主决策机制转变。另外，《意见》中指出，围绕推进依法评价，建立科学、规范、公正的教育评价制度，具体推进社会参与教育评价。

管办评分离中的"评"，不单是指社会"评"，"实际上，这是一个政府督导评估、学校自我评估和社会的专业评估相结合的多元评价体系。"[①] 调研表明，近年来，各地区在注重发挥政府教育督导部门职能作用的同时，开始注重社会参与学校评价。即通过采纳人大、政协、事业单位、社区代表等的意见开展社会满意

---

① 范国睿.教育管办评分离改革：理论假设和实践路径［J］.教育科学研究，2017(5)：9.

度调查，以及引入第三方专业机构参与学校评价等，正逐步探索构建由学校自评为主、社会参与评价为辅、政府主导的学校多元评价体系。

（1）采纳人大、政协、事业单位、社区代表等多元参与学校评价。《教育法》第十六条规定了国家和地方政府应当向本级人大代表或者其常务委员会报告教育工作基本情况并接受监督。第四十七条明确规定："企业事业组织、社会团体及其他社会组织和个人，可以通过适当形式，支持学校的建设，参与学校管理。"

调研表明，从地市层面看，认为向社会广泛采纳意见，实行多元参与学校评价的地市教育局长，2015年占36.17%，2016年占53.57%，2018年则占到了69.23%。地市一级实行多元参与学校评价的地区呈现逐年递增趋势。从县区层面看，2015年，占48.98%的县区教育局长，2017年，占61.32%的县区督学，认为所在地区采取向社会广泛采纳意见，实行多元参与学校评价。这表明了广泛采纳人大、政协、事业单位以及社区代表参与学校评价的地区正趋于不断增多态势。

（2）开展教育满意度调查。开展教育满意度调查是检验政府是否办人民满意教育的基本评价方式。通过开展社会满意度调查，不仅实现了家长、学生对学校教育与管理的参与，而且还帮助学校提高了教育服务水平，提升了家长与学生的教育满意度，在一定程度上促进了家校之间的良性互动关系。通过系统科学的实证调查研究，才能更好地了解人民群众对教育的实际需求和期望；通过反馈和协商改进，不断地满足人民群众对教育的期盼，才能更好地办好教育。调研表明，2016年占48.21%的地市教育局长、2017年占74.53%的县区督学、2018年占80.77%的地市教育局长，认为所在区域已经开展教育满意度调查。这表明，地区通过开展社会满意度调查来回应当地老百姓对教育的意见或需求正趋于常态化。

（3）引入第三方专业机构参与学校评价。国际上很多教育发达的国家都是依托专业的第三方测评机构来执行评价活动。第三方评价，也称体制外评估或外部评价，是指独立于教育行政系统之外，介于政府、学校和社会三者之间的专业组织的评价。[①] 所谓的"第三方"机构是指独立于政府的"管"与学校的"办"的具有独立法人地位的社会非政府组织或社会公益组织。例如：香港考试及评核局就是财政上完全独立的评价组织，不属于教育局管辖。第三方评价和学校、政府

---

① 冯虹，刘国飞. 第三方教育评价及其实施策略［J］. 教育科学研究，2016(3)：43.

的自评并不矛盾，它们是互为补充的、不同角度和方式的"诊断"。

调研表明，除了少部分地区开始探索由第三方专业机构参与学校评价外，多数地区还处于观望状态。地市比县区引入的多一些，并呈逐步增多趋势。认为所在地区开始探索由第三方参与学校评价的地市教育局长，2015年占19.15%，2016年占33.93%，2018年占51.92%。县区由于区域内专业机构和社会组织相对较少，因此，引进第三方开展教育评价的力度相比地市少了很多。2017年，只有占16.98%的县区督学认为所在地区引入第三方开展教育评价。

通过访谈了解到，由于我国自身缺乏具有专业资质的第三方，且至今未出台有关第三方的权威性专业认证标准，因此，目前引进第三方开展学校评价的地区中，不少是政府自己培育的本土化第三方机构，如各省、市教育部门主管的评价院和评价协会。这些机构，有的就是从相关事业单位中抽调人员组成，机构人员身份还属于事业编制，在此，将这类机构暂且称为属于事业单位的第三方。有的机构已具备了独立的法人资格，并在工商部门注册过，且经费来源完全独立，如武汉长江教育研究院、山东省泰山教育创新研究院等，在这里暂且将这类机构称为纯属社会机构的第三方。调研表明，2016年占25.00%的地市教育局长、2018年占30.77%的地市教育局长，认为当地引进的第三方为属于事业单位的第三方。2016年占8.93%的地市教育局长、2018年占21.55%的地市教育局长，认为当地引入了纯属社会机构的第三方参与评价。

**（二）教育管办评分离改革面临的主要问题**

一般地，教育政策是由作为权力部门的国家或政府部门基于相关教育理念基础上提升而来的，并通过国家和政府部门具体实施的。政策实施的效果主要取决于国家和地方之间的关系（具体体现在各级政府之间的权限关系上）、政策执行力以及区域经济发展水平等因素。教育管办评分离改革，既要打破原有的惯性行为，还要破解各利益关系。从制约教育政策执行效果的上述三个因素来看，现阶段的教育管办评分离改革还面临以下几方面的困难和问题。

1. 改革还处于局部探索阶段，缺乏系统性和规范性

从政策层面看，从2010年的《教育规划纲要》，到十八届三中全会《中共中央关于全面深化改革若干重大问题的决定》，再到2017年的中共中央办公厅、

国务院办公厅印发的《关于深化教育体制机制改革的意见》，都明确提出了推进管办评分离改革是当前我国深化教育领域综合改革，构建现代教育治理体系和治理能力的一项重要举措。按照上述文件要求，目前应在全国范围内全面推进教育管办评分离，才能有望到 2020 年基本建立起教育基础性制度体系。但从各地执行情况来看，除了少部分国家或地方政府指定的管办评分离改革的试点地区之外，多数地区还处于局部探索阶段，还未形成系统的、规范的教改局面。

各级政府之间的权责边界还不够清晰，制约了改革的实际进程。在由"管理属性"的政府向"治理属性"的政府转变过程中，必须明确各级政府以及政府中各教育相关部门之间的主管教育的责权利关系，在此基础上，才能使每一级政府具体规划本级政府如何推进教育领域的管办评分离改革。

至今为止，我国教育法律法规中关于各级政府教育管理职责的规定比较宏观，各级政府有关教育管理的权责利边界还不够清晰。因缺乏必要的法律依据，制度的刚性作用没有发挥出来，推进管办评分离改革缺乏必要的法律依据。以新修改的《义务教育法》为例，该法规定了"义务教育实行国务院领导，省、自治区、直辖市人民政府统筹规划实施，县级人民政府为主管理的体制"，中央领导的内容范围、省级政府统筹的范畴以及县级政府具体在哪些方面可以自主管理等，该法都没有明确的规定。另外，该法规定了"县级以上人民政府其他部门在各自职责范围内负责义务教育实施工作"，而这"各自职责范围"具体是什么却没有明确的规定。由于缺乏必要的法律依据，无法明确各级政府教育管理职责边界问题，造成现阶段的管办评分离改革只能处于局部性探索，很难形成系统性、规范性的改革。缺乏系统性和规范性的改革，还导致一些地区在不具备条件的情况下，强行推进，为改革而改革，这不仅带来形式化问题，而且还会带来管理上的混乱。

2. 简政放权力度不大，仍未形成权责明晰的政校关系

实行简政放权成为推进管办评分离改革的难点。我国早在 20 世纪 80 年代中期就已提出简政放权设想，经过 30 多年的努力，至今仍然是我国教育管理体制改革的热点难点问题。简政放权之所以这么难是因为关系到教育利益的重新调配，难在如何破解各利益集团的既得利益，尤其是一些部门对教育资源的垄断地

位，还难在如何破解各横向部门之间各自为政的现实格局。目前，顶层设计中缺乏与教育相关的各横向部门之间的联合协调机制。因缺乏部门之间联合协调机制，在教育政策执行过程中，各部门（人社、组织、编办、财务、规划以及教育等部门等）仍各自按原有的管理权限对教育经费、教育人事以及教育行政事务形成制约。形成多头管理、职责不清且相互推诿的局面，教育行政主管部门无法有效统筹人财物。如减少行政过多干预学校行为往往成为教育行政主管部门单方面行为，来自其他部门对学校的过多或不合理行政干预还实际存在，学校负担仍然很重。在管理学中，自主权包括财权、人权、物权和事权。因此，政府有必要将适当的人事权、经费使用权以及校内事务管理权限转交给学校，这是重建新型政校关系的重要内容。因教育部门无法统筹教育人事管理权，当前向学校下放人事管理权仅限于义务教育阶段中层干部的选聘和少部分副校长提名权，学校办学自主权还不够充分。校长职级制已普遍得到广大基层教育工作者的认同，但因没有得到诸如财政、组织等相关部门的认同和配合，该项改革仍然仅限于局部地区推行。简政放权之所以这么难，还因为缺乏对权利运行效果的评价制度。学校办学效果好不好有学校评价制度，而政府教育行政效果如何却没有教育行政评价制度。缺乏问责制的教育行政主管部门，要靠自身对自己进行改革这本身就是不现实的。

在缺乏法律依据的前提下，政府主要领导是否重视教育成为推动教改的关键。而政府重视不重视教育，又与教育行政主管部门自身的努力程度尤其是主要领导（教育局长）的教育理念和教育情怀有直接关系。实践表明，教育管办评分离改革有成效的地区有一个共同特点，就是当地教育行政主管部门主动作为，争取得到地方政府主要领导的普遍重视。相反，改革进展不明显的地区，教育行政主管部门仍以保障校园安全、减少升学压力以及完成上级部门下达的各项任务为主要工作任务，而面对体制机制改革任务，这些地区教育行政主管部门主动性不强，没有主动争取当地政府主要领导的重视或地方政府主要领导认识不到位，管办评分离还未形成自觉的主动的改革行为。

学校自身缺乏主动发展的意识和能力也制约了新型政校关系的重建。实践表明，通过管办评分离改革试点，使得一些学校具备了一定的办学自主权，正开始主动释放办学活力。但从全国整体层面看，多数学校仍旧习惯于依赖行政领导力量，自身缺乏主动发展的意识和能力，办学活力还远未得到激发。一方面校长的职业化、专业化程度还不能满足改革的需要，另一方面学校民主管理还缺乏制度保障。至今为止，除了教职工代表大会制度和家长委员会制度之外，国家还未出台其他社会参与制度，这在很大程度上制约了社会参与学校管理的实际进程。还有，现阶段社会参与学校管理的意识和水平还不够，以及在民主参与管理方面学校自身不积极等问题同时存在。

3.社会参与缺乏制度保障，还未形成学校多元评价体系

向社会广泛采纳意见，实行多元参与教育评价，关键在于反馈机制。即是否通过归纳总结提出对学校发展具有诊断性的建议，同时通过反馈机制为学校发展争取到最大的社会支持力度，提升老百姓对教育的满意度。引入第三方专业机构参与学校评价还面临很多问题。除了无论数量上还是质量上，我国缺乏具有专业资质水准的第三方教育评价机构之外，目前还面临如下两方面问题。

首先，政府监督评价机制与社会评价机制之间的关系不明确。目前，多数地区引入第三方机构主要用于教育教学质量检测与评估，那么，这是否与政府教育督导职能发生冲突，检测过程及结果中的风险由谁最终承担，等等。这些问题都需要事先进行明确的规定，才能保障社会参与的真实性、有效性和有序性。在推进管办评分离改革过程中，多数地区就因受困于如何进行政府与社会分开"评"而止步不前。

其次，在政府如何购买第三方服务上缺乏有效机制。为了推进政府与社会分开评价机制，不少地区政府自己培育本土化第三方机构，而有些本土化的第三方机构不具备法人条件，出现政府如何合理购买具有事业编制性质的第三方机构的社会服务等问题。另外，欠发达地区缺乏培育本土化第三方机构的条件，这也涉及到国家层面对这些地区如何给予关注和支持的问题。

4.受经济发展水平制约，改革面临的困难和问题呈现出不同区域特征

受经济发展水平制约，管办评分离改革还面临诸多困难和问题，并呈现出不同区域特征。东部经济较发达地区改革的力度较大，目前面临的主要困难和问题有两方面，一方面学校办学自主权还没有得以充分体现，学校干部人事制度改革

相对滞后，学校面临去行政化课题。另一方面引入第三方机构后，既面临质量问题，又面临成本费用过高的问题；既缺乏权威性评价机构，又缺乏相对可信的社会机构。

相比东部，中部和西部地区的改革相对缓慢一些，遇到的困难和问题也比较具体，一是地方政府以及教育行政主管部门主要负责人，在思想观念上还比较因循守旧，对有关教育管办评分离改革的背景及现实意义还没有给予足够重视，政府主要领导没有对教育部门给予足够的支持和保障。二是学校还习惯于常规管理，自身改革意识不强，校长队伍的整体素质不高，校长的综合能力还达不到改革要求。三是普遍缺乏专业的第三方评价机构。相比东部和中部地区，西部地区面临的困难更多，最突出的困难和问题是，一些地区目前还不具备推进管办评分离的条件。如有些地区至今学校硬件设施还未达标，教师队伍不稳定，尤其是老少边穷连片特困地区还面临招不到教师的窘困局面。

教育管理体制深受社会政治经济体制影响，要想打破现有教育管理体制性障碍，今后需要通过重点领域突破来推进和实施，明确政府在改革中的主导责任，加强改革的顶层设计，加大国家层面相关法律法规规定以及地方教育条例的制定，不断加强相关教育法律法规制度建设，依次明晰各级政府之间以及政府各部门之间的教育管理职责，形成部门之间联合协调机制。只有形成各利益主体之间共商、共治、共分担机制，才能为重建政府、学校与社会之间关系搭建一个较为顺利的制度环境，否则，单靠教育部门是很难解决问题的。管办评分离改革中，"办"是中心，所有的改革都要围绕"办"来具体推进，即管办评分离改革最终的目的是为学校发展创造宽松的内外部环境，让学校能够形成各自的办学传统，逐步形成面向区域开放的、自律自主的办学新格局。

## 第二节　坚持教育优先发展案例

教育优先发展战略作为世界公认的发展战略，早已成为我国基本的教育政策。党的十八大以来，我国教育改革与发展不断深化，教育现代化进程加速推进，教育方面人民群众的获得感明显增强。通过教育改革实践和对其规律性的深层把握，我国逐渐形成一系列新理念、新思想和新观点，其中，教育优先发展战略仍然是今后教改始终坚持并不断完善的一项基本教育政策。

按照当前我国相关法律规定，党和国家制定的教育基本政策，主要通过地方政府具体贯彻执行。关于如何贯彻落实教育优先发展策略，《教育规划纲要》明确规定："经济社会发展规划优先安排教育发展，财政资金优先保障教育投入，公共资源优先满足教育和人力资源开发需要。"我国于2012年首次实现了国家财政性教育经费支出占国内生产总值的比例不低于4%的目标。同时，国家层面提出，伴随经济社会发展水平的提升，各地在现有投入基础上，还要合理确定并适时提高相关拨款标准和投入水平，以保证"两确保一个不低于"，即确保一般公共预算教育支出逐年只增不减，确保按在校学生人数平均的一般公共预算教育支出逐年只增不减，国家财政性教育经费支出占国内生产总值比例一般不低于4%。

实现教育优先发展，关键看地方党委和政府是否从国家强盛、民族振兴和社会进步的高度真正关心和重视教育，切实履行教育职责，从区域实情出发，科学统筹和规划，保障全面落实教育优先发展战略。地方教育行政主管部门，则要创新管理体制机制，构建有利于教育优先发展的制度保障体系。保障教育优先发展政策的落实是地方教育行政主管部门的重要工作内容。

### 一、上海市奉贤区优化投入促学校创新发展案例

为更好促进学校自主发展，培养学生创新实践能力，2015年，上海市奉贤区教育局在教育系统内实施"星光灿烂计划"（简称"星光"计划），设立"学校

自主发展专项"（学校管理专项、党群工作专项、学校德育专项、课程教学专项、队伍建设专项、体卫艺科专项、教科研专项、信息化专项、安全工作专项和校舍配套与设施设备更新专项），引导学校根据本校发展实际需求和学生学习与发展需要，自主申报学校自主发展项目。通过"学校自主发展专项"，探索建立起学校事权和支出责任相适应制度，逐步实现"软硬协同、上下对接、重心下移、激活基层"教育经费使用管理机制，确保教育经费有效使用，提高资金使用效益。

奉贤区教育局加强项目的过程管理与督导评估，建立健全相关配套机制，实现项目实施质效最大化。一是加强过程指导和管理。在项目实施过程中，区教育局相关职能科室和业务部门根据各自工作职责进行过程指导与管理。二是促进协同创新。为推进协同创新、资源共享，形成教育教学创新"规模效应"，区教育局根据学校申报的教育教学创新实践研究项目，组建学校创新发展协作共同体（或未来学校联盟），为学校教育教学创新实践研究搭建交流、研讨、展示等平台。三是加强评估验收。在项目实施结束后，区教育局组织项目评审团队，对学校项目实施情况进行审核、验收。对长周期（2年及以上）教育教学创新实践研究项目，分年度开展项目实施情况过程性评估。局计划财务科对学校项目经费使用情况进行监管和审计。对项目实施不符合规定或未达到预期目标的学校，限期整改。四是建立表彰激励和成果推广机制。对项目实施成效显著、成果丰富的学校，区教育局予以表彰、奖励，并在成果提炼与推广等方面予以支持和帮助。

"星光"计划的实施，实现了教师、学校、学生三者的良性互动。首先使教师获得了教育教学创新的更多支持和空间，激发了其专业发展和教育教学创新的活力。而学校则通过项目开展，进一步改善了教育教学环境，充分优化了育人模式，将有助于激发学生全面发展、健康成长的活力，使全体中小幼学生受益。

例如，众多学校依托"学校管理专项"，积极推进学校管理机制创新，塑造特色学校文化；依托学校德育专项，编写"贤文化"乡土教材，实施"名家进校园"项目，合力打造"校内外育人共同体；依托队伍建设专项，构建从基础到顶尖的"双金字塔型"师干训工作体系，各类研修项目成为名优教师"孵化器"；依托课程教学专项，推进特色实验室、特色课程建设，促进学生全面发展；依托体卫艺科专项，实施"七彩成长"工程，促进学生快乐健康成长。

通过"星光"计划，奉贤区学生的综合素质和能力得到全面培养，学生的个性化、品质化得到充分发展，在国内外各级各类竞赛中屡获殊荣。

（案例来源：上海市奉贤区教育局.实施"星光灿烂"计划，优先投入机制，促进学校自主创新发展——上海市奉贤区教育局推进学校办学自主权案例[Z].国家教育行政学院培训资料汇编：全面深化教育领域综合改革的实践与探索——第43期全国地市教育局长研修班案例汇编,2018:8-11.）

**案例分析：**

建立完善的财政教育经费竞争性使用机制是国家倡导的一项重要策略，是4%目标实现后进一步建立或完善财政教育投入持续稳定增长的长效机制的一项有效探索，以保障教育优先发展战略的实施。

上海市奉贤区实施的"星光灿烂"计划的实践探索，是教育治理理念背景下，政府教育投入由过去注重一律平等开始注重竞争性投入的有效探索。在确保学校依法、规范办学的前提下，奉贤区通过设立"学校自主发展专项"，以促进学校特色发展为目的，在经费保障环节上提倡引导专项投入，目的在于激发学校办学主动性，改善教育教学环境，优化育人模式，以实现学生全面发展、加快成长之目的。

奉贤区以教育经费投入方式的改革创新为突破口，撬动教育治理体制机制改革。一方面创新教育经费使用机制，建立学校事权和支出责任相适应制度，保障了教育经费的有效实施，提高了教育经费的使用效益，是建立教育经费投入持续稳定增长长效机制的有效探索，为实现高水平有质量的教育优先发展积累了经验。另一方面以学校的特色发展为目的的预算构成中，具有学校裁量权进一步扩大的特征。推进教育行政管理部门职能转变，扩大学校办学自主权，激发学校自主发展和教育教学创新的活力，由点及面，实现区域各学校办学品质和教育教学质量的整体提升。在某种程度上，为今后如何扩大学校办学自主权探索出了一条有效的改革路径。

## 二、陕西省汉阴县政府主导推动教育优先发展案例

陕西省汉阴县属于国贫县，地方财力十分紧张。2018年7月24日，汉阴县

人民政府网政务信息公开平台发布了《关于汉阴县2017年财政预算执行情况和2018年财政预算（草案）的报告》。根据该报告，2017年，汉阴县完成市县口径财政总收入3.8111亿元；2018年，汉阴县财政总收入计划4.41亿元。在这一财政收入水平下，该县县委、县政府坚持教育优先发展战略，本着"再穷不能穷教育，教育是第一民生工程"的战略眼光，坚持实行"教育发展优先规划、教育经费优先安排、教育用地优先保障、教育人才优先引进、教师待遇优先落实、教育问题优先解决"的"六优先"措施。自2011年至2018年，汉阴县财政用于教育事业的支出累计达到7.12亿元，使全县办学条件发生了历史性改善，双高双普（即高水平、高质量普及九年义务教育和普及学前教育、普及高中阶段教育）、义务教育均衡发展均高分通过省级和国家评估验收。

教育是整个社会改革发展的重中之重，把教育工作纳入经济社会发展总体规划是政府负责的重要体现，更是保障教育公平、办人民满意教育的关键环节和现实需要。近年来，汉阴县县委、县政府出台文件，召开教育事业会议，县委、县政府负责人多次深入学校调研、现场办公，开展专题研究，实际促进教育改革和发展。这些举措，都极大地促进了汉阴县教育改革的实际进程。

2014年1月26日，汉阴县县长办公会议郑重拍板定夺："同意教育资金管理主体由县财政局调整为县教体局，财政局监管、审计局监督的管理新格局。同意县教体局在县编委办核定的编制总数内管理编制，在县人社局核定的教师岗位设置总数内管理岗位设置。"这一重大决策见证了汉阴县县委、县政府对教育高度重视，也体现了财政、人社、编办等相关部门的大力支持和配合。在财政部门的监督下，县教体局设立教育经费核算中心，在权责上实行"预算主体不变、会计法人主体不变、校财校用的权利不变"，采取"集中管理、统一开户、全额预算、分校核算、足额拨付"管理学校财务，并指导、监督和检查各学校教育经费的使用情况，审核各学校年初预算和经费使用计划，全面掌握学校财务情况，加强财务监管，防止国有资产流失。

汉阴县切实保障教育经费投入，在全力争取项目资金的基础上，积极调整财政支出结构，遵循财政预算优先保障教育的原则，严格落实"三个增长"的法定要求，持续加大教育投入，确保了全县中小学、幼儿园办学条件全部达标，为学校自主发展、自主管理提供了基础保障。其改革经验在省内以及全国范围内得以推广。

（案例来源：吕扬，冯友松.汉阴7年投入7亿元促教育发展［N］.陕西日报，2018-4-12（11）.安康市教育局，改革创新激发教育发展活力——陕西省安康市教育改革发展案例［Z］.国家教育行政学院培训资料汇编：全面深化教育领域综合改革的实践与探索——第43期全国地市教育局长研修班案例汇编，2018:46-49.冯友松，一切围绕学校转，汉阴教育换新颜——汉阴县大力推进教育综合改革发展侧记［J］.陕西教育·综合版，2017.(5):8-11.）

**案例分析：**

汉阴县案例表明，可通过以下三方面举措，确保教育优先发展战略的实施：一是政府主要领导重视，实行"一把手"亲自抓教育的管理机制。二是加强对政府履行教育职责的监管。三是实行由教育行政主管部门统筹管理教育人财物，各职能部门负责监管审核的管理新格局。通过"一把手"工程和督导考核教育业绩这两项机制，汉阴县各级党委、政府坚持优先发展教育，紧扣办人民满意教育的目标，大力加强教育事业基础能力建设，着力深化教育体制机制改革，促进全县教育事业取得了长足进步。汉阴县将教育资金管理主体由县财政局调整为县教体局，财政局监管、审计局监督的管理新格局，是政府主动作为，有利于地方政府统筹规划和发展区域教育事业发展。

**1. 政府主要领导重视，实行"一把手"亲自抓教育的管理机制，确保了教育优先发展战略的实施**

是否能够将教育与医疗、卫生等一起纳入地方经济社会发展总体规划中，切实在经济社会发展总体布局中优先安排教育发展，这关键要看政府（尤其是主要领导）对教育的重视程度。

《教育规划纲要》指出，"把推动教育事业优先发展、科学发展作为重要职责，健全领导体制和决策机制，及时研究解决教育改革发展的重大问题和群众关心的热点问题。"但由于我国采取了以县政府为主体，以县域为边界的县（区）与县（区）之间相互竞争的发展模式。在这一模式下，政府为追求最大行政效果，用于竞争性领域的投入偏多，而用于服务性领域的投入偏少，导致政府职能缺位越位、职责不清、条块分割、机构设置不合理等种种管理上的弊端，社会公共治理明显滞后于经济发展的速度。由于"一把手"的业绩导向，忽略了区域社会的协调持续和谐发展，往往对教育事业发展支持不够，教育优先发展战略得不到很好的落实，导致教育事业发展滞后于当地经济社会的发展。

汉阴县是陕西省安康市所辖 10 个县区之一。近年来，安康市实行一把手市长亲自分管教育，分管副市长协管教育机制，并要求其所辖各县也必须构建一把手亲自抓教育的管理机制。按照地方政府要求，汉阴县建立了县委书记关心教育、县长主管教育、一名县委常委联系教育、副县长协管教育的管理机制，积极解决教育均衡发展中的问题和群众关心的热点难点问题，形成党政一把手负总责、一套班子齐抓共管的工作格局，确保了教育优先发展战略的实施。

2. 在重视发挥政府主要领导的行政力量落实教育优先发展战略任务的同时，还确立了督政制度，专门对教育进行督导考核评价，以及建立了人大、政协、监察、审计等方面对教育工作的监督和县直部门联校帮扶制度，人大代表、政协委员定期视察调研教育工作，社会各界共同参与，形成良好的教育发展格局

《教育规划纲要》指出，"要把推进教育事业科学发展作为各级党委和政府政绩考核的重要内容，完善考核机制和问责制度。"政府作为提供公共产品的"第一责任人"，有没有真正做到教育发展优先规划，优先教育投入，优先保障教育人才引进等，需要通过必要的教育工作实绩考核机制，督促其有效落实教育优先发展战略。

汉阴县坚持把教育工作的目标任务完成情况作为各级党政领导政绩考核的重要内容，这是汉阴县能够坚持"教育发展优先规划、教育经费优先安排、教育用地优先保障、教育人才优先引进、教师待遇优先落实、教育问题优先解决"的重要制度保障。该县县委、县政府成立教育优先发展领导小组，将教育发展纳入各部门、各乡镇党委目标责任考核，结合各部门职能职责，建立挂联帮扶教育发展长效机制。要求各部门、各乡镇认真落实"六优先"措施，并按照"谁主管、谁负责；谁审批，谁服务"的原则，要求各部门主动解决问题，开辟发展教育的绿色通道。

3. 实行由教育行政主管部门统筹管理教育人、财、物，各职能部门负责监管审核的管理新格局，有利于教育优先发展战略的实施

国家层面倡导教育领域综合改革，要求地方政府统筹规划和发展区域教育

事业发展，但由于我国教育法律法规中关于各职能部门的教育职责规定比较宏观，还未根据当前经济社会文化发展的实际，重新规定各职能部门的教育权责利边界，因此，在教育政策执行过程中，各部门仍各自按原有的管理权限对教育经费、教育人事以及教育行政事务形成制约。形成多头管理、职责不清且相互推诿的局面，教育行政主管部门无法有效统筹人、财、物，导致地方教育改革缺乏系统性、规范性和可持续性。

汉阴县将教育资金管理主体由县财政局调整为县教体局，财政局监管、审计局监督的管理新格局，不仅解决了教育局统筹区域内教育事业改革与发展的权力问题，而且这一举措也表明，转变各横向部门各自为政，教育局缺乏统筹教育人、财、物的尴尬局面，按照"谁主管、谁负责；谁审批、谁服务"的原则，地方政府主动作为，重新协调组织好各职能部门的教育职责，这是符合当前教育综合改革的现实需要，更符合现代教育治理体系中，政府主导下，探索社会多元化参与、多样化投入或管理教育的改革目标。

## 三、湖北省荆门市兜底保障市直学校办学经费案例

湖北省荆门市位于鄂中腹地，下辖7个县市区，人口300万。2016年，荆门市对中心城区教育管理体制进行调整，将荆门市教育局直属的13所义务教育学校和幼儿园全部下划到中心城区所在的三个区，市级教育部门只举办高中阶段学校和特殊教育学校。目前，荆门市教育局所属公办高中阶段学校5所，高职高专院校1所，特殊学校1所。近年来，荆门市政府和相关职能部门多措并举，全力保障市直学校办学经费，促进了学校的稳步发展和教育教学质量的全面提升。主要做法有以下四方面：

一是全额预算。市级财政对市直学校实行收支两条线管理，其中收入包含财政拨款收入、上级补助收入、事业收入和其他收入，支出包含基本支出和项目支出。学校所有收入（主要是学费和门店收入）全部纳入财政专户，支出按照年初预算执行，支出不足的部分由财政全额兜底。支出包括教师基本工资、绩效工资、改革性津补贴、年终奖励性补贴、早晚自习和节假日超工作量报酬、高三年级教师寒暑假补课报酬及生活补贴。

二是调高标准。为了不断提高教师待遇，市教育局在充分调研的基础上，多次提请市政府召开专题会议，协商市财政局、市人社局确定提高教师待遇的具体分配方案，优先将教师绩效工资由1.0提高到2.0，再提高至2.5，为高标准发放教师绩效工资打通政策障碍。

三是加大投入。坚持落实年度预算本级财政对教育投入的"三个增长"，市级财政将市直高中学校非税收入全部返还至学校，普通高中公用经费每生每年1200元，特殊教育每生每年6500元，中职每生每年1200元。

四是整体联动。荆门市人民政府将市直义务教育学校和幼儿园管理体制下划到区以后，要求下划教师工资不低于市直教师工资水平，倒逼各区提高城区学校教师待遇，与市直学校教师保持同等水平。"三区"不仅将城区学校，而且将所属农村教师的奖励工资、生活补贴等纳入财政预算。经统计，目前荆门中心城区学校教师工资已高于当地公务员平均工资水平。

（案例来源：兜底保障学校办学经费[Z].荆门市教育局,2018.10.9.）

**案例分析：**

荆门市政府和相关职能部门多措并举，全力保障市直学校办学经费，促进了市直学校的稳步发展和教育教学质量的全面提升，在一定程度上表明，各级政府通过优化教育经费使用结构，全面实施绩效管理，建立健全全覆盖、全过程、全方位的教育经费监管体系，既可以有效提高经费使用效益，又保障了公共资源优先满足教育和人力资源开发需要。

通过不断提高教师的经济待遇和社会地位，从根本上解决当前教师职业吸引力不足以及职业倦怠问题，值得借鉴和推广。受儒家教育思想的影响，我国具有悠久的教师职业道德传统，学高为师，德高为范，已绵延润泽了数代人，并已深入国人骨髓，这是我们今后要进一步发扬光大的优秀传统。不过，伴随时代发展，作为现代人当中的一分子，教师也脱离不开以物的依赖性为基础的现代人的基本特征。因此，在现阶段，要想发挥教师的主观能动性，同样也离不开物质生活的保障和相应的激励机制。从长远来看，提高教师的经济待遇和社会地位，可作为当前全面深化新时代教师队伍建设改革的着眼点和着力点。

## 四、安徽省寿县实行县乡合力保障教育优先发展案例

安徽省淮南市寿县，通过实行县乡共管，强化发展合力机制，建章立制，强化目标考核等有效措施，通过明确县、乡（镇）政府教育事业发展职责，很好地落实了政府推进教育均衡发展的职责。2017年，寿县高分顺利通过国家督导评估认定，提前完成了创建全国义务教育发展均衡县的工作任务。

县乡共管，强化发展合力。寿县在坚持义务教育管理"以县为主"的基础上，健全完善"县、乡（镇）共管"机制，压实县级政府部门、乡镇推进教育事业均衡健康发展职责。进一步深化学区管理改革，对学区管委会的机构隶属、法人身份和教育教学管理等方面的主体作用予以明确界定；同时，建立了双重管理考核机制，学区管理委员会作为派出机构，在县教育局领导下开展工作，接受属地乡镇党委政府指导、监督、考核和日常管理；形成县教育局、乡镇学区、学校三级教育管理工作格局。切实扭转了基层教育管理"松、弱、软"现状，破解了教育管理中"看得见管不着，管得着看不见"的矛盾。

建章立制，强化目标考核。寿县将教育发展履职考核纳入乡镇和县直单位目标管理绩效考核指标体系，并加强对学区、学校的工作考核评价。印发了《寿县乡镇和县直部门教育履职工作考核办法》《寿县学区及中小学目标管理考核办法》。严格执行督导考核问责制度，县财政每年设立不少于50万元的专项奖励资金，对乡镇、县直单位、学区、学校进行考核奖励；考核结果"不合格"的乡镇和县直单位的主要领导和分管领导年度考核不得"评优评先"，原则上不予提拔交流使用；考核结果为倒数第一名的学区、学校予以通报批评，其中考核得分倒数第一且低于80分或连续两年考核倒数第一的，单位主要负责人予以免职。同时，加强督导机构和督学队伍建设，建立6个督学责任区，聘请102名县级督学，实现学校挂牌督导全覆盖，充分发挥出督学督政职能和作用。

（案例来源：淮南市教育局，县域内推进义务教育均衡发展的实践与思考——以淮南市寿县为例［Z］.国家教育行政学院培训资料汇编：全面深化教育领域综合改革的实践与探索——第43期全国地市教育局长研修班案例汇编，2018:228.）

**案例分析：**

职能是机构设置和机构改革的重要依据，只有明确各级政府具体的职能，才能有效落实教育政策和教改任务。按照2006年修订的《义务教育法》的规定："义务教育实行国务院领导，省、自治区、直辖市人民政府统筹规划实施，县级人民政府为主的管理体制"。显然这一规定明显缺乏对各级政府职能具体内容的规定。尤其是未对地市、乡镇两级行政层级做出明确的职能规定。职能界定不明确带来的最主要的问题是政令不通畅，地方政府要么不知情，要么唯上级指令，缺乏切合实际进行自主的、积极的改革动力，易导致政令过于统一僵化，行政效率低下。

在"以县为主"教育管理体制下，如何调动起乡镇一级的办学积极性，已成为落实教育优先发展战略、推动教育均衡发展的一项重要内容。对此，需要地方结合各地实情，采取合适的举措，不断加强县及乡镇（含街道）一级政府发展教育事业的主动性和积极性。寿县实行县乡共管，强化发展合力机制，形成县教育局、乡镇学区、学校三级教育管理工作格局，是调动乡镇政府办学积极性的有效探索。按照管理重心下移，尽可能就近服务的原则，通过学区管委会模式，县级政府将教育管理职责分解到乡镇一级，有效调动了县、乡镇及学校各方积极性，通过部门会商、协力联动工作机制进一步明确了教育管理职责，破解了政府间相互推诿、部门间条块分割等弊端，保障了教育优先发展，促进了教育均衡发展。

## 五、山东省青岛市制度保障教育优先发展案例

自2012年以来，青岛市建立政府优先为教育改革决策制度。该市探索优先发展教育、制度保障先行的做法被授予第3届全国教育改革创新优秀奖。

完善决策执行监督体系，建立保证教育优先发展的领导制度。一是建立政府优先为教育决策的机制。市、区（市）政府将每年9月份第一周确定为政府主要领导的教育工作周，党委政府主要领导集中研究阻碍教育改革关键领域和薄弱环节的体制机制问题，推动改革政策出台。二是建立政府主导、部门联动的重大教育工作领导、协调机制。2013年以来，青岛市教育、发改、人社、编制、规划建设等部门已先后推出了教师队伍"1+N"补充机制（注释：所谓的"1+N"机制，是指以统一招聘考录为基本形式，以面向全国引进高层次人才、赴高校选聘紧缺优秀

毕业生、面向部属院校免费师范生公开招聘、内部交流调配等方式相结合的灵活多样的教师队伍补充机制)、新建小区配套幼儿园建设管理机制、构建高等教育机构引进政策体系等14项创新举措。三是建立保障教育优先发展的考核监督机制。完善教育督导制度，成立政府主要领导亲自担任主任的教育督导委员会，加强对区（市）政府和各相关职能部门履行教育职责情况的考核。建立完善市、区（市）人大及常委会对政府落实"三个优先"和其他重要教育政策的审议制度，每年至少将一项教育工作列入专题审议和执法检查内容，很好地促进了教育难点问题的解决。

超前布局和规划，建立教育项目优先安排制度。一是建立工作布局优先安排教育项目的机制。市政府文件明确规定每年市、区（市）政府重点办好的10件民生项目要安排1—2个教育项目；发展改革委、经济信息化委、规划局、商务局等部门在制定城市空间布局、产业布局规划和引进项目时，要吸收教育部门参与，同步规划人才需求，确保了提前统筹规划学校、专业布局和人才培养项目。二是建立全域统筹、学校先行规划建设的机制。按照全域统筹、城乡一体的原则，率先启动了教育设施专项规划，在城市空间布局调整和农村新型社区建设过程中，优先规划建设教育设施。市政府还专门出台文件，明确规划、国土、建设、发改和财政等部门要按照有关法律法规和政策规定，做好教育设施供地、建设、资金保障和交付使用等工作。对不按时交付的开发商，要列入有关部门联合制裁的"黑名单"。

加大投入，建立教育经费优先保证制度。一是建立投入责任制度。从2011年起，市政府每年与区（市）政府签订教育投入责任状，确保区（市）财政投入的责任到位。二是建立生均公用经费和教师工资定期增长机制。全面建立了覆盖学前教育、义务教育、普通高中和职业学校的生均公用经费拨款制度和定期调整机制，并按照普通中小学8倍的标准保障特殊教育学校公用经费投入。坚持认真贯彻落实《教师法》，按照不低于或高于公务员工资的要求，建立了教师工资正常增长机制，在全市教育系统全面实行教师绩效工资。三是建立教育重点项目投入保障机制。坚持优先安排教育基本建设资金，探索建立改革专项投入机制，着眼于以信息化引领现代化，设立民办教育、教育国际化等专项资金，鼓励扶持民办教育发展和支持引进国外合作办学机构。

重点突破，建立公共资源优先满足教育需要制度。一是突破学校建设用地难题，各级政府的建设指标安排，优先满足学校需求。市政府明确规定"在城市空间布局调整和城镇化进程中，各级政府的用地指标和征地指标，优先满足学校建设需要"。二是突破教师队伍建设难题，事业单位招聘计划安排，优先保证教师补充。市政府要求教育、人力资源社会保障、编制等部门要根据现代化学校（幼儿园）建设和小班化改革等进程，重点补充农村中小学教师和公办幼儿教师，确保配齐配足。三是突破学生创新实践能力培养难题，文化设施等公共资源，优先满足学生发展需要。青岛全市范围内的高校、科研院所和文化、体育设施等公共资源均免费向中小学（幼儿园）有序开放。

（案例来源：孙军.《青岛市教育综合改革方案（2016—2020年）》出台[N].山东教育报（综合版），2017-02-20（1）.参考邓云峰在"第三届全国教育改革创新典型案例推选活动颁奖典礼暨中国教育创新论坛"会议发言内容[EB/OL].中国教育新闻网，2013.12.19）

**案例分析：**

1. 青岛案例表明，需要完善决策执行监督体系，建立保证教育优先发展的领导制度

一是建立政府优先为教育决策的机制，通过定期召开党委、政府主要领导集中研究教育改革关键领域和薄弱环节等规定，督促政府履行教育职责。

二是建立政府主导、部门联动的重大教育工作领导、协调机制。解决部门之间缺乏协调机制的局限性。

三是建立保障教育优先发展的考核监督机制。不仅率先在国内探索实行对政府教育管理职责问责制，而且也为后来建立对各级政府履行教育职责情况进行评价制度积累了实践基础。

依据教育行政运行特征，保障教育优先发展，重点在于提升教育政策执行过程中的规范性、专业性和服务性。青岛案例表明，通过制度化规范教育事业改革与发展，既能规范教育事业发展，又能有效推动各级政府以及各个部门有序推动教育改革与发展。

2. 青岛案例表明，地方政府正逐步从单一的保障公共财政经费优先发展教育向全面落实教育优先发展战略转变

按照教育优先发展战略设想，教育优先发展战略，不仅仅是公共教育经费优

先发展的战略,还包括在区域经济社会发展规划中要优先安排教育、在财政资金投入上要优先安排教育、在公共资源配置上要优先安排教育、在人力资源开发上要优先安排教育等,教育优先发展战略应是一套综合性的保障体系。青岛市具体从超前布局和规划,建立教育项目优先安排制度;加大投入,建立教育经费优先保证制度;重点突破,建立公共资源优先满足教育需要制度等方面,逐步在区域内探索全面落实教育优先发展战略的实际策略。

## 六、结论与启示

### (一)提高公共教育服务质量与效益,第一个关键问题在于明确政府作为提供公共教育产品"第一责任人"

教育作为区域性公共服务,必然需要构建起面向区域社会的教育行政责任体制。从目前来看,这个"第一责任人"应该是政府,尤其是地方党委和政府主要领导人。2018年9月10日,习近平在全国教育大会上讲话中明确指出,加强党对教育工作的全面领导,是办好教育的根本保证。同时指出,各级党委要把教育改革发展纳入议事日程。政府本身是受公共事业委托的代理执行机构,保障区域内每一个公民平等接受教育是政府的第一责任。

教育优先发展战略作为国家基本教育政策,是否得到有效执行,主要取决于提供公共教育产品"第一责任人"的地方党委和政府主要负责人,是否将教育事业纳入地方的德政工程,是否真正做到熟悉教育、关心教育和研究教育并履行好教育职责。实践表明,党委、政府的重视是保障教育事业持续健康发展的重要保障。

以2018年全国教育大会精神为契机,国家有必要明文规定地方政府主要领导履行好区域教育事业发展的主责,从政治高度、历史站位、国际视野的战略角度,真正将教育事业纳入地方经济社会发展总体规划中,坚持把优先发展教育事业作为推动党和国家各项事业发展的重要举措,使教育同党和国家事业、地方经济社会发展需求相适应,同区域人民群众所期待的目标相适应。

### (二)提高公共教育服务质量与效益,第二个关键问题在于对地方主要领导实行教育业绩考核制度

从决策、执行、监督"三位一体"的教育管理原理来看,明确提供公共教育

产品"第一责任人"后,还要建立起与之相应的监督机制,这是教育优先发展得以持续有效发展必不可少的制度保障。

针对政府业绩导向问题,近年来国家层面开始有效引导区域发展模式,考核指标从过去的主要以 GDP 指标开始转向区域社会发展的综合指标,促进地方政府真正面向区域社会统筹规划,培养区域所需的各类人才,逐步完善地方社会良性循环发展的公共管理体制。在教育领域,国家层面成立国务院教育督导委员会,组建专门的督导检查组,定期对省级政府履行教育职责情况进行督导评价。各级政府也开始相应地开展对地市、县区政府履行教育职责情况的督导评价。伴随对地方政府考核指标的转变,切实督促政府落实好教育优先发展战略,逐步将教育从民生工程上升为德政工程,切实将教育事业纳入地方业绩中。

**(三)提高公共教育服务质量与效益,第三个关键问题在于明确各横向部门的教育管理职责**

教育是系统工程,涉及方方面面的政府职能部门。如何构建同一水平上的组织间通过形成网络,使信息和成果共有化,同时强化多个政府机关间通过协同合作实施提供一体化的服务,成为当前深化教育管理体制改革的关键。

在国家层面还未出台有关政府内各教育职能部门之间的教育职责规定的前提下,地方政府作为教育事业发展的第一责任人,有必要主动作为,依据教育管理重心下移发展趋势,建立健全公共教育服务体系。重点解决并协调好各教育职能部门之间的教育权责利边界问题,形成部门联动机制,提高教育政策的执行力,不断提升区域教育宏观统筹和协调各方面力量办学的能力和水平。

**(四)从重点保障教育经费优先发展战略逐步向全面落实教育优先发展战略转变**

由于受地方财力以及业绩主义等因素的影响,不少地区将教育优先发展战略仅仅看作是在财政资金投入上要优先安排教育,这是不全面的,不利于经济社会全面发展。今后,国家层面应统一要求各级党委和政府,以习近平新时代中国特色社会主义思想为指导,准确把握教育事业发展趋势,从单一的财政资金投入上的优先安排逐步转向综合性保障优先安排,全面落实教育优先发展战略。

# 第三节 转变政府教育管理职能案例

构建现代教育治理体系和治理能力是一项系统工程，既是对原有教育管理体制的改进和完善，同时，也是转变教育行政行为，实现教育行政的法治化、民主化和多元化的过程。从这点来说，转变政府教育管理职能无疑成为构建现代教育治理体系的关键性环节，以转变职能为前提，探索多元治理模式，逐步构建起新的教育管理体制。

近年来，国家非常重视政府职能转变，提出通过进一步深化"放管服"改革，加快政府职能转变的力度，提高公共教育服务能力和水平。2018年7月19日，国务院办公厅印发了《关于成立国务院推进政府职能转变和"放管服"改革协调小组的通知》（国办发〔2018〕65号），通知中明确指出，为加快政府职能转变，国务院决定将国务院推进职能转变协调小组的名称改为国务院推进政府职能转变和"放管服"改革协调小组（以下简称协调小组），作为国务院议事协调机构。作为公共管理重要子系统的教育行政管理部门，将进一步落实职能转变和"放管服"改革，不断克服解决制约教育改革进程中的体制机制弊端，激发政府干事办事的活力，持续提高公共教育服务的能力和水平。

实践表明，各地区正从教育管理理念、管理模式、管理机制和管理方式等多方面探索转变政府教育管理职能。具体通过以下四方面逐步转变政府教育管理职能：一是加强教育法制建设，运用法治思维和法治方式推动教育改革。二是扩大省级政府教育统筹权，督促市、县政府切实履行教育职责。三是理顺教育管理体制，不断优化教育发展环境。四是伴随教育管理重心下移，探索多元化综合治理模式。

## 一、山东省青岛市制度保障学校自主办学案例

青岛市立足激发学校活力，以构建现代学校制度为目的，积极转变政府管

理职能，推动依法行政、依法治校的实际进程。2016年12月30日，经青岛市十五届人民政府第128次常务会议审议通过，并以市政府令第252号颁布实施了国内首个学校立法——《青岛市中小学校管理办法》，该办法自2017年3月20日起施行。

该办法共七章44条，即总则、章程与职责、学校内部治理结构、督导与考核评价、发展保障、法律责任及附则等七章内容，对青岛市中小学校内外部关系进行了比较全面的规范。

第一章第三条明确了该办法的基本原则，青岛市中小学校管理（主要指公办普通中小学校、中等职业学校、特殊教育学校）应当遵循教育规律和法治原则，建设依法办学、自主管理、民主监督、社会参与的现代学校制度。

第二章第八条对学校章程和职责做出了规定，全市中小学校应当遵守法律、法规、规章，依据学校章程自主办学。第十条规定，中小学校可以组织开发学校课程，开展课程和教学改革。学校课程改革、教学改革方案等，应当报主管的教育行政部门备案。第十二条规定，中小学校有权依法选聘教职工，按照规定实施教职工培养培训、考核奖惩和绩效工资分配。中小学校可以在核准的进人计划内，自主招聘紧缺专业和高层次人才。中小学校招聘教师时，可以在笔试前先行对报考人员进行面试筛选。中小学校可以通过购买服务的形式，配备中小学教学辅助人员、工勤人员和中等职业学校兼职教师。中小学校在核定的内设机构数量、职数、岗位总量和结构比例内，自主设置内设机构，按照规定选任机构负责人，开展教职工岗位设置、竞聘上岗和岗位聘用工作。中小学校及其主管部门对违反法律、法规、规章和教师职业道德规范要求的教师，依法依规予以处分。第十四条规定，中小学校应当依法管理、使用本单位的经费和设施，建立完善财产和财务制度，按照规定拟定单位预算并经相关主管部门批准后实施。中小学校依法自主管理预算开支内的具体事项，依法自主采购货物、工程、服务。在规定额度内的基础设施维修项目，中小学校可以按照规定组织建设、管理、验收；新建项目和超出规定额度的基础设施维修项目，由中小学校提出建设需求，提请主管的教育行政部门会同有关部门研究论证、立项实施。

第三章规范了学校内部治理结构。明确了校长、校长办公会、校务委员会、教职工代表大会、学术委员会、学生会、家长委员会等学校内部治理结构的构成与职责分工。

第四章规定了监督与考核评价内容。明确应当建立"中小学校办学绩效年度考核评价制度",并将"学校章程和发展规划"确立为中小学校办学绩效年度考核评价的依据,同时,为了保障监督与考核评价的中立性,规定"鼓励社会参与教育评价与监督"。

第五章规定在分工合作的原则下,明确了教育行政部门、发展改革、规划、财政、人力资源社会保障、编制部门、城乡建设部、国土资源部、公安派出所等各职能部门在教育设施专项规划、人员与机构编制、教育经费、校园安全等方面的法定职责,为教育发展提供有效支持。

第六章明确了相关责任主体不履行法定职责的法律责任。

第七章第四十三条规定,民办中小学的管理工作,可参照本办法执行。

(案例来源:青岛市人民政府.青岛市中小学校管理办法(政府令第252号)[EB/OL].青岛政务网,2017-2-15)

## 案例分析:

《青岛市中小学校管理办法》是全国首次通过的地方性教育法规,无论是从学校立法的先行先试的实践性来讲,还是从推动我国依法办学、依法治校和依法参与的教育法制化进程来讲,都具有非常重要的意义。

我国进入到构建法治国家的新时期,需要运用法治思维和法治方式推动教育改革发展,需要加强和改进教育法律法规体系的建设。

现代学校制度建设应具备三要素:第一,各教育主体之间关系明确且职责划分清晰,这属于现代学校制度建设的外部制度环境。第二,学校内部独立自主办学权限以及能够运用好自主管理权限的内部治理结构和能力,这属于现代学校制度建设的内部制度环境。第三,基于第三方教育评价机构的客观、中立和公正特点,构建起多元化教育评价体系,这是保障学校教育质量的关键性环节。

《青岛市中小学校管理办法》有以下几方面的特点:一是明确规范了教育行政管理部门和学校的地位、权利和责任。二是设定了学校内部治理结构与运作机制。三是确立了社会参与的法律地位。该办法第二十五条明确规定,"中小学应当成立家长委员会,代表家长参加学校民主管理。"第二十六条规定,"鼓励和支持社会参与学校治理",使家委会和社会参与制度化。四是在坚持学校自评、政府综合评估基础上,"鼓励社会参与教育评价和监督",为构建主体多元的教育评估和质量监测体系奠定了制度基础。五是建立了部门联动机制的发展保障机制,给予了学校自主发展的基本保障。该办法明确了在区域教育事务上,采取部门联动机制,在具体的教育事务中,各横向部门之间形成联动机制,共同担负起发展教育的责任。这一规定,突破了部门间各自为政、缺乏协调合作的弊端,扭转了教育部门单打独斗、无法深入开展教改的尴尬局面。

作为全国首发的学校管理法,《青岛市中小学校管理办法》的实施,为改进和完善我国教育法制体系积累了一定的经验。

## 二、"最多跑一次"改革助推浙江省温州市教育发展案例

2016年,针对群众和企业到政府办事难、办事烦等现实问题,浙江省委、省政府提出全面实施"最多跑一次"改革,推动政府转变职能、简政放权、优化服务,最终横向撬动经济社会各领域的改革,纵向撬动政府自身改革。该项改革还被列为"省长工程",成为浙江全面深化改革的主抓手。该项改革主要有三大中心目标:以"最多跑一次"倒逼各级单位和部门减权、放权、治权,形成覆盖行政许可、行政处罚、行政服务等领域的"一次办结"机制;以"最多跑一次"杜绝多头执法、重复检查,形成"部门联合、随机抽查、按标检查、一次到位"的监管机制;以"最多跑一次"来全面推行"互联网+政务服务",形成各项便民服务"在线咨询、网上办理、快递送达"的运行机制。

改革以来,温州市教育局把全面深化"最多跑一次"改革作为巩固提升温州教育的重要抓手,在紧抓行政审批事项"最多跑一次"的同时,在老百姓最关切的公共服务类事项上求突破,在"最多跑一次"服务流程上出成效。2017年5月,温州市教育局被浙江省教育体制改革领导小组确定为教育管办评分离综合改革试点地区。近年来,温州市加快推进教育管办评分离改革,持续优化教育公共服务,不断提升人民群众满意度。

2019年4月19日，浙江省委改革办（省跑改办）、浙江省教育厅印发了《浙江省教育公共服务领域深化"最多跑一次"改革行动方案的通知》（浙教法〔2019〕28号）。2019年5月，作为省级试点单位，温州市印发了《教育公共服务领域深化"最多跑一次"改革实施方案》。根据该方案，未来温州将围绕"就学""从教""办校"三类教育公共服务内容，实施15个服务项目。围绕老百姓关心的民生事项，温州市在未来几年将围绕新生入学手续、教育缴费、中考加分、学后托管等内容，实际推进教育民生实事：

一是小学新生入学报名"无纸化"。温州市将完善户籍生入学信息发布和预警机制，基于浙江政务服务网建设完善义务教育阶段新生入学在线报名平台，通过户籍、不动产登记等信息共享实现报名无纸化。2019年，50%以上县（市、区）实现小学一年级新生入学报名"无纸化"，2020年，所有县（市、区）将全面实现义务教育阶段新生入学报名无纸化。

二是学历证明和学籍办理将简化。温州市要推行学历证明自助"闪办"，2019年基于市民中心自助机、"瓯E办"、一窗受理平台等多渠道，实现全市高中阶段学历证明自助办理。学籍业务掌上办理"最多跑一次"，为中小学转学、休学、复学等学籍管理提供网上、掌上申请通道。在2020年底前，实现在校学生学籍证明、初高中阶段学历证明"掌上办理"，基本消除学生、家长来回奔波现象。

三是市本级探索开通直属中学招生掌上办功能。

四是公办中小学（幼儿园）所有收费项目掌上办。

五是推动中考加分确认实施"一件事联办"。

六是教育资源共享和托管服务覆盖面将扩大。全面推广云图书馆应用，实现云图书馆中小学覆盖面达100%。

七是提升温州教育大数据平台惠及面，在全市推广中小学生在线答疑平台，2000多名市级骨干教师常态化开展答疑，惠及全市中小学生。

八是将加快教育大数据平台建设步伐，做好数据融合贯通，形成温州教育大数据管理和应用体系。

九是普遍建立小学弹性离校制度，全面开展校内托管服务，为有刚性需求的学生家庭提供基本托管服务。2019年秋季开学前，全市范围符合条件的小学全部开展校内托管服务工作。

十是打造"高级教师职称评审"在线应用平台。2019年5月5日，温州市教育局副局长伍挺在全省"最多跑一次"改革工作会议发言中指出，温州市教育局深化"最多跑一次"改革，打造"高级教师职称评审"在线应用平台。教师职称评审是一项多达16件办事材料的"行政确认"事项，原先需要提供大量证明原件、复印件的模式让广大教师感到费时费力，也为评审过程增加了反复校验的麻烦。2018年，温州市聚焦教师切身需求，探索教师职称评审全流程网上办理，基于全国教师信息管理系统，正式上线"高级教师职称评审"应用平台。"高级教师职称评审"在线应用平台依托全国教师信息管理系统，对接"浙江政务服务网"统一用户认证体系，实现评审事项信息申报、数据核验、精准更新、结果公布"一网式"全流程在线办理。本着"让数据多跑路，让老师少跑腿"的原则，为参评教师提供便捷、流畅的评审体验，有效避免了以往评审现场翻阅大量纸质申报材料的麻烦，极大地提升了评审效率，实现评审过程智能高效。

温州市计划今后将建立"最多跑一次"改革专项督查机制，及时开展督导检查，掌握改革推进进度，并综合运用电子监察、群众测评等手段，强化监督落实，确保各项工作有序推进。

（案例来源："最多跑一次"改革助推温州教育发展［Z］.温州市教育局.我市推进教育公共服务领域"最多跑一次"改革［EB/OL］.温州网,2019.5.8.金澜,温州深化教育领域"最多跑一次"改革［J］.浙江教育报,2019-5-8（01）.）

**案例分析：**

1. 扩大省级政府教育统筹权，用行政力量倒逼改革是可行的

我国现有的法律法规条款中缺乏对各级政府教育职责的明确规定，尤其缺乏相应的刚性问责机制，这是造成现实当中"理想很丰满，现实很骨感"的教改理念和政策不能落地的主要原因。如果不打破这一局面，我国的教育改革进程将受阻不前，教育现代化目标不能顺利得以实现。

扩大省级政府教育统筹权，是中央关于深化教育体制改革的一项重要举措。目的在于通过发挥省级政府的行政力量，督促市（地）、县（区）政府履行教育

职责。自党的十八大以来，各省市区，不断深化政府"放管服"改革，逐步加大省级统筹教育管理的力度，不少省市区探索出许多新举措，有效提高了政府公共服务能力和水平，切实解决了人民群众的实际问题。温州案例表明，发挥省级政府的行政力量，倒逼市（地）、县（区）政府履行教育职责是可行的，而且是非常有效的。

省级政府是地方行政建制中最高层次的政府，地方政府是要受省级政府的考核和指导的。"最多跑一次"是浙江省推动政府职能转变的新举措，改革之初就明确提出，该项改革的目的在于推动政府转变职能、简政放权、优化服务，最终横向撬动经济社会各领域的改革，纵向撬动政府自身改革。省级政府发挥行政力量，以倒逼方式，督促各级单位和部门优化服务，克服各自为政的弊端，整合力量形成综合服务平台，各横向、各纵向部门探索构建减权、放权、治权，形成覆盖行政许可、行政处罚、行政服务等领域的"一次办结"机制，切实从人民群众最关切的问题入手，提升公共教育服务的能力和水平，不断满足人民群众的需要。

2. 转变行政行为，提高公共教育服务的能力和水平

转变政府教育管理职能，不仅仅是面向社会办事项目的服务升级，更为重要的是按照"有限政府"和"服务政府"的理念，对教育权力和相关利益进行深度调整，同时进行自我削权和自我约束，增强政府公信力和执行力，建设人民满意的服务型政府。

过去很长一段时期内，教育行政部门习惯于传统的行政化、经验式、通知命令式的教育管理方式，工作的侧重点过多地放在扩大教育规模、改善办学条件、开展教育教学改革等显性工作上，不习惯也不善于综合运用法律、政策、规划、财政拨款、标准、信息服务和必要的行政措施，引导和督促学校规范办学，以及为人民群众排忧解难。

温州案例表明，转变政府行政行为，充分利用现代信息技术手段，以信息化推进教育现代化，可以有效提升公共教育服务的能力和水平。以信息化推进教育现代化，教育信息化作为推进教育现代化的有力支撑，其作用越来越广泛。

一是实现政府信息公开。信息公开（accountability）这一概念最早起源于

美国的社区居民运动，当时主要指政府担负向纳税者说明解释税费使用情况的相应责任。发展到今天，这项制度开始涉及到需求者和供给者之间的"信赖关系""相互接受关系""满足感"和"相互理解"等多个含义。也就是说，信息公开，不仅指政务公开，还指通过信息平台形成政府与人民群众之间的信息交流、化解矛盾的有效机制。当前，社会转型期面临诸多社会矛盾，需要政府具备化解各种矛盾和风险的意识与能力。伴随信息平台多元化、方便化，通过信息平台提高政府工作的透明度，充分发挥政府信息对人民群众生产、生活和经济社会活动的服务作用，已成为当前教育领域实行政务公开以及化解教育民事纠纷的一个有效途径。2007年1月17日，国务院公布实施了《政务信息公开条例》。自此，政府机关按照政务公开要求，推动体制机制创新，开始从被动接受公开申请转变为主动推送信息。温州案例表明了政府贴近人民群众最关切的问题进行答疑和提升服务的决心，也表明了政府就近提供服务的理念，减少了社会对教育的质疑。

二是实现就近提供方便快捷的公共教育服务。世界教改发展趋势表明，公共教育管理不仅要保障教育公平、质量，还要提高公共服务水平，当前流行就近提供服务。在我国，主要体现为"放管服"改革，其目的在于提高人民群众对教育的满意度。温州案例表明，通过全面推行"互联网+政务服务"，能够方便、快捷解决人民群众的教育民生问题，形成各项便民服务"在线咨询、网上办理、快递送达"的运行机制。温州市抓住了行政审批制度改革这个关键环节，转变政府教育管理职能，减少行政审批事项，探索实行"一站式"服务，社会满意度不断提升，正向服务型政府方向迈进。

## 三、陕西省汉阴县不断优化教育发展环境案例

汉阴县委、县政府坚持简政放权办教育，采取不干预、不打扰、重支持的工作原则，将教育系统人权、事权和财权归口县教育主管部门及中小学自主管理，理顺教育管理体制，教育发展环境不断优化。

一是实施教育人事编制归口教育部门自主管理。县教育体育局（以下简称教体局）在县编制部门核定教育体育系统编制总数的基础上，结合工作实际自主灵活调配编制，将岗位设置由"到点"调整为"到镇"，各镇中心小学结合实际

合理设置辖区内学校岗位。切实增加了小学高级、中级岗位,破解了多数村级完小、初小没有中高级指标的困局,有效解决了乡村学校教师晋级的问题。

切实扩大学校人事管理自主权,各中小学可在核定的内设机构和干部职数内,按规定程序自主设置内设机构,自主选任中层干部,在核定岗位职数内按政策进行岗位设置,自主组织岗位聘任。学校自主对教师实施考评、奖励,制定教职员工绩效工资方案。在教师交流轮岗、研修学习等方面,学校可以根据实际自主安排。规范教师流动机制,印发了《汉阴县中小学幼儿园教职工工作流动管理办法》,按照"遵循编制、岗位空缺、学科配套、网上公示"的原则,实现了深山向浅山、浅山向川道、川道向城区、城区反赴农村的教师良性双向循环流动,彻底解决了教师流动渠道不畅通问题,得到了一线教师和社会各界的高度认同。

二是实施教育经费归口管理。2014年1月26日,经县长办公会决定,汉阴县教育经费管理主体由过去的县财政局调整为现在的教体局,县政府将教育财权归口教体局管理,实行教体局主管、财政局监管、审计局监督的教育经费管理新格局。自2014年起,所有中央、省、市教育资金和县级配套教育类资金全部打捆划拨教体局管理使用,在教体局成立教育经费核算中心,实现教育经费"校财局管"。在权责上实行"预算主体不变、会计法人主体不变、校财校用的权利不变",采取"集中管理、统一开户、全额预算、分校核算、足额拨付"管理学校财务。该中心还负责指导、监督和检查各学校教育经费的使用情况,审核各学校年初预算和经费使用计划,从而做到全面掌握学校财务运行情况,加强财务监管,防止国有资产流失。学校财务全部实行预算管理,给予学校充分的财务支配权,教体局根据学校的人数、规模情况,按标准及时、足额拨付学校各类经费和惠民资金,由学校按照资金使用规定自主管理使用,提高了教育资金管理和使用效益。县政府将所有义务阶段学校食堂收归学校自主经营,将学校保安、炊事员、寄宿制学校后勤岗位临聘人员的基本工资和养老保险金纳入县财政统一预算核拨,学校办公经费集中保障教育教学需求,切实减轻了学校经济负担。

(案例来源:安康市教育体育局,改革创新激发教育发展活力——陕西省安康市教育改革发展案例[Z].国家教育行政学院培训资料汇编:全面深化教育领域综合改革的实践与探索——第43期全国地市教育局长研修班案例汇编,2018:46-49.)

**案例分析：**

伴随管理重心下移，强化同一水平上的组织之间形成联动机制，通过协同合作提供一体化服务，使信息和成果共有化，这是治理理念下保障各项教育政策和制度得以有效实施的重要保障机制。反映在教育领域就是建立跨部门统筹协调机制，形成由教育行政部门统筹教育人财物管理、相关部门联动的一体化、合作化公共教育服务机制。

自《教育规划纲要》颁布实施以来，国家层面多次提出，各级党委和政府在坚持教育优先发展的同时，还要建立健全统筹有力、权责明确的教育管理体制，逐步转变政府教育管理职能。但我国现有教育法律法规中，缺乏对各级政府以及政府内各职能部门教育职责的明确规定，这导致"以县为主"教育管理体制中，教育行政主管部门既无法协调各横向部门的主动性，也不能有效调动乡镇一级政府管理教育的积极性，成为制约当前教育改革与发展的主要的制度性缺陷。由于缺乏一体化、合作化机制，"以县为主"的教育管理体制的优越性没有得到有效发挥，教育改革与发展更多受制于区域经济发展水平。

如果说教育发展水平受制于地方财力的话，那么汉阴县的案例则表明，通过政府主要领导的推动，是可以有效解决教改过程中部门之间不协调、不合作等棘手问题的。汉阴是国贫县，财力非常紧张，因地方党委、政府高度重视教育，通过建立健全党委统一领导、党政齐抓共管的工作体制，将教育人财物管理有效统筹到教育行政主管部门，解决了教育实行多头管理、职责不清且相互推诿的难题，形成了部门各负其责，共同履行好教育职责的局面，其教育发展环境有了较大的改善。

汉阴县案例表明，实行党的全面领导，采取党政齐抓共管的方式，推动各级政府和各部门履行教育职责，成为当前落实各项教育政策和重大教改任务的重要组织保障。近年来，汉阴县实行"一把手"亲自抓教育的管理机制，建立了县委书记关心教育、县长主管教育、一名县委常委联系教育、副县长协管教育的管理机制，形成党政一把手负总责、一套班子齐抓共管的工作格局。在这一管理格局下，将教育系统人权、事权和财权归口县教育主管部门及中小学自主管理，形成由教育行政部门统筹教育人财物管理、相关部门联动的一体化、合作化公共教育服务机制。理顺教育管理体制，教育发展环境不断优化。

汉阴县案例同时也反衬出，转变政府教育管理职能之所以进展缓慢，与地方政府未能做到"一切以人民为中心"，未能把教育摆在国之大计、党之大计的高度去履行教育职责有直接关系。在现阶段，政府职能转变，面临着政府由"管制者"向"治理者"角色转换的"差位"的问题，即职能转变面临人的现代化的问题。

理顺管理体制，优化发展环境，都属于外围条件的改善，是为学校自主发展创设良好外部发展环境，转变职能最终的目的是促进现代学校制度建设。在构建了教育行政部门统筹教育人财物管理的体制环境后，汉阴县政府通过法律法规、基本教育政策、学校标准化建设、学校发展规划等环节对学校进行相应指导和管理，在此前提下，向学校下放了具体的人财物管理权限，通过扩大学校办学自主权，充分调动了学校办学的积极性、主动性和创造性，增强了学校自主办学的内生动力。

## 四、北京市朝阳区构建共商共治教育治理案例

社会治理是通过共商共治机制，共同凝聚社会共识、解决社会问题，促进社会和谐发展的动态过程。社会治理是北京市《朝阳区国民经济和社会发展第十三个五年规划纲要》中的重点专项规划，主要围绕党委领导、政府主导、社会协同、公众参与、法治保障五个方面进行全面部署，是2016年至2020年该区加强和创新社会治理的发展蓝图，是全面推进朝阳社会治理的行动纲领。

朝阳区的义务教育改革是全区整体改革的一部分，必须与区域的政治经济建设相适应，同时为区域的政治经济建设服务。按照区政府的总体部署，2016年，朝阳区在尊重学校办学自主权的前提下，以"共商共治"为核心思想，构建义务教育学区治理新模式，逐步构建广泛参与的共商共治机制。

一是逐步构建广泛参与的共商共治机制。各学区组建了学区发展理事会，制定学区章程，选举了学区理事长（理事长主要由学区内学校校长担任）、副理事长。逐步吸纳人大代表、政协委员、街乡代表、社区居民、家长委员、知名人士等成员参加，定期召开协商会议，共同研究资源统筹、队伍建设、课程整合、特色发展等工作，形成学区内部与外部结合的运转体系，搭建街（乡）、社区、学校相互融通的育人网络，促进学区、片区内运转正常，稳定发展。

二是组建"五位一体"的学区组织框架。以学区理事会、党建研究会、督学责任区、培训共同体、教研共同体"五位一体"的组织体系为框架，遵照学区章程、议事规则共同协商、共同治理学区事务，提升学区管理的民主化、法治化水平。教研、培训部门以学区联片等方式整合力量，统筹教研培训内容、统筹人力资源、统筹质量管理，促进教育水平整体提升。

三是深化"协同发展"的学区评价方式。进一步简政放权，促进管办评分离，强化学区目标责任，建立全面评价、综合考评的标准，逐步引入第三方评价机构，强化学区综合评价机制，以学区整体均衡性考评为杠杆撬动学区内各校的交流、合作、共享。同时参照学区考核评价结果，对均衡发展效果好、均衡化程度较高的学区注入引导性资金，激发办学活力，促进学区、学校进一步协同发展。

四是搭建教育资源"四共享"平台。在明确权属、责任的基础上，学区内共享设施设备、骨干师资、优质课程、信息网络等，打破资源使用壁垒，变学校独有独用为学校所有学区共用，提高资源利用率和使用效益，拓展育人空间，扩大受益群体覆盖面，探索人才培养新模式。

五是构建特色人才"一贯制"培养体系。以满足学生个性发展需要为目标，对接学区中小学课程特色，谋划特长培养格局，探索特色培养规律。

（案例来源：北京市朝阳区教育委员会，朝阳区教委《关于实行义务教育学区化管理的工作意见》（试行）[EB/OL].北京市朝阳区教委官方网站，2015.11.26. 北京市朝阳区人民政府，《朝阳区国民经济和社会发展第十三个五年规划纲要》[EB/OL].北京市人民政府官方网站，2017.5.26. 北京市朝阳区教育委员会，2016首都基础教育大扫描之区域发展篇[EB/OL].民生网，2017.2.4.）

**案例分析：**

按照教育服务供给主体多元化的治理理念，公共资源提供者将多元化，既有官方的，又有民间的。推动社会参与常态化，建立健全社会参与学校管理和教育评价监管机制，构建共治、共建、共享综合教育治理格局，已成为当前推进教育治理体系现代化的重要组成部分。

朝阳区以学区化为单位，鼓励引导社会力量参与学校管理，正在探索建立党委领导、政府主导、社会参与、多元供给的社会服务模式。按照现代学校制度理念，鼓励社会参与学校管理。每一个学区都建有学区发展理事会，理事会成员除了学校校长等管理人员外，还吸收了区域内人大代表、政协委员、街乡代表、社区居民、家长委员、知名人士等成员参加。培育社会第三方机构参与学校评价，以学区整体均衡性考评为杠杆撬动学区内各校的交流、合作、共享。这一探索实际适应了教育治理权力多元化的特征：

一是实行共治、共建、共享综合教育治理，打破了政府一统天下，包揽办学格局，让各种教育利益相关者实际参与进来，并由被动的管理者变为主动的管理者。

二是多元化强调协同合作，在民主协商的氛围中提高管理效能，提高服务质量。以学区理事会、党建研究会、督学责任区、培训共同体、教研共同体"五位一体"的组织体系为框架，有利于整合各部门力量，统筹教育教学和人力资源，可实现学区内教育水平整体提升。

三是多元治理格局中，政府仍然起主导作用。首先，上级政府通过政策支持、服务支持、经费保障等为基层政府提供充足的资源。朝阳区以学区化为单位，组建了由两委一室（区委教育工作委员会、区教育委员会以及区政府教育督导室）主要领导人和其他处室的处级领导组成的领导机构（领导小组）。另外，为加快构建义务教育学区化管理体系，提高学区化改革工作的科学性、可行性、实效性，在领导小组指导下建立由两委一室主管领导牵头，相关科室、部门负责人组成的工作机构（工作小组）。每一个学区都有相应的两委一室的主要领导和相关科室作为具体联系人。其次，通过各利益主体之间的沟通交流，实现信息通畅、获得基层和家长的理解与支持，可以进一步完善治理方案。

## 五、结论与启示

转变政府教育管理职能，需要在观念上牢牢树立起以学校发展为核心的教育行政理念，并按照现代教育治理理念，逐步从管制型政府向服务型政府、由经验型政府向法治型政府、由全能型政府向专业型政府方向转变。缺乏理念引领的改革，形式变化多，实际进步小，因此，需要各级政府依据治理理念，不断转变观念，尤其转变依靠经验管理的方式，逐步构建起法治化、制度化、专业化的公共教育管理体制。

## （一）法治建设成为当前政府职能转变最为迫切的改革内容

简政放权、推进"放管服"改革、转变政府管理职能，构建服务型政府等一系列改革都属于外围改革，这些改革最终目的是构建现代学校制度。现代学校制度建设，既离不开制度化的外部管理环境，同时也离不开依法依章治校的内部管理环境。

依法办学是法治原则对学校治理方式与手段的总体要求。通过制度规范和制约学校管理的权利运行，既体现了法治要求对学校管理的统摄和规范功能，同时，也体现了依法保障教育各主体的权利与义务的法律救助机制。只有事先通过法律法规对学校和政府各自管理权限进行具体的规定，才能明确政府向学校下放管理权限的具体范畴，学校则依据法律法规真正落实法人地位，实现依法自主发展，激发办学的主动性和积极性。权力与责任是相伴随的，可以说实行权责让渡，就是给学校充分的自主权力，同时也是建立一种责任分担机制。青岛市案例表明，通过加强地方教育法规建设，运用法治思维和法治方式推动教育改革，开始探索构建依法行政、依法办学和依法参与的现代教育治理新格局。

## （二）提升教育政策执行过程中的规范性、专业性和服务性

依据教育行政运行特征，转变政府教育管理职能，重点在于提升教育政策执行过程中的规范性、专业性和服务性。从有效执行政策范畴来看，作为教育行政管理主要职能部门的政府（主要指教育局），需要加强其教育管理专业化水平，在专业化过程中，通过提升制度化水平保障教育改革与发展成为最为核心的内容。

教育政策是否得到有效执行，在很大程度上取决于教育政策执行力。所谓的政策执行力主要是指依靠行政组织权威，以行政命令、通知、指示、规定及规章制度等方式，按照行政组织特有的运行方式实施政策的方法与能力。其特点具有权威性、强制性、直接性、无偿性、时效性。教育行政运行系统不同于一般行政运行系统，主要区别在于：一是教育行政是以制度化教育为对象的，教育政策的执行需要考虑不同学段、不同类型学校特征。相比一般行政，教育政策的执行更具有规范性、制度性，其直接性特征不明显。二是教育行政是依据公共权力的行政，具有非权力、专业指导的属性，相比一般行政，教育政策更具有服务性、

专业性，其权威性和强制性特征比一般行政更为弱一些。三是教育行政必须立足于育人这一特殊性质，因儿童青少年发展的特殊性，决定了教育政策的执行过程是系统规划、整体推进的复杂过程，相比一般行政，教育行政更需要系统性、协同性特征。

### （三）转变政府单一垂直管理模式进而向多元化、多样化、协商治理模式转变

组织是一个依赖环境并受环境影响的社会系统。[①] 环境是指系统边界之外的一切事物，这些事物或影响系统内部成分的特性，或是被社会形态本身所改变。[②] 目前，转变政府教育管理职能，很重要的一个方面，就是要打破政府单一投入和管理的封闭系统，尽可能面向区域社会开放办学，鼓励教育利益主体参与学校管理过程，实现共建、共治、共享的多元治理局面。

按照现代治理理念，在当前，转变政府教育管理方式的现实目标之一是转变政府单一垂直管理模式进而向多元化、多样化、协商治理模式转变，最终构建起网络化的社会服务体系。

---

① [美]韦恩·K.霍恩，塞西尔·G.米斯克尔著.教育管理学：理论·研究·实践[M].第7版.范国睿主译,北京：教育科学出版社，2007：18.

② [美]韦恩·K.霍恩，塞西尔·G.米斯克尔著.教育管理学：理论·研究·实践[M].第7版.范国睿主译,北京：教育科学出版社，2007：20.

## 第四节　教育管办评分离改革案例分析

2013年11月15日公布的《中共中央关于全面深化改革若干重大问题的决定》（以下简称《决定》），阐述了我国全面深化改革的重要意义，总结了我国改革开放以来的历史性成就和宝贵经验，提出了全面深化改革的指导思想、总体思路、主要任务和重要举措。《决定》成为指导未来我国全面深化改革的纲领性文件。《决定》中关于转变政府职能方面有以下规定：一是加强中央政府宏观调控职责和能力，加强地方政府公共服务、市场监管、社会管理、环境保护等职责。推广政府购买服务，凡属事务性管理服务，原则上都要引入竞争机制，通过合同、委托等方式向社会购买。优化政府机构设置、职能配置、工作流程，完善决策权、执行权、监管权既相互制约又相互协调的行政运行机制。二是推行地方各级政府及其工作部门权力清单制度，依法公开权力运行流程。完善党务、政务和各领域办事公开制度，推进决策公开、管理公开、服务公开、结果公开。三是进一步简政放权，深化行政审批制度改革，最大限度减少中央政府对微观事务的管理，市场机制能有效调节的经济活动，一律取消审批，对保留的行政审批事项要规范管理、提高效率。四是推动公办事业单位与主管部门理顺关系和去行政化，创造条件，逐步取消学校、科研院所、医院等单位的行政级别。五是中央成立全面深化改革领导小组，负责改革总体设计、统筹协调、整体推进、督促落实。《决定》成为全面深化教育领域综合改革的纲领性指导意见，根据《决定》意见，当前全面深化教育领域综合改革的核心任务有三个方面：一是育人为根本，核心是全面贯彻教育方针，全面实施素质教育；二是推进招生考试制度改革，主要是以考试评价和招生制度改革引领人才培养模式的改革；三是深入推进管办评分离，实行教育管理体制机制改革。

为进一步健全教育管理体制，加快推进教育治理体系与治理能力的现代化，经国家体制改革领导小组同意，2015年5月4日，教育部颁发了《关于深入推进教育管办评分离改革的实施意见》(教政法〔2015〕5号)(以下简称《意见》),就深入推进教育管办评分离改革,促进政府职能转变提出了原则性的指导意见。

《意见》包括5个部分(共22条)。

第一部分,总则。主要指出推进管办评分离的重要意义、改革目标和总体要求。重要意义为构建政府、学校、社会之间新型关系,是全面深化教育领域综合改革的重要内容,是全面推进依法治教的必然要求。改革目标为基本形成政府依法管理、学校依法自主办学、社会各界依法参与和监督的教育公共治理新格局,为基本实现教育现代化提供重要制度保障。总体要求为坚持权责统一,形成决策、执行、监督相互协调、相互制约的治理结构;坚持统筹兼顾,采取中央与地方、顶层设计与基层探索、整体推进和先行先试等相结合方式;坚持放管结合,该放的放,该管的管好。坚持有序推进,采取因地制宜,因校制宜改革措施。

第二部分,明确政府如何"管"。围绕推进依法行政,形成政事分开、权责明确、统筹协调、规范有序的教育管理体制方面等对政府职能转变提出了7个具体要求。(1)加大政府简政放权力度;(2)推行清单管理方式;(3)加快国家教育基本标准建设;(4)健全依法、科学、民主决策机制;(5)建立健全教育行政执法机制;(6)加强和完善政府服务机制;(7)加大行政监督和问责力度。

第三部分,明确学校如何"办"。围绕推进政校分开,建设依法办学、自主管理、民主监督、社会参与的现代学校制度提出了具体要求。(1)依法明确和保障各级各类学校办学自主权;(2)加强学校章程和配套制度建设;(3)完善学校内部治理结构;(4)健全面向社会开放办学机制;(5)完善校务公开制度。

第四部分,明确社会如何"评"。围绕推进依法评价,对建立科学、规范、公正的教育评价制度提出了具体要求。(1)推动学校积极开展自我评价;(2)提高教育督导实效;(3)支持专业机构和社会组织规范开展教育评价;(4)切实保证教育评价质量;(5)切实发挥教育评价结果的激励与约束作用。

第五部分,对如何贯彻落实好《意见》提出了相关要求。作为转变政府职能、深化教育综合改革、推进依法治教的重要任务和有效抓手,高度重视和落实,试点推进。

按照"顶层设计与基层探索、整体推进和先行先试等相结合方式"推进的指导意见,目前,国家层面确立了12个管办评分离试点单位,即北京市东城区教委、上海市教委、无锡市教育局、浙江省教育厅、青岛市教育局、重庆市江津区人民政府、成都市教育局、克拉玛依市教育局为全国教育管办评分离改革综合试点单位,乌兰察布市教育局、沈阳市教育局、佛山市顺德区教育局、西北大学为单向试点单位。此外,也有不少地区结合区域实情,正在系统探索推进教育管办评分离改革,以此深化教育管理体制机制改革,促进政府职能转变。

近年来,一些地区已着手对原有教育管理体制机制中不适应当前教改发展趋势的弊端进行改进和完善,重点从转变政府教育管理职能、探索现代学校制度和引入社会上第三方专业机构参与学校评价等层面深化区域教育体制机制改革,正在摸索出一个具有中国特色的教育治理新局面。

## 一、山东省青岛市管办评分离改革案例

青岛市以构建现代教育体系为目标,将教育管办评分离作为教育管理体制改革的重点,积极转变"管"学校的思维,建章立制,加强法制化管理;规范管理,实行清单化管理;鼓励社会参与,探索构建多元化教育评价体系。经过十多年的实践探索,目前已初步构建起政府依法管理、学校依法自主办学、社会各界依法参与和监督的教育治理新格局,为率先实现教育现代化提供了重要制度保障。

青岛市先后成为教育部批准的8个教育行政执法体制改革试点单位(上海市、青岛市、太原市、徐州市泉山区、金华市义乌市、深圳市福田区、南宁市和毕节市)之一、全国教育管办评分离改革综合试点单位。近年来,按照先行先试的制度设计,青岛市不断深化教育体制机制改革,聚焦管办评分离改革,重点从以下三方面推进:

1. 优化管理职能,推动政府依法行政。强化立法引领,在全国率先开展学校立法,以政府规章的形式颁布实施《青岛市中小学校管理办法》,明确了政府、学校、社会权责,保障和推动学校依法自主办学。全市地方性教育法规达到6部,政府规章达到3部,覆盖学前教育、职业教育、民办教育、校舍规划建设、教育督导、教师等领域,立法数量居单列市首位。强化执法引领,在全国率先成立审批执法处,建立教育、公安、工商、民政等12部门联席会议制度,组建教

育违法行为社会监督员队伍,探索教育内部综合执法、部门间协同执法和社会广泛参与的行政执法新格局。加大违法办学行为查处力度,推动教育行政部门职能由重审批到重监管、由主要依靠行政手段向主要依靠法治手段转变,维护了教育的良好秩序。

2. 实施清单管理,促进学校依法治理。围绕推动学校依法自主办学、特色发展,坚持政府简政放权、学校科学接权用权同步推进,全面梳理政校权责,制订"三个清单":"学校权限下放清单",将副校长聘任、教师选聘、招生等4方面14项管理权限下放给学校,扩大学校办学自主权。"学校管理权限清单",借鉴行政审批制度改革等做法,要求学校对下放的自主管理权限、重大决策事项和涉及师生利益的事项,按照重大决策程序和民主程序的要求,逐项梳理依据、工作流程、办理机构等,采取"一事一单一制度"形式,面向社会公布,推动学校权限依法、民主、规范运行。"底线清单",转变注重事前管理的方式,设置两方面42项底线管理指标,明确对校级干部故意或者过失不履行、不正确履行职责等36种情形实行问责,改变学校对传统行政管理的依赖,激发了学校依法自主办学活力。

3. 创新督导评估,推动教育科学评价。在规范化上着力,完善督政机制,建立政府有关部门履行教育工作职责考核和区市教育重点工作定期公示制度,增强督导实效;同时,优化整合各类检查考核评估项目,本着"非必须不检查"的原则,未列入清单的一律不得开展检查评估,减轻区市和学校的负担。在多元化上着力,健全社会参与学校监督评价机制,结合校长职级制的实施,构建教职工、学生、家长、同行组成的四位一体的学校评价体系,推动了开门办学。在专业化上着力,探索第三方评价学校教育机制,依托中国海洋大学"青岛市教育评估与质量监测中心",建立包括课业负担、教学质量、体质健康在内的教育质量监测机制,监测范围已经覆盖普通中小学和中职学校。

(案例来源:青岛市深入推进教育管办评分离改革[EB/OL].青岛市教育局官方网站,2017.6.9.)

**案例分析:**

教育管办评分离改革,主要是针对原有教育管理体制中政府垄断教育资源、实行单一化管理带来的弊端而提出的，改革首先要从政府自身转变其管理职能做起，这就看政府部门愿不愿意放权，能不能承担得起因改革而带来的风险。

1. 政府主导，教育部门系统设计并推动部门间协商推进

在推进管办评分离改革上，青岛市政府部门首先下定了改革的决心，决心要改变政府垄断办学的局面，转变政府原有的"管"学校的方式，运用现代公共治理理念，提高依法行政、规范管理和民主管理的能力和水平，实现教育家办学，不断满足人民群众对优质教育资源的现实需要。

有了改革的决心，只是表明认识的到位，要想真正推进改革，必须在现代公共治理理念指导下，结合区域实情，系统设计，具体实施。

在推进管办评分离改革之前，青岛市教育局事先做了很多艰苦细致的工作。改革之初，教育局负责人认识到，只有校长具备了一定的办学理念和管理水平的前提下，政府才能具体向学校放权。对此，教育局层面先对全市校长的专业水平做了专题调研。调研表明，部分校长已具备一定的自主办学的能力和水平，由此，决定采取试点实行校长职级制改革。

校长职级制改革，因涉及校长职级工资补助、校长管理权限等诸多重大问题，青岛市教育局多次与横向部门进行协调协商，并通过上市委常务会等方式得到主要领导的支持。最终于2013年，青岛市在36所市管学校先行试点实行职级制改革，成为山东省继潍坊市之后第二个取消校长行政级别的城市。2014年，在全市全面推行校长职级制改革，推动教育家办学。青岛市校长职级制实行4级10档。职级制改革释放了校长的办学空间，激发了办学积极性。青岛市实验高中（原15中学），在校长带领下，利用新建校区机会，实行全面全员全程选课走班，实现"一生一课表"，使学校面貌焕然一新，在两年多时间内打造出了全新的办学理念和管理方式。

有了校长的办学积极性，政府放权就有实际可操作的空间。青岛市教育局在争取实施校长职级制的过程中一开始就得到了市委、市政府的大力支持。在此基础上，教育局进一步取得市委、市政府的支持，再多次与各个横向部门协商协调，于2014年出台了《青岛市关于推进教育管办评分离改革的实施意见》（以下简称《意见》），该《意见》明确了改革的指导思想、主要策略，规定了改革的程

序等。《意见》的制定得到了市委组织部门等的合理参与,增强了《意见》相关要求得以实施的权威性。与《意见》相适应,还制定了18个子文件。教育局作为政府管理教育的主要职能部门,自身制定权利清单,教育行政机关向学校下放管理权限:一是下放经费使用权,改为教育局集中精力办大事,其他所有生均经费下放给学校。这时,出现经费按什么程序、怎么花等问题,主要是怕出现花不好、花不完等问题。对此,教育局采取改进策略,即遵照依法治校原理,为相关学校提供相应培训。二是人事权力下放,重点与人事部门沟通。先从教师招聘环节进行改进——学校具备教师招聘权、面试前置权(3到5人)。这时,出现的问题是如何保障招聘过程中的公平公正,教育部门一方面自身争取,通过追责等方式尽力保障,另一方面真出问题时,则采取收回前置权的办法。同年,《青岛市市北区人民政府关于推进依法治校、建设现代学校制度的意见》正式颁发。该文件明确了区教育、财政、人力资源与社会保障、编制等部门与学校在办学中的管理权限范围,从人、财、物和教育教学管理四个方面梳理了10项自主权清单,全面落实与下放给区属公办校。

2.强化行政执法能力,结合"放管服",提高监管力度

按照"建立健全教育行政执法机制"的指导原则,青岛市整合行政审批、综合执法职能,成立了行政审批执法处,强化行政执法职能。其职能是负责制定教育行政审批和行政执法工作计划及相关制度并组织实施。承担市教育局行政审批事项、服务事项的办理及平台维护工作;组织拟订行政审批事项批后监管制度;负责查处学校违法办学行为、社会非法办学行为及教育领域违法违规行为;指导区市政府教育行政执法工作。负责行政审批大厅教育服务窗口的日常管理工作。依法确定了执法重点和具体的违法情形,制定了《青岛市教育局行政处罚裁量标准》,规范行政裁量权行使。加强行政执法队伍专业化建设,全面推行机关公务员持证上岗制度。另外,建立教育行政执法共同责任机制,形成教育行政执法合力,市教育、公安、民政、人社、城管、食药、工商、法制、金融、物价、国税、文化等12个部门建立教育行政执法联动协作机制。联动机制包括五项制度:一是联席会制度(定期,市教育局是召集人);二是业务协调例会制度(不定期,确定联合执法内容方式等);三是快速联动工作机制(针对突发或重大事

件,一般3个工作日,特殊1小时内到位);四是日常联合巡查与集中整治相结合的工作机制(不定期,由教育、公安、工商、民政、消防部门组成);五是联络员制度(负责上述工作的联络、协调及落实)。

按照"放管结合,该放的放,该管的管好""加大行政监督和问责力度"的指导原则,青岛市政府在向学校下放管理权限的同时,完善学校的问责机制和考核机制。首先,完成新一轮学校章程的修定。其次,实施底线清单管理,设置42项底线管理指标。市委组织部门介入每年对学校的考核,加强考核力度。第三,通过绩效考核,奖励学校有特色办学行为,允许学校创新分配。另外,对有住宿的学校,市政府也有相应的补助。

3.打破政府单一评价方式,探索构建多元评价体系

现代教育治理理念下,转变政府教育管理职能,重建政府、学校和社会关系,更加重视发挥"决策—执行—监督"的教育管理功能,在加强政府依法行政、学校依法办学的同时,为了保障教育的公正、公平和质量,必须要打破政府单一评价的局面,探索构建主体多元的教育评价体系。青岛市围绕中小学教育质量综合评价改革,探索构建多元化教育评价体系。

一是加强保障体系建设。(1)团队保障。充分利用高校资源,积极培育本土化的第三方教育专业评价机构,组建青岛市教育评估与质量监测中心。(2)保障经费。2014年起,设立教育质量综合评价改革专项经费,并随着教育质量综合评价工作的不断深入,逐年增加经费投入。(3)充分运用教育测量评价技术、现代信息网络技术和大数据分析技术,开展综合评价改革实践。加强信息化平台保障,自主开发"青岛市中小学教育质量综合评价数字化管理平台"和"教育质量监测基础数据库平台"。

二是加强评价指标体系建设,突出教育质量综合评价改革的导向性。坚持以学生发展为核心,坚持引领学校自主发展,坚持多元评价。

三是深化教育质量综合评价结果应用,充分发挥评价的诊断、引导作用。(1)为政府决策提供科学依据,对区县和学校考核。(2)为学校管理改进开"药方"。(3)将评价结果作为引导社会树立全面的教育质量观的有力抓手,引导社会和家长树立正确的人才观和成才观。

通过上述努力，青岛市基本上形成促进发展、职责明确、规范长效的教育质量管理工作机制，构建了以政府为主导、以学校为主体、以第三方教育评价专业机构为依托的区域中小学教育质量综合评价模式和机制，积极探索构建多元化教育评价体系。并开始尝试发挥教育评价在政府教育决策、学校诊断和学生学业发展中的专业指导作用，切实发挥教育评价结果的激励与约束作用。

经过多年持续探索与实践，青岛市通过推进教育管办评分离改革，在深化教育管理体制改革过程中积累了一定的经验与教训。主要有以下三方面的经验：

一是充分发挥地方政府制定教育法规的职能，加强地方教育法规建设的力度。按照《宪法》第一百条规定，省级以及设区的市的人民代表大会和它们的常务委员会，在不同宪法、法律、行政法规和本省、自治区的地方性法规相抵触的前提下，可以制定地方性法规，报全国人民代表大会常务委员会备案或报本省、自治区人民代表大会常务委员会批准后施行。

青岛市是副省级城市，为激发学校活力，按照"运行法治化（依据宪法和教育法规）"的教育治理体系现代化的基本特征，2016年12月30日，青岛市颁布实施了国内首个学校立法——《青岛市中小学校管理办法》（以下简称《办法》），自2017年3月20日起施行。该《办法》明确规定，全市中小学校应当遵守法律、法规、规章，依据学校章程自主办学。中小学校可以组织开发学校课程，开展课程和教学改革。学校课程改革、教学改革方案等，应当报主管的教育行政部门备案。

该《办法》具有地方教育法规的刚性作用，明确了政府、学校和社会各自的职责范畴，一方面通过法律约束政府行为，严禁政府超越法律规定滥施职权；保障政府能够公正有效行使公共权力，保障教育的公平与公正的实施，维持一定水准的教育质量。另一方面规范学校办学行为，明确自主办学的权限与职责，可做到办学有法可依，从而使得政府和学校在教育治理过程中都有明确的依据。该《办法》还明确了社会参与教育的职责范围，以避免政府忽视对社会整体利益保障的弊端。

二是放权与监管同步，实施清单化管理和底线管理，加大政府的监管力度，给予相应的扶持政策。实践表明，通过简政放权，可在一定程度上扩大中小学的办学自主权。不过，这一过程中也出现了一些问题，主要是简政放权过程中政府与学校之间形成了新的博弈。有些地区，放权的同时监管没有跟进，因而出现校长滥用职权的现象。这是造成不少地区不敢放权或者说不敢制度创新的主要原因之一。青岛市在实行放权过程中，也遇到一些校长滥用职权的情况。以招聘教师面试前置权为例，就有个别校长利用人情关系的现象，对此，青岛市教育局采取了发现违规面试行为将取消该校面试前置权的措施。另外，伴随经费管理权限的下放，一些校长也面临不会使用或者说缺乏学校经费管理和使用的相关知识的问题，对此，教育局专门设立相应的专题培训，提高学校经费管理专业知识。通过多次总结和提升，青岛市制定了《青岛市教育局直属学校校级干部问责暂行办法》，明确对校级干部故意或过失不履行、不正确履行职责等36种情形实行问责，更好地激发学校依法自主办学活力。

三是创新督导评估机制，探索构建多元化评价体系。除了学校自评、政府综合评价以外，家长、教师、学生和同行以及社会专业机构也开始参与到学校评价规划中。青岛市在加强政府督导职能的同时，开始通过社会满意度调查、引入第三方教育机构开展教育质量综合评价等措施，具体探索构建多元化教育评价体系。

教育管办评分离改革是一项系统复杂的工程，伴随改革的不断深入，在具体推进过程中还面临诸多困难和问题。从青岛案例来看，目前主要面临以下三方面的问题：

一是各级政府之间以及各部门之间的权责边界还不够清晰。以课程管理权限为例，如何做到国标、省标、校本化课程合理开设，才能真正满足学生个性化、因材施教的现实需要，这需要明确各级政府的相应职责和权利。各横向部门之间还未形成有效的联动机制。按照原有教育管理权限，各个部门从各自利益出发，不愿放权。以校长职级制为例，由于职级制改革涉及财政、人社、组织等部门，需要这些部门的配合和协助，才能有效实施，而职级制制度设计本身缺乏法律刚性规定，哪些事情由哪些部门参与，各横向部门之间还未建立起有效的合作机制，有些部门或机关还没有做好相应准备的情况下，想要推进职级制改革，只能依靠政府主要领导的重视和支持。所以，至今为止，青岛市有些区县政府主要领导重视了，就推进的比较顺利；有些区县主要领导还没有给予足够重视，职级制各项政策的落实就受到了影响，职级制改革进展还不是很顺利。

二是学校内部治理结构和治理能力还不健全。通过的地方法规——中小学管理办法，只是解决了学校与政府之间关系问题，即政府、学校各自的职责、义务和监管任务。还未明确设计和完善学校内部治理结构和能力，这说明青岛市教育管办评分离改革还处于学校外部环境的创设层面，还未涉及学校内部治理层面。

三是在如何购买第三方服务上还缺乏有效机制。主要问题是由政府主导培育的第三方教育机构，在某种程度上还不能称为真正意义上的第三方机构，还未能具备既不属于政府又不属于学校的"第三方"机构性质，还不能完全做到客观、公正地评价。另外，政府主导下的第三方机构，还面临在实施购买服务上面临实际困难、对其运行效果难以评价等困难和问题。

## 二、江苏省无锡市管办评分离改革案例

无锡市市委、市政府在全国率先实施社会事业政事分开、管办分离改革的战略决策。无锡的"政事分开、政资分开和管办分离"改革，具体在卫生、教育、文化和体育四个行业展开。其中，教育是重点。无锡在教育领域实行管办分离的具体举措有四方面：一是先解决政府越权办学的问题，将市属义务教育学校划归各区县管理。这是落实"以县为主"义务教育管理体制的一项重要任务，无锡市政府为此专门下发了《关于市属义务教育阶段学校划归各区管理的实施意见》。根据这一文件精神，无锡市教育局在广泛听取各区和有关学校意见的基础上，就划转工作与市发改委、市财政局、市人事局等部门协商，对划转学校的人、财、物进行具体测算，精心组织各项具体工作，确保了各相关学校顺利、无债务划归各区管理。二是成立"学校管理中心"，解决政府管办合一问题。该中心和教育局相对独立运行，中心作为政府出资人代表直接受政府领导，其职责是负责经营市属高中及中、高等职业技术学校。三是市教育督导建制单列。将原来的市政府教育督导室与市教育局合署办公调整为单独设置。独立建制的督导室领导机构由主任督学（同时是市委教育工委委员）、副主任督学（同时是市委教育工委委员）、副调研员共计3人组成。建立独立的督导权，在体制上解决了教育督导与教育行政不分的问题，保障了教育督导的相对独立性。独立建制的教育督

导职能得到加强，其工作重心由原来的"督学为主"，逐步转变为"督学为本，督政为重"。督导范围由原来的市教育局直属学校扩大为本级政府的有关部门、下级人民政府、本市管辖的各级各类学校和其他教育机构。四是教育局与学校管理中心、市教育督导室之间确立联席会议制度，密切三方之间的协作，共同研究解决事关教育全局和涉及"管、办、督"三方面的重要问题。

无锡市的这次改革，在一定程度上探索了"管、办、督分离"的教育管理机制。学校管理中心作为政府出资人代表，直接受政府管理，中心仍然代表的是政府职能，学校管理中心在职能定位和作用上，仍未脱离政府部门。因此，这次改革还称不上是完全意义上的政事分开。不过，在当时政府大包大揽，管办合一，职责不清，职能弱化；教育局长成为总校长，越权管理学校人、财、物，教职工无积极性，学校发展无活力，学校发展不均衡的时代背景下，无锡市的改革探索无疑成为打破体制弊端的改革先遣队。无锡的改革很快在全国引起反响，当时教育部派团队专门到现场进行调研并对这次改革给予了肯定。2015年，无锡市被教育部确认为开展教育管办评分离改革综合试点单位。在此基础上，无锡市进一步简政放权，以改进管理方式为前提，以落实学校办学主体地位、激发学校办学活力为核心任务，以推进科学、规范的教育评价为突破口，明确了15项重点改革试点任务，重点从以下三方面推进管办评分离改革：

一是转变政府教育管理职能，加快提升教育治理能力水平。推进教育行政审批制度改革，完善事中事后监管机制，出台《无锡市市级民办教育奖补资金使用管理办法（暂行）》，首次明确对各级民办学校的奖补政策，构建民办教育综合监管体系。规范设定权力清单、责任清单，开展市及市（县）、区两级权力清单标准化编制工作。加快清理规范性文件，及时废止不适应经济社会发展要求的规范性文件。理顺教育公权配置，落实各类教育办学主体的相应责任。市级政府负责统筹全市各级各类教育发展，推进教育综合改革，开展教育改革试点；在省定标准基础上，结合无锡实际确定市所属学校办学条件、招生规模、成本分担等基本标准。完善县级统筹，县乡（镇、街道）共建的学前教育管理体制，进一步完善"以县为主"的义务教育管理体制，健全以市县为主、政府统筹、行业参与、社会支持的职业教育管理体制，完善省市共建的高等职业教育管理体制。

进一步规范义务教育办学行为，相继下发《市教育局关于贯彻落实教育部省教育厅规定切实做好义务教育招生入学工作的通知》《关于进一步规范中小学校办学行为的通知》《关于进一步规范市区义务教育阶段学校学生转学的通知》等文件，切实加强对义务教育招生入学、规范办学、转学等工作的组织领导，进一步规范学籍管理，维护良好教育教学秩序。

强化战略规划和地方立法的宏观引领。出台《无锡市"十三五"基层基本公共服务功能配置标准（试行）》，编制《无锡市教育事业发展"十三五"规划》《无锡市现代职业教育发展规划（2015—2020年）》《无锡市"十三五"教育信息化发展专项规划》，在全国地市级城市率先地方立法，制定实施《无锡市义务教育均衡发展条例》，发挥规划及立法的政策导向与宏观引领作用。

二是激励学校依法自主办学，加快完善现代学校制度。进一步深化学校理事会制度建设。深化理事会在帮助学校拓展教育资源，促进学校加强科学民主管理，主动接受社会评议监督，争取社会对教育和学校的理解和支持等方面的作用。制定《关于进一步加强全市中小学章程建设的指导意见》，推动学校管理的民主化、科学化、规范化，形成学校依法办学、自主管理、民主监督、社会参与的运行机制。启动校长职级制改革，建立以治校能力和实绩为核心的评价机制，有利于教育家办学的政策导向和激励机制。推行中小学校公共服务标准化试点，编制《无锡市普通中小学校公共服务规范》《无锡市幼儿园公共服务规范》《无锡市中等职业学校公共服务规范》，成为首个地方教育服务质量标准。促进学校与社会的更好沟通，切实维护学生和家长的合法权益，满足群众对优质公共服务的需求，提升人民群众对教育服务的满意度。

三是推进完善多元评价体系，切实提升教育评价的质量效益。提升政府评价的水平。加强对市（县）、区政府履行教育职责的督导评价，引导地方政府优先发展教育事业。完善督学责任区制度，规范中小学挂牌督导、一日督学等工作制度，监督指导各级各类学校规范办学行为。培育和支持专业机构科学开展教育评价。成立无锡市教育评估院，由市教育局授权行使评估监测职能，开展教育现代化建设监测评估、"新优质学校"培育建设评估等。扩大群众参与评议教育的渠道。聘请人大代表、政协委员、社会知名人士为教育评议员，定期评议教育，积极推动建立教育行政部门、学校、教师、学生、家长和社会各方参与的师德师风监督体系，建立由学生、家长、教师代表等为主体的学生学校后勤服务质量评议监督机制。依托第三方专业机构开展社会对教育的满意度调查，初步建立了社会参与评价教育的工作机制。

（案例来源：无锡市教育局.政事分开管办分离改革情况汇报［EB/OL］.新华网江苏频道，2007.3.23.无锡市教育管办评分离改革试点情况总结［Z］.无锡市教育局，2019.3. 2017年全市教育工作总结［EB/OL］.无锡市教育局官方网站，2018.4.2.）

### 案例分析：

自2005年起，无锡市就开始探索管办评分离，经过十多年的改革积累，取得了如下几方面的改革经验：

1. 初步确立教育治理理念

由起初的通过委托作为行业性质的学校管理中心接管教育局直接管理学校的事务职能，而教育局则将主要精力放在了作为政府主管教育的行政管理功能上，实行政事分开的探索，再到后来，对教育的参与权、评价权、监督权的结构性调整，无锡市初步建立起了政府、学校、社会三者之间良性互动的教育治理新格局。

2. 初步形成权责一致的各类教育办学和管理体制

早在2005年，无锡市政府将义务教育阶段的学校划归区县管理，完善了"以县为主"教育管理体制。后来，进一步完善市级政府指导、县级政府统筹，县、镇（街道）、村共同参与，公、民办协同发展的学前教育办学和管理体制。不断巩固完善"以县为主"义务教育管理体制，探索构建"市县为主、政府统筹、企校合作、社会参与"的职教管理体制。

3. 初步建立以理事会为核心的现代学校制度

无锡市构建了以校长负责制为主体、理事会和教代会为两翼、学校党组织为监督保障的现代学校法人治理结构，正努力完善以理事会为核心的现代学校法人治理模式，积极推进青少年社区教育委员会、家长委员会、有企业参与的职业学校校务委员会等方面的制度创新，为推动学校依法办学、自主管理、民主监督、社会参与作出了有益的探索。

4. 稳步推进教育评价多元化探索

在积极推动学校自我评价，增强督导效能，提升政府评价效能的基础上，积极培育专业教育评估机构，不断提升评价的专业性和科学性。另外，扩大群众参与评议教育的渠道，除聘请人大代表、政协委员、社会知名人士为教育评议员进行定期评议教育外，还积极推动建立教育行政部门、学校、教师、学生、家长和社会各方参与的师德师风监督体系，初步建立了由学生、家长、教师代表等为主体的学生学校后勤服务质量评议监督机制。

与其他试点改革地区一样，无锡市在推进管办评分离改革过程中，既取得了成绩，也面临着诸多困难和问题，目前主要面临以下四方面的问题：

一是各级政府及其职能部门之间的教育管理职责还不够清晰，还未真正确立起政府及其职能部门多元互动、平等协商、协作共治等现代教育治理理念。多部门协同推进教育改革的机制尚待建立，使得学校自主办学尚未有效落实，学校在人、财、物等方面的自主权还基本缺失，还停留在探索试点阶段，需要政策突破。

二是现代学校法人治理结构尚未真正建立。行政管控还依然强势，校长依然以行政委派为主。校长职业资格制度尚未建立，校长专业化成长机制尚未形成，校长的办学理念、自身素质和管理能力还有待进一步提升。师生和社会参与学校管理的广度和深度还有待进一步提升。

三是社会参与在有些方面尚流于形式，社会参与教育公共事务的决策和管理机制还没有真正形成，政府对学校、社会参与管理的认识还有待进一步提升。

四是教育第三方评价尚待积极培育。需要加强对购买服务、委托评价、发挥社会中介作用等的研究。

## 三、重庆市江津区管办评分离改革案例

2015 年 9 月，重庆市江津区被教育部确认为开展教育管办评分离改革综合试点单位。同年，江津区教委出台了《重庆市江津区教育管办评分离改革试点工作实施方案》，江津区政府主要领导担任教育管办评分离改革领导小组组长，全

面领导协调推进改革工作,并将该项改革纳入江津区社会事业发展"十三五"规划和全区改革开放创新重点改革任务。规定加大建立部门联动机制、教育行政综合执法、政府简政放权、扩大学校办学自主权等方面的相关理论研究。实行试点推进,以点带面,强化督查。试点改革落实情况纳入教育专项督导内容,教育督导室对改革中推进不力,落实不到位的单位或者个人进行通报。加强宣传,营造氛围,创设良好舆论环境。区教委密切跟踪各试点改革的推进情况,加强事中、事后的监管和指导,提炼成果,形成"江津经验"。

"教育管办评分离改革是政府各部门管理教育的权力重组,是政府放管服改革的重要支撑。"重庆市江津区教委副主任蔡增灏表示,"没有政府的主动作为,就没有学校的自主办学和社会的依法办学。作为教育部批准的唯一以区政府牵头的教育管办评分离改革综合试点单位,没有模式可以借鉴,啃这块'硬骨头',江津区'自带干粮'先行先试。"

区长亲自挂帅,制定《江津区教育管办评分离改革试点工作实施方案》,围绕试点任务,打通关节,疏通堵点,破除阻力。先后出台30余个配套文件,搭建起了"1+N"制度框架。从"管""办""评""三个五工程"共15项内容入手系统推进改革。

改革就是要给学校释放更多的自主权。按照依法治教原则,江津区从清理政府权责清单入手,坚持"法无授权不可为,法定职责必须为"的原则,结合重庆市委、江津区委的相关要求,清理镇街和区级部门教育职责清单63项、区教委行政权力清单七大类71项,将58项过程管理事项纳入不作为对学校及学校负责人考核的业务指导清单范畴。

"拒绝任何组织和个人对教育教学活动的干涉"已明确列入《学校管理权限清单目录》,五大类44项自主办学基本权限,积极推动学校办学权力依法、自主、规范、公开运行。

以前,江津区教育管理分为区—教管中心—学校三级管理,教管中心也行使着同区教委一样的权力。试点后,江津区撤销原20个教育管理中心,依托片区优质学校为龙头设立21个学区,使教育管理层级由三级管理向"区—学校"两级扁平化管理过渡。"弱化管理职能后,现在学区办的职责更多是督导、统筹、协调、服务。"江津区教委改革办负责人罗富君说。

德感区实验小学校长、学区办主任袁贞宏说，现在，不仅要考虑自己学校的发展，学区内各校的招生、学科建设、教研、督导等都要通盘考虑，"不能厚此薄彼"。

"以前，对小规模学校来说，一个学科就两三个人，教研不好搞。"袁贞宏说，德感学区利用"互联网+"的优势，采取学区研训中心、学科研训室、学校研训室三级研训梯次，把学区中20名学科精英聘请为学科兼职研训员，利用多种形式开展研训活动，建立了"联合作战"新常态。

健全学校内部治理结构，全面推进中小学现代学校制度建设。江津区首先是实施学校自主招聘教师、校长"组阁"制等系列改革，扩大学校办学自主权。其次是分类指导学校完善以"四会"为基本架构的多元共治的内部治理结构改革：普通中小学试点在珞璜实验小学建立以校务委员会、校长办公会、家长委员会等分类决策、分权制衡的治理模式，职业学校试点在江南职业学校建立"理事会决策"治理模式，推动建立权责对应的内部运行机制。再其次是指导区内各公办学校依法、依程序制定"一校一章程"，促进学校依法自主办学。

江南职业学校实施法人治理结构改革试点后，每周六上午学校召开党政联席会，除了校长、书记、副校长、纪委书记等参加外，每次还特别邀请了10名教职工列席。据校长刘友林介绍，"学校决策不再神秘，列席教师除了全程听取学校重大决策之外，有时还会现场提出一些建议。"

"与传统封闭式管理完全不一样，现代学校制度建设的重要特征就是学校决策程序的法治化、民主化、透明化。江津区中小学内部治理主体多元、合作共治的格局正在加快形成。"罗富君说。

目前，该区正着手培育具有专业性、独立性的第三方教育评价机构，结合政府主导评价、行业辅助评价，实现评价效能最大化。

试点两年多来，江津区已形成制度成果35个，涉及改革专项24个，确立23个试点单位、16项专项课题，学区制、学校章程及内部治理结构、教研教改等10余项改革向纵深推进。

目前，改革试点的规划任务已大体完成，江津区教委主任朱文良表示，将继续坚持问题导向,聚焦改革重难点和关键症结做好制度设计,对标对表弥补短板,持续推进深化改革。

(案例来源:重庆市江津区教育委员会关于加大力度推进教育管办评分离改革试点工作的通知(津教发〔2017〕8号)[Z].重庆市江津区教委,2017.3. 胡航宇,辜文凯,柳卫,重庆江津区深化管办评分离改革[N].中国教育报,2018-04-06(01).)

**案例分析:**

1. 政府主导,强化顶层设计,确保改革的顺利推进

作为在教育部确定的8家全国教育管办评分离改革综合试点单位中唯一一家区级地方政府单位,近年来,通过大力推进管办评分离改革,江津区教育管理正从过分依赖行政管理手段向政府依法治教、依法履责手段转变,从微观直接管理向宏观综合治理转变,从多头管理向综合执法转变,从大包大揽向提供服务转变。2017年,在教育部"一师一优课,一课一名师"评选活动中,江津共有77节课获部优课例,位居全市第一;2017年,江津教师在基本功大赛和现场赛课上,有10人获全国一等奖、20人获全市一等奖,居全市前列。2018年,第五届全国教育改革创新典型案例推选活动中,江津区管办评分离改革案例从全国1400多个报名参评案例中脱颖而出获得全国教育改革创新优秀奖。(注:全国教育改革创新典型案例推选活动是《中国教育报》、中国教育新闻网开展的一项公益性品牌活动。)目前为止,在全国形成了具有一定影响力的"江津经验"。

"江津经验"之所以成为全国典型案例,政府主导是关键。"我们推进管办评分离改革最大的优势,就是体制优势!"江津教委主任朱文良如是说。江津区是全国教育管办评分离改革8个综合试点单位中唯一以政府为改革主体的单位,江津区党委和政府在整体改革运行过程中有担当有魄力,起到了很好的助推作用。改革初期组建了管办评分离改革领导小组,区委副书记、区长王合清亲自担任组长,全面领导协调推进改革工作。区主要领导多次听取专题汇报,指导方案设计、为改革把脉导航。改革试点已被列入江津区"两前三区一高地"目标定位中"改革创新走在全市前列"的重要内容,纳入江津区社会事业发展"十三五"

规划和全区改革开放创新重点改革任务。

在政府主要领导带领下,江津的改革于 2015 年 10 月开始,就开启了"加快"模式。江津区教委在前期做了大量专题性调研,如加大建立部门联动机制、教育行政综合执法、政府简政放权、扩大学校办学自主权等方面的相关理论研究。编制完成《江津区教育管办评分离改革试点工作实施方案》,以及 30 余个配套方案。方案明确了试点工作的总体要求、重点任务、保障措施。确定改革采取试点推进,以点带面,强化督查。选择的试点学校涵盖中职、高中、初中、小学、幼儿园各个层次,初步形成"国家要求——政府统筹——教委实施——学校试点"四级联动的改革试点体系。

改革于 2016 年春季正式启动。2016 年 2 月 18 日,江津区教育管办评分离改革动员大会暨 2016 年春季开学工作例会在江津师范进修学校举行。"今年春季学期,重庆市江津区开学的工作例会'阵仗'有点大。包括区委副书记、区长王合清在内的 5 位区领导,17 个区级部门和 29 个镇街主要负责人以及教育系统共计 430 余人参会,规模确实'空前'。"[①] 会上,区长王合清提出,江津区要把管办评分离改革作为一次深化改革的机遇来抓,主动出击,贴身紧逼,精准发力,使改革更加精准地对接发展所需、基层所盼、民心所向。并表示"在教育管办评分离改革中,要做到政府、学校、社会既分离又互动,推动江津教育质量最大提升并释放出最大产能",就管办评分离改革做了全面部署。即举全区之力,围绕教育管、办、评三个层面进行改革创新,集中力量实施"三个五工程",重建政府、学校、社会之间新型关系。

在以政府垄断为主并以行政命令方式运行的教育管理模式下,政府越权("管了不该管的事")、缺位("该管的没有管")和错位(上级政府对下级政府的职能包办代替)现象较为普遍。这种管理模式具有统一化、僵硬化等特征,缺乏灵活性和适切性,要么造成千校一面,要么造成"上有政策、下有对策"的局面。另外,这种管理体制是一种教育行政管理与学校管理相互混淆,政府越权包揽办学的管理体制。探索教育管办评分离改革,旨在探索推进依法行政,形成

---

① 胡宇航,张杰.重庆江津区:管办评分离改革开启新学期[N].中国教育报,2016-02-23(03).

政事分开、权责明确、统筹协调、规范有序的教育管理体制。江津区在推进改革的顶层设计中，按照《教育规划纲要》提出的，"改变直接管理学校的单一方式，综合应用立法、拨款、规划、信息服务、政策指导和必要的行政措施，减少不必要的行政干预。"通过实施"三个五工程"，具体推进管办评分离改革。

第一，"管"上做到推进依法行政，规范政府管理教育行为。针对原有体制弊端，从规范政府教育管理行为做起。具体为规范政府依法治教职责、规范学校层级管理体制、规范政府相关职能部门管理方式、规范教育主管部门管理行为、规范教育行政执法机制的"五个规范"。为落实"五个规范"，采取了以下措施：一是建立政府购买教育服务机制。在决策咨询、提供义务教育和学前教育学位、师资培训、特殊人群服务以及教育质量、标准制定和办学绩效评价等领域推广政府购买服务。二是取消教管中心，推行学区制改革。2016年，江津区整合原来的20个教育管理中心，组建成立21个学区。学区办公室受区教委委托，负责学区内学校合作互动发展，协调管理学区内学校事务。学区制重在"统筹""协调"和"服务"，强化校际协商和资源共享，减少办学干预，扩大基层学校办学自主权，促进区域教育优质均衡发展。21个学区的成立，标志着江津教育管办评分离改革正式从蓝图走向现实。三是"权由法定"，清理区级部门教育行政权力清单。针对原有体制下各横向部门之间缺乏协作机制弊端，江津区探索构建"教委为主"的区级部门教育管理体制。区教委在区委区政府领导下统筹全区教育规划和管理，并按照"权由法定"的原则，全面清理区级涉及教育的有关部门行政权力清单，公示涉及学校的行政权力及运行规则，严格控制并归口管理针对学校的检查评估。四是制定并公示教育主管部门的业务指导清单。规范教育行政主管部门对学校的日常管理事项，制定并公示业务指导清单。探索将师范进修学校、教科所、技装中心、资健中心等单位独立进行的过程管理事项均纳入业务指导清单管理。五是成立区教育行政综合执法室。通过区人大、区政协加强对政府依法行政、依法办学行为的监督。挂牌成立区教育行政综合执法室，规范教育行政权力行使程序。加大教育行政执法力度，依法纠正学校的违法、违规行为。积极推行法律顾问制度。健全中小学依法治校评价指标体系，通过深入开展依法治校示范学校创建活动等举措具体推进。

第二，在"办"上做到推动政校分开，健全学校现代管理制度，具体为健全学校内部治理结构、健全学校章程制度体系、健全学校绩效分配制度、健全学校教研组织体系、健全学校开放办学机制的"五个健全"。通过"五个健全"，推动现代学校制度建设。

一是完善学校法人治理结构，探索校长职级制改革。具体有六方面的措施：（1）充分发挥学校基层党组织的政治核心作用，确保党的路线、方针、政策在学校的贯彻执行。（2）坚持和完善校长负责制，完善校务公开制度。（3）完善民主决策程序。建立由学校负责人、教师、学生及家长代表、社区代表、企事业单位代表等组成的校务委员会，对学校章程、发展规划、年度工作报告、重大教育教学改革及涉及学生、家长、社区工作重要事项的决策等提出意见建议。（4）完善和落实教职工代表大会制度和学生代表大会制度，依法保障广大教职工和学生参与学校民主管理和监督。（5）加强中小学家长委员会建设，保障家长委员会对学校教育教学、管理活动的监督权、建议权。以重庆市江南职业学校等为试点，探索完善学校法人治理结构。（6）积极探索校长职级制改革，克服和纠正中小学行政化倾向，逐步建立专业化标准的校长任用、管理和考核制度，实现校长专业化和职业化。

二是试点在同一学区的学校制定联合章程。依法落实公办学校的主体地位，保障中小学在育人方式、资源配置、人事管理、特色发展等方面的自主权，尤其要扩大普通高中及中等职业学校在办学模式、合作办学、社区服务等方面的自主权。

三是探索分类调整奖励性绩效工资占比，扩大学校内部分配自主权。在坚持效率优先、兼顾公平的绩效工资分配原则下，江津区逐步建立政府宏观指导、单位自主分配、体现学校特点的分配方式，充分发挥奖励性绩效工资的激励功能和导向作用，调动教职工的积极性和创造性。

四是构建"区——学区——学校"三级教研体系。组建教科研联盟，探索跨区域、跨行业、跨学科的教科研合作机制。实施教科研支撑工程，构建与高校和各级科研机构合作机制。实施教科研人才培养工程，培养教科研骨干。建立健全课题研究和成果推广的激励机制。加大教研科研专项经费的投入，保障教科研工作正常开展。

五是逐渐完善开放办学机制。充分发挥市场在配置教育资源中的作用，探索创新开放办学的机制和模式。鼓励学校之间、学校与科研机构之间加强合作，协同育人。积极开展与长江经济带和"一带一路"区域校际之间的合作，发挥好江津区教育基金会作用，对有效合作的项目给予经费补足和支持。探索建立在政府购买服务方式下薄弱学校委托管理机制。健全社会多元主体投入教育的机制，探索混合所有制办学途径。

第三，在"评"上做到推行多元评价，提高教育评价综合效能，具体为提高政府评价的实效性和规范性、提高行业评价的科学性和权威性、提高第三方评价的专业性和独立性、提高结果运用的激励性和导向性、提高人民群众的认可度和满意度的"五个提高"。通过"五个提高"，探索构建多元评价体系。具体通过成立江津区督导委员会组建区教育评估与质量监测中心；培育区域性"教育评价研究与咨询中心"——重庆鼎正教育评估与监测事务所等第三方评价机构；探索建立评价结果综合运用机制，扩大评价结果运用范围；畅通民意反映渠道等渠道具体构建。

## 2. 不断深化改革，办出让人民满意的教育

一是健全工作机制，明确工作职责，不断深化改革。通过强化顶层设计，制度化、系统化推进。江津在教育督导机制建设、学区制改革、干部教师交流轮岗、章程制度建设、法人（内部）治理结构改革、奖励性绩效工资考核分配制度改革等领域不断探索实践，解决了部分热点难点问题，积累了不少经验，取得了阶段性成果。在此基础上，江津区及时总结经验，认为改革取得经验与实际推进情况离既定工作目标还有较大差距。具体体现为教育系统各责任单位对管办评分离改革试点工作仍然存在认识不足、重视不够、督促不严、落实不力等问题。各横向部门之间还未形成有效联动机制，制约了教育行政综合执法、推动政府简政放权、扩大学校办学自主权改革的实际进程。改革进入到"攻坚"期，需要进一步完善工作机制，任务分解，项目责任分解，落实责任到机构到人，并要有具体的时间表。完善配套制度建设，强化督导落实，定期梳理和总结，不断固化改革经验。

对此，江津决定加大力度推进教育管办评分离改革试点工作。2017年1月，江津区教育委员会颁发了《关于加大力度推进教育管办评分离改革试点工作的通知》（津教发〔2017〕8号）重点建立健全以主要负责人为责任人的改革领导工作机制，落实专人负责，推动改革走向深入。

二是进一步深化改革，办出让人民满意的教育。2017年8月，江津区教委出台了《江津区教育内涵发展五大行动实施方案》。"五大行动"围绕深化教育管办评分离改革，重点从提高科学管理水平、特色办学、加强教师队伍建设、提高教学质量和教育信息化提升等方面加强改革，旨在推动现代学校制度建设。①

3. 注重理论研究，坚持研改互促

江津区教委成立了"教育管办评分离改革理论与实践研究"总课题组，确立了16个改革专项课题。要求教委机关各科室、委属事业单位按照改革的指导思想和工作目标，结合各自任务分工，加强改革政策研究，制定工作方案，按时完善配套制度。加强对部门联动机制、教育行政综合执法、简政放权、扩大学校办学自主权等方面的理论研究，为改革决策和政策的执行发挥理论引领作用。

## 四、结论与启示

### （一）管办评分离改革的成效与问题

上述案例表明，通过管办评分离改革探索，试点地区政府角色正在发生转变，正在由"管理属性"逐步向"治理属性"转变，教育行政部门由过去的主要主导部门，向拥有一定责权利部门转变。管理主体由"政府——学校""社会——学校"关系模式，正逐步转向"政府——学校——社会"之间相互协作、相互制约的关系模式，初步构建起政府依法行政、学校依法自主办学、社会依法监督和参与的教育治理新格局。

一是采取了政府主导模式，强化顶层设计。上述三个试点地区的改革都得到了市（区）委、市（区）政府的高度重视，解决了教育改革第一责任人的问题，这是改革得以顺利推进的主要保障。江津区案例表明，由政府担任改革实施

---

① 柳卫，付道运．江津教育管办评分离改革为何能成全国典型案例？[N]．重庆日报，2018-01-30(07)．

主体，有利于统筹协调各个相关部门、社会各方面力量，形成推进改革的合力。

二是改革目标明确，推进策略上都采取了清单式管理。上述三个试点地区改革目标明确，坚持通过转变政府教育管理职能，逐步构建起法治型、服务型政府，促进现代学校制度建设，激发学校办学积极性和活力，满足人民日益增长的对优质教育资源的需求。

三是积极培育区域内具有第三方组织性质的教育评价专业机构，探索构建多元评价体系。针对我国缺乏具有专业资质教育第三方机构的现实，上述三个地区都积极培育具有第三方组织性质的教育评价专业机构，采取了强化政府督导职能，面向区域，鼓励社会多元参与教育评价过程。初步打破了政府单一评价的局面，正在构建由政府主导、各教育主体多元参与的教育评价体系。

上述案例表明，现阶段的管办评分离改革主要是针对过去政府包揽一切的行政行为而进行改革的，改革成效主要表现在推动政府职能进一步规范化、制度化，实行清单式管理，明确政府每项权力和责任的规范运行流程，增强了政府行使权力过程中事中、事后监管力度，从而在一定程度上增强了教育管理的规范性。青岛市通过制定地方法规《青岛市中小学校管理办法》，以法规形式明确政府、学校和社会各自职责，使得政府的行政行为、学校办学和社会参与有了基本的法律依据，这是值得全国范围内推广的经验。

目前，上述三个试点地区的改革到了深化阶段都遇到了改革瓶颈，具体表现在改革不充分、不深入。主要面临三方面问题：一是教育法治建设亟待改进和完善，各级政府和政府内各部门的教育管理权责边界不清晰。要实现简政放权，那么怎么界定政府尤其是教育行政主管部门的教育管理权限？在此基础上，还面临明确政府部门向学校到底下放哪些管理权限的问题。教育是系统工程，管办评分离不是教育部门一家的事情，重要的是得到政府支持，通过政府推动相关部门参与推进管办评分离。由于机制不健全，有些部门、有些机关还没有做好准备，同时也不愿意放权，从而制约了改革的进程。二是学校办学的自律性不够，亟待加强学校管理的专业化、制度化水平。三是专业机构、组织不健全，对权力运行的效果评价难以进行。社会参与方面面临的主要问题是，县级教育质量评估监测专业机构很少。培育本土化的教育第三方机构,面临政府购买、专业资质标准以及监管制度等一系列问题。四是教育行政部门自身的努力程度还有待改进。需要加强宣传和主动作为。需要进一步加强党委对教育事业的领导,督促政府担负起教改主要责任,加强教育领域综合治理力度,用创新、协调、绿色、开放、共享的五大发展理念统领教育改革,加强部门之间协调机制,共同担负起公共教育服务的责任和义务。构建起社会协同、公众参与、法治保障的社会治理体制,提高治理社会化、法治化、智能化、专业化水平。

### (二)今后改进的策略

现阶段的教育管办评分离改革主要面临三方面问题:一是各级政府之间的权责边界还不够清晰,制约了改革的实际进程;二是改革的自觉性和主动性不够,教育政策执行不力;三是受经济发展水平制约,改革面临的困难和问题呈现出不同区域特征。基于现阶段管办评分离改革现状,今后需要从以下三方面进一步深化改革。

1. 进一步明确各级政府教育管理职责,系统推进管办评分离改革。既然制度设计中缺乏对各级政府教育管理职能定位的清晰界定,那么,今后有必要加大相关制度设计的合理性和规范性,从当前的文件规定进而上升到法律高度严格实施。

首先,明确作为提供公共教育产品的"第一责任人",实行问责制。公共教育服务系统作为社会系统中的子系统,必然需要构建起面向社会、家长的教育行政责任体制。"政府作为公共部门,是公共权力的唯一拥有者,对教育部门更是如此。"[①] 在当前,我国相关的教育制度设计中缺乏对各级政府教育管理职能定位的清晰界定,还没有形成有效的监督机制,教改效果主要取决于地方政府主要领导的重视程度。而地方政府在推动经济社会发展过程中,往往对教育事业发展支持不够。对此,国家有必要明确规定地方政府主要领导履行好区域教育事业发展的主责,对地方主要领导进行教育绩效考核制度,以此督促地方主要领导履行好相关职责。

---

① 靳希斌.政府教育管理职能转变与公共教育财政体制建构[J].现代教育管理,2011(10):2.

其次，按照事权与财权相适应原则，需要明确划分在公共教育事业中的中央与地方的事权与财权。2018年2月8日，国务院办公厅印发《基本公共服务领域中央与地方共同财政事权和支出责任划分改革方案》。该方案规定，义务教育公用经费保障，中央与地方按比例分担支出责任，并在义务教育投入、免费教科书、学生资助等方面都有明确的责任划分。地方在推动教育改革与发展时，不仅承担主要的投入责任，而且还要适当具备与投入相当的教育管理事权。因此，伴随教育体制机制改革的不断深化，按照事权与财权相适应原则，需要进一步明确划分在公共教育事业中的中央与地方各自的事权范畴。

第三，按系统化原理加强部门间联动机制。越来越多的教改实践表明，教育重大政策的执行效果，不单单取决于教育部门的执行效果，还要看与教育相关的各横向部门之间的协调与合作程度，而且各部门之间的合作力度越大，教改政策执行的效果越好。同样，管办评分离不是指教育行政主管部门、学校和社会之间的关系重建，而是指政府、学校和社会之间关系的重建。对此，一方面需要国家层面继续努力为各部门之间搭建联合协调机制平台，另一方面需要地方以国家相关规定为依据，通过制定地方教育条例，搭建起各部门统筹协调机制，真正推进管办评分离改革。如成立由政府主要领导担任改革领导小组组长，协调教育、公安、民政、人社、城管、食药、工商、法制、金融、物价、国税、文化等各部门共同承担起教育事业责任。

2.教育去行政化，促进现代学校制度建设。重建新型政校关系，必须正视我国教育领域内实际存在的行政化管理弊端，实行去行政化，促进现代学校制度建设。

首先，教育去行政化，牢固树立以学校发展为本的管理理念和管理内涵，进一步转变政府教育管理职能。树立以学校发展为本的管理理念和深刻领会以学校发展为本的学校管理内涵，转变政府教育管理职能才能有一个科学的定位。党的十九大报告明确指出，"推进国家治理体系和治理能力现代化，必须坚决破除一切不合时宜的思想观念和体制机制弊端，突破利益固化的藩篱"。"权力重心适度下移原则是政府、学校和社会中重构教育管理权力的比例配置原则。"① 所谓的教育去行政化，就是针对公共教育领域里形成的官僚科层制政府对学校的干预过多，以及服务单一化、僵硬化等弊端而提出的改革目标，目的在于削弱教育行政过程中行政的权力性，实行教育管理权限下移。

加强依法行政意识，建立政府部门依法依章程治理学校的机制。按照"法无授权不可为，法定职责必须为"的原则，进一步完善权力清单和责任清单管理制度，以此积极回应人民群众对教育的关切问题。加强地方法规以及学校章程建设力度，理顺政校权责关系，进一步明确政校职责边界，并推动学校管理权限落实到位。减少对学校微观事务的行政约束和管理，严格控制针对各级各类学校的项目评审、教育评估、人才评价和检查事项。赋予学校一定的办学自主权，让学校释放办学活力，主动寻求品质提升。

坚持"放、管、服"结合，"放权"的同时切实加强事中、事后的监督和服务。加大教育督导力度，充分发挥督政、督学和质量监测功能，保障教育的公平与质量。逐步形成教育决策、教育执行、教育督导三驾马车协调发力，共同拉动教育事业持续健康发展的良好态势。

其次，以学校章程为遵循，加快构建现代学校治理结构和治理体系。一是建立学校章程定期评估和修订机制，学校依据章程和发展规划定期开展全面自评。二是加快推进校长职级制改革，促进校长职业化、专业化。校长的职业化、专业化关系到学校是否能够通过校内治理结构和治理能力建设，逐步具备按照自身办学传统做出有效的自我规划、自主发展和自我诊断的相应能力。为此，一方面依据《中小学校领导人员管理暂行办法》实行中小学校领导人员全员聘任制，减少人员调配中的不合理行政干预。另一方面，逐步取消校长的行政级别，实行校长职级制，促进校长职业化、专业化。三是进一步完善学校民主管理制度，鼓励社会参与学校管理。学校办学自主权的扩大，也带来了办学风险因素。对此，既要加强政府的监管力度，实行"放管服"结合，还要进一步完善学校民主管理制度，鼓励社会参与学校管理。教职工代表大会制度在功能定位上不能仅停留于保障民主参与和监督学校管理权限上，而是应适应教育管理重心下移的改革趋

---

① 王珊，苏君阳. 走向现代教育治理的教育管理权力重构［J］. 现代教育管理，2015(5): 31.

势,从法律上明确规定该制度作为校长负责制的辅助机构,发挥辅助校长实行有效的学校内部管理职能。另外,应明确规定将家长委员会制度作为构建现代学校制度的重要组成部分具体推进。

同时,依据《教育法》第四十六条"企业事业组织、社会团体及其他社会组织和个人,可以通过适当形式,支持学校的建设,参与学校管理"的规定,在保证不妨碍学校正常教育教学规律的前提下,在合理范围内,鼓励社会多元参与学校管理。通过学校理事会、校务委员会以及区域内人大、政协、社会知名人士、高校以及家长、社区代表等多元参与学校管理,探索构建合议制公共教育责任体系,通过各主体之间的参与、对话、协商、谈判与合作,以便达到扩大公共教育服务渠道和提高服务质量的目的。

3. 政府主导社会专业机构参与评价,构建学校多元评价体系。新形势下,教育评价的主要目的已不再局限于筛选学生,而是向基于学生发展为核心、引领学校自主发展以及为政府、学校和学生提供多元诊断服务方向转变。教育评价具有很强的专业性,要想正确发挥评价的检测、诊断、指导功能,必须要有专业机构的参与。① 在政府有关职能中涉及专业性、技术性、社会化的部分公共服务事项,有必要采取由政府主导,发挥高校、专业学会、行业学会、基金会等各类社会组织的专业作用,制订社会组织参与教育评价管理办法,通过政府购买服务方式,以合同、委托等多种方式向这些专业机构购买服务,加大专业教育服务机构的培育和引进力度,逐渐组建起具有本土化特征的第三方教育机构。

政府将所掌控的教育资源委托给社会管理,这是事业管理委托而不是权力委托。也就是说委托管理中,承担最后责任风险的仍然是政府部门。因此,政府委托管理之前,必须要有最基本的法律依据和保障。一是确立第三方评估机构资格认证标准,并对第三方认定程序、运作模式进行相应规范,即对第三方的评价标准和评价依据以及具体操作细则等都要做出明确的规定。建立诚信制度,保证其公正性能够得到各方的认可。二是明确主体责任意识,强化风险防控措施。在二者关系中,政府仍然起主导作用,并有责任提升第三方机构的专业能力,而第

---

① 易鑫,俞水.聚焦"深入推进管办评分离(下)":推进管办评分离的现实路径[N].中国教育报,2013-12-9(4).

三方机构必须具备独立法人资格，受政府委托，负责开展相关评估与监测，教育评估与质量监测结果的发布和使用权归政府所有。政府与第三方之间要签署合同，合同必须规范，明确双方职责范围，尤其是在如何购买服务上，一定要遵循正常的财务程序。三是明确协作机制，确保教育评估和质量监测的真实性，提高评估和监测结果的运用效果，避免流于形式。

# 第三章
# 构建现代学校制度

# 第一节　现代学校制度的理念与实践特征

我国现代学校制度建设是在深化学校内部管理体制的大前提下提出的。20世纪90年代,伴随社会主义市场经济建设,经济发展迅速,人民群众物质生活水平不断提高,从数量和质量两方面对教育都提出了更高要求。为适应经济社会变化,满足社会需要,当时我国提出要改革原有办学体制,通过吸引社会力量参与办学,逐步形成以政府办学为主体,社会各界共同参与、公办学校和民办学校共同发展的办学体制。1998年12月24日,教育部颁布的《面向21世纪教育振兴行动计划》第四十一条中明确指出,"公办学校办学体制改革,要在政府教育行政部门的指导下进行试点。"该计划于1998年至2002年得以顺利实施并取得成效。

2003年,在教育部颁布的《2003—2007年教育振兴行动计划》(简称新一轮行动计划)第三十四条中提出,"深化学校内部管理体制改革,探索建立现代学校制度。"这是国家首次明确提出建立现代学校制度的文件。2010年,《教育规划纲要》第十三章专门就如何构建现代学校制度提出了较为详细的综合性政策,如推进政校分开、管办分离,落实和扩大学校办学自主权,完善中小学管理制度等,目的在于通过建设依法办学、自主管理、民主监督、社会参与的现代学校制度,重建政府、学校、社会之间新型关系。2012年,教育部印发《全面推进依法治校实施纲要》(教政法〔2012〕9号),提出现代学校制度建设的核心是加强学校内部管理的法制化、制度化与民主化。为了进一步深化落实《全面推进依法治校实施纲要》,将各级各类学校的依法治校工作推向深入,2016年,教育部制定了《依法治教实施纲要(2016—2020年)》(教政法〔2016〕1号),该文件对今后如何推进现代学校制度建设提出了具体的指导意见。如加强中小学党组织建设,发挥基层党组织在中小学治理中的核心作用,健全校长负责制。制定出台《中小学家长委员会规程》,以健全家长委员会制度为重点,加强家长、社区对中小学事务的参与和监督。依法健全各类社团、协会以及其他社会组织在学校组织及开展活动的规则与要求，完善监督机制。

构建现代学校制度是当前我国推进教育治理现代化的一个重要举措，涉及教育行政管理部门和学校内部治理等各项环节，在某种程度上具有牵一发而动全身之功效。近年来，我国主要采取试点推进方式，具体探索构建现代学校制度。

## 一、现代学校制度的基本内涵

学校是按照社会需要，有目的、有计划、有组织地对受教育者（主要指儿童、青少年）系统传授基本知识、基本技能以及培养其健全人格的组织机构。学校组织是指"对有关学校教育活动各个要素进行定位，并促进各个要素有效开展活动的内在秩序体系。"[①] 学校组织具有不同于企业和机关等其他组织的特性：

第一，学校作为公共教育机构受制于法律的约束。我国《教育法》第二十九条明确规定，学校及其他教育机构应遵守法律、法规并依法办学和接受监督。

第二，学校作为专门的教育机构需要协调处理好各种目标任务，并在此基础上制定学校自身教育目标。学校必须是在处理好各种关系的基础上，来具体实现学校自身的教育目标。

第三，学校内部组织的建设要受诸多因素的制约，需要学校具备自律性和自主性。学校作为教育机构具有两个基本的管理规则，其一是学校自身组织结构，其二是学校制度，即维持学校及其组织正常运转的一整套规章制度。制度是人们在生活工作当中的行为准则，人们依靠制度来约束和衡量自己的行为，"它具有一定的约束力和强制性。"[②] 制度包括约定俗成的道德观念、法律和法规等。

学校制度是指一个国家各级各类学校一整套的办学体系及其办学规则，如学校性质、招生制度、学位认证制度、专业设置制度、评价制度等等，一般简称为"学制"。学校制度的形式既包括正式的、系统的、成文的行为规范，也包括非正

---

[①] 吉本二郎.学校管理学［M］.东京：日本国土社，1965：76.

[②] 江月孙，赵敏.学校管理学［M］.广州：广东高等教育出版社，2000：103.

式的、非系统的、不成文的行为规范。正式的组织如校务委员会制度、教职工代表大会制度、家委会制度、学术委员会制度、党支部组织制度等。非正式组织如校内教师团体组织、学科组织、学生社团组织等等。

学校制度是社会政治经济文化发展的综合产物，它随着时代变迁具有特定的内涵和特征。"正式组织中的行为除了受结构要素和个体要素的影响外，还要受到文化要素和政治要素的影响。"[①] "学校制度并不是静态的文本存在，而是同时体现在文本、活动和变迁三个层面。"[②] 现代学校制度就是学校制度变迁中的一个相对的概念，它是学校制度发展的现实过程及其特定内涵。

发达国家早在20世纪70年代末就已经提出建立现代学校制度，自20世纪末开始，我国围绕现代学校制度的基本内涵展开了讨论，主要观点概括如下：

一是认为现代学校制度是对现代企业制度的一种借鉴。"现代学校制度指的是一种适应社会化大教育和社会主义市场经济体制、政治体制、科技体制改革的内在要求，以学校法人制度为主体，以有限责任制度为核心，以教育管理专家经营为表征，以学校组织制度和管理制度以及新型的政校关系为主要内容的现代学校体制。"[③]

二是认为现代学校制度是适应社会转型时期学校制度建设的新变化。"现代学校制度指的是在新的社会背景下，能够适应市场经济发展和建设学习型社会的基本要求，以学校法人制度和新型政校关系为基础，举办者产权与学校日常管理权基本分离，学校依法自主管理，由教育管理行家负责学校日常管理，教职工依法民主参与，学校与社区中的各种组织及家长密切合作，指导和约束学校可持续发展的一套完整的制度体系。"[④]

三是认为给现代学校制度下定义需要考虑以下几个因素：一是要考虑逻辑

---

① [美]韦恩·K.霍恩，塞西尔·G.米斯克尔著.教育管理学：理论·研究·实践[M].第7版.范国睿主译，北京：教育科学出版社，2007：22.

② 孙绵涛，王刚.我国现代学校制度建设的成就、问题与政策[J].教育研究，2013（11）：27.

③ 黄兆龙.现代学校制度初探——兼论国有民营学校管理模式[J].中小学管理，1998(7-8)：24.

④ 李继星.现代学校制度初论[J].教育研究，2003(12)：83.

学特别是形式逻辑规定的定义原则、定义要求；二是要考虑社会背景，把现代学校制度存在的特定时空条件考虑进来；三是要从现代学校制度的内涵的角度下定义；四是要考虑现代学校制度的核心特征；五是要考虑整体性。教育部基础司和中央教科所（现已更名为中国教育科学研究院）主持的，全国教育科学"十五"规划国家重点课题"基础教育阶段现代学校制度的理论与实践研究"总课题组，在全国范围内确立了9个实验区（北京西城区、上海浦东新区、天津河西区、南京鼓楼区、大连中山区、杭州萧山区、深圳南山区、成都青羊区、海口美兰区），经过三年的实验，该课题组提出："现代学校制度特指在知识社会初见端倪和全面建设小康社会大的社会背景下，能够适应市场经济和建设学习型社会的基本要求，以完善的学校法人制度为基础，以现代教育观念为指导，学校依法自主、民主管理，能够促进学生、教职工、学校以及学校所在社区的协调和可持续发展的一套完整的制度体系。"[1]

四是认为相对传统学校制度而言，现代学校制度是制度变迁的一种机制模式，是现代治理理念下的学校管理模式的新探索。"实际上，现代学校制度这个概念可以被消解，它指的就是一种教育制度安排、一种教育规则体系，叫不叫'现代学校制度'关系不大。此处的'现代'不具有历史分期意义上的时间含义；'学校制度'也不仅仅是指学校内部的治理结构，还涉及学校与教育行政部门与社会的关系，因此这里的'学校制度'已超出了学校的范围。"[2]

综上所述，由于现代学校制度是学校制度变迁过程中具有特定内涵的一个相对概念，因此，人们很难给出一个准确而公认的定义。不过，有一点是非常明确的，即现代学校制度的提出，是现代学校教育的变革在制度层面的反映。上述定义都涉及了学校法人制度、新型政校关系、学校依法自主、民主参与以及学校与社会协调发展等关键词。由此看出，相对传统学校制度而言，现代学校制度是制度变迁的一种机制模式，是现代治理理念下的一种教育制度安排、一种教育规则体系。

---

[1] "基础教育阶段现代学校制度的理论与实践研究"总课题组.关于现代学校制度的含义、特征、体系的初步认识[J].人民教育，2004(17)：2.

[2] 褚宏启.我们需要什么样的现代学校制度[J].教育研究，2004(12)：32.

## 二、现代学校制度的实践特征

一直以来，我国公办中小学面临四大困难，一是经费短缺，二是缺乏办学自主权，三是教育思想陈旧落后，四是教师专业化程度较低，队伍不稳定。面对这四大困难，在现阶段，我国主要采取试点推进，地方自行探索的方式，逐步推进现代学校制度建设。

实践表明，通过试点学校的运行，在现代学校制度建设的实践层面，我国积累了一定的经验。

### （一）转变"管"的教育方式，扩大学校办学自主权

试点地区主要采取了政府重视，转变原有管理方式，理顺学校自主办学外部环境，逐步探索推进现代学校制度建设。自2007年开始，嘉兴市确定南湖高级中学为现代学校制度首批试点单位，具体探索推进现代学校制度。近年来，嘉兴市在推进现代学校制度建设方面积累了一定经验，并多次在全国事业单位改革会议上做了经验交流，保障其改革成效的一个很重要的原因是市委、市政府重视该项改革，并给予了很大的政策支持。根据国家教育行政学院基础教育研究中心在2017年，对参加国家教育行政学院举办的，浙江省嘉兴市"提升教育现代化建设能力"专题研讨班共计40名教育主管部门负责人的专题调查表明，认为市委、市政府，县委、县政府领导重视教育的占了100%。市委、市政府领导的重视，是在当前体制下，能够转变政府教育管理方式，给予学校一定办学自主权的主要政策保障。主要体现在解决了各横向部门之间职责不清、缺乏协调机制的问题。调研表明，嘉兴市（区）、县（区）各职能部门负责人中，占77.50%的人认为基本上形成了制度化的部门间联动机制，20.00%的人认为仅限于专项领域形成了部门间联动机制，占2.5%的人认为各部门之间沟通协调渠道不通畅，仅有1人认为所在县（区）还未形成有效的部门间联动机制。建立了部门之间联动机制后，接下来是规范各职能单位的治理权责。嘉兴市既做到了界定政府、业务主管部门、事业单位法人三者间的责权，又做到了明确试点学校各利益相关方的权利、义务与责任。首先，政府作为教育事业发展的第一责任人，依法履行教育职责，主要是给予经费保障、事业保障等；嘉兴市教育局根据政府的授权主要承

担举办者职责，对试点学校实施监督管理，参与选择管理者等。调研表明，占 80.00% 的嘉兴市市（区）、县（区）各教育主管部门负责人认为，所在地区教育督导部门对市（区）、县（区）政府履行教育职责情况开展了考核评估。嘉兴市还制定了《嘉兴市教育局关于开展现代学校制度试点工作的实施方案》，并确定，以边研究边试点边推进的方式，着力构建区域性的现代学校制度。学校作为独立的法人单位，依照章程开展自主办学，不断提升办学质量和效益。

### （二）促进校长专业化，让"办"教育回归本质

伴随管理重心下移，提升校长专业化水平成为各级政府尤其是教育行政主管部门的重要议题。实践表明，当前我国关于校长专业化的制度设计主要有三方面：一是实行校长职级制，二是实行职业资格制度，三是专业提升培训制度。

校长职级制是对传统的以政府为主导的校长管理模式（任命制）的反思与批判，因此，实行校长职级制改革成为政府转变教育管理职能，探索现代学校制度的一项重要策略加以推进。

校长职级制改革是一项集成式改革，改革涉及组织、发改、编制、人社、财政等诸多部门。因此，若没有各横向部门的协调与支持，仅有教育行政主管部门单方面的积极性远远不够。因此，职级制改革在当前进展还比较缓慢，还未发挥其提升校长职业化、专业化的功能和作用。2018 年 7 月，基础教育研究中心以"关于扩大学校办学自主权情况的专题调查"为主题，面向参加国家教育行政学院举办的第 22 期全国基础教育改革动态研修班 97 名高中校长进行了专题调研。调研表明，只有 17.95% 的高中校长认为所在地区实行了校长职级制。

按照教育家办学的改革思路，多数地区主要采取专业提升培训方式提升校长专业化水平。由此形成诸如名校长工作室、名校长领航工程等名目繁多的校长专业提升制度。关于校长任职资格，国家层面已经出台了各级各类学校校长的任职资格标准，按照国家制定的标准选拔和考核校长将成为今后保障校长专业化的主要方式之一。

### （三）完善现代学校内部治理结构

现代学校制度建设既是一次学校获得重生的革命性变革，更是一次校内管理权限的重新调整分配过程。首先，按照依法办学原则，制定和完善学校章程，

而学校章程作为学校内部管理的法律依据，必须是在具备了良好的内外部制度环境的背景下才能发挥作用。因受政府管理理念、制度措施的影响，学校章程的规范性作用发挥的程度水平也不同。因缺乏部门联动机制，尤其是缺乏法律刚性的规定，多数地区的章程处于形式大于内容的尴尬局面。青岛市通过制定地方性法规《青岛市中小学校管理办法》，基本上发挥了章程的规范作用。

由于受现有体制机制的制约，具体将一定人财物管理权限下放给学校的地区还属于少数试点地区。调研表明，占 15.39% 的高中校长认为所在地区开展了学校自主办学改革试点。采取试点改革的地区，具体通过定期修改章程，建立学校理事会（或董事会）、校务委员会、家校共同发展委员会等，不断探索学校管理多元决策机制，通过加强教职工代表大会、家长委员会不断提高学校管理民主化水平。这些探索为今后构建现代学校治理结构和治理体系奠定了良好的基础。

### （四）鼓励社会参与，逐步推进社会"评"教育

一直以来，政府不仅是主要的教育投入和管理者，同时也是主要的教育质量评价者，这种单一化的评价方式已经不能满足教改发展需要。办人民满意的教育，不能靠教育部门自说自话，需要改变过去将教育利益相关者边缘化的做法，并将各个利益相关者都能有效吸纳到学校具体的管理过程中来，将过去的敌意关系转变为现在的伙伴关系，发挥各教育主体的育人作用，形成共同育人机制。目前，我国主要是通过开展社会满意度调查、引入第三方教育评价机构，开始打破政府单一评价机制，逐步探索构建由学校自评为主，政府主导，社会参与为辅助的主体多元的教育评价体系。实行主体多元的教育评价，将有利于促进学校面向区域开放办学，使政府、学校、家庭、社会以及社会公益组织、非政府组织，甚至企业等各利益主体都能够依法参与到学校管理过程中来，最终形成网络化社会服务机制。

## 三、现代学校制度的实施对策

遵循现代学校制度的基本内涵，依照当前我国制定出台的有关现代学校制度建设的相关政策，在现阶段，我国的现代学校制度建设可按照以下四方面内容

具体推进：一是充分发挥学校党组织的政治核心作用；二是依法办学是学校的重要保障；三是重建政校关系，理顺学校外部制度环境；四是完善法人治理结构，优化学校自主办学的内部环境。

### （一）充分发挥学校党组织的政治核心作用

中小学校是党的基层组织建设的重要领域。学校党支部是中国共产党在学校的基层组织，是学校的政治核心。

十八大以来，党的建设的总要求是坚持和加强党的全面领导，坚持党要管党、全面从严治党。在新时期发挥中小学党组织的政治核心作用，具有三方面的现实意义：

一是促进中小学校健康发展，办好人民满意教育的根本保证。充分发挥中小学校党组织的政治核心作用，把党的思想政治组织优势转化为教育改革发展优势，促进依法办学、质量立校，为社会提供更多优质的教育资源和服务。

二是培养社会主义建设者和接班人的迫切需要。发挥党组织的政治核心作用，可保障学校全面贯彻党的教育方针，引领正确办学方向，落实立德树人根本任务，把培育践行社会主义核心价值观贯彻到学校教育全过程，使学生从小养成爱党、爱祖国、爱社会主义的良好思想品德和行为习惯。

三是推动全面从严治党向基层延伸，巩固党的执政基础的内在要求。近些年，中小学校党建工作取得明显成效，但在组织覆盖、管理体制、书记队伍、党员管理、思想政治教育等方面仍然存在一些亟待解决的问题，迫切需要通过破解难题、补齐短板，推动中小学校党组织、党员队伍和党的工作强起来，建设坚强战斗堡垒，夯实党的执政根基。

为贯彻落实新时期党建工作精神，推进全面从严治党向纵深发展的要求，2016年，中组部、教育部党组联合印发了《关于加强中小学校党的建设工作的意见》（中组发〔2016〕17号），该意见明确中小学校党组织是党在学校中全部工作和战斗力的基础，发挥政治核心作用。对新时期加强中小学校党建工作做了全面部署，明确了领导体制、党组织的八条职责。意见规定新时期学校党组织要履行八项基本职责：一是全面贯彻执行党的理论和路线方针政策，贯彻执行党的教育方针，引导监督学校遵守国家法律法规，依法治校、规范管理，确保正确办学方向；二是参与讨论决定学校发展规划、重要改革、财务预决算和教学科研、招生录取、基本建设等方面的重大事项，以及涉及师生员工切身利益的重要问题；三是坚持党管干部原则，在选人用人中发挥主导作用；四是坚持党管人才原则，参与讨论决定人才工作政策措施；五是坚持立德树人、德育为先，做好思想政治工作和意识形态工作，开展社会主义核心价值观教育，加强学校文化和精神文明建设，推动形成良好校风教风学风；六是完善学校党组织设置和工作机制，创建学习型服务型创新型党组织；七是领导学校党的纪律检查工作，落实党风廉政建设责任制，严格执行《中国共产党廉洁自律准则》《中国共产党纪律处分条例》等规定，加强对违纪违法问题的预防、监督和查处；八是领导工会、共青团、少先队等群团组织和教职工大会（代表大会），做好统一战线工作。

教育部要求各地区，从落实全面从严治党和把基础教育越办越好的高度，进一步提高对党建工作重要性的认识，把做好党建工作作为团结凝聚广大教师、提高办学治校水平的强大动力。要将党组织和党的工作覆盖到每一所学校、每一名党员。要严格党员教师组织生活制度，严格教师队伍管理。要把中小学党建工作落实到教育教学各项工作中，促进党建工作与学校工作紧密结合、有机融合，务求取得实效。完善学校内部治理结构时，要保证党组织在学校重大事项决策中的地位，确保学校正确的办学方向。

2017年，杭州市率先出台了《杭州市中小学校党建工作标准（试行）》，厘清了学校党组织书记和行政的职责权限，明确了党建工作内容、程序、党组织设置，以标准化建设促进工作规范化，形成长效机制，有效提高了基层党建工作的治理水平。

### （二）依法办学是学校的重要保障

依法办学是依法治国方略在教育领域的体现和实践，也是构建现代学校制度的重要保障。建设现代学校制度的前提是通过法律制度明确学校办学的自主性和独立性，即通过法律明文规定学校应具备的具体办学权利和职责，避免一直以来由政府行政命令来决定的现状。

依法办学的目标是依据法治原则和法律规范，贯彻落实党和国家的教育方针和政策，建立法制化、制度化、民主化的学校管理体制和机制，形成政府依法管理学校、学校依法自主办学、社会依法监督和参与学校管理的新格局。在当前，依法办学一要突出法治原则对学校治理方式与手段的总体要求，通过树立法治观念，增强依法办学的意识和能力，体现法治要求对学校管理的统摄和规范功能；二要完善权力救助机制，依法保障教育各主体的权利与义务；三要加强青少年法治教育，培养青少年形成正确的法治观念。

1.树立中国特色社会主义法治观。学校教育首先要明确正确的办学方向和目标，即要搞清楚为谁培养人、培养什么样的人、怎样来培养人这三个最根本的问题。同样，依法办学也要首先明白"什么叫法治""什么是中国应当实行的法治"和"中国应当如何实现法治"等基本问题。法治在我国的使用时间并不长，用法治思维和法治手段治理国家事务，近些年才成为国家和社会的基本共识。

何谓"法治"？现代意义上的法治是以民主为基础，以限制公权力保障私权利为特征，以维护正义保障自由为目标的。法治具有抑制权力的作用，人治社会主要通过权威和服从实行对社会的管理，掌管法律的人和机构具有至高无上的权威，而法治社会主要是通过公开、公平、公正程序中，平衡多元价值冲突、多方利益博弈基础上形成的"公意"之集合，这一过程中，权势者很难在执法过程中以既得利益"劫持"法律。

什么是中国应当实行的法治？在当前，依法治国的核心内容是用法治思维和法治手段处理社会各要素之间关系及问题，既需要必不可少的"良法"，同时更为重要的还要"善治"，也即依照良好的法律规范，结合时代特点、基本国情等构建国家治理体系。基于法治的国民基础，当前坚持法治既要体现法治的一般精神与原则，还要体现法治的中国特色，即要走出一条中国特色社会主义法治之路。"中国特色社会主义法治是当代中国依据自身的社会条件和现实处境，立足于社会发展的要求和国家的历史命运，从有效实现国家或社会治理的要求出发，而对法治这一人类文明的现象及现代国家治理方式的独特理解和认知、独特探索与实践。"[①] 依法办学，坚持中国特色社会主义法治观，就是要坚持正确的办学方

---

① 顾培东.当代中国法治共识的形成及法治再启蒙[J].法学研究，2017(1)：18.

向，全面贯彻落实党的教育方针，坚持立德树人的重要地位，坚持全面科学的教育质量观，在法律面前人人平等，与德治相结合，依据中国实际推进现代学校制度建设。

中国应当如何实现法治？关于如何构建法治国家，党的十八届四中全会通过的《中共中央关于全面推进依法治国若干重大问题的决定》中明确指出总的目标，即完善以宪法为核心的中国特色社会主义法律体系，加强宪法实施；深入推进依法行政，加快建设法治政府；保证公正司法，提高司法公信力；增强全民法治观念，推进法治社会建设；加强法治工作队伍建设；加强和改进党对全面推进依法治国的领导。为实现上述目标，需要坚持以下几条基本原则：

第一，坚持中国共产党的领导。党的领导是中国特色社会主义最本质的特征，是社会主义法治最根本的保证。把党的领导贯彻到依法治国全过程和各方面，是我国社会主义法治建设的一条基本经验。

第二，坚持人民主体地位。党的十八届四中全会通过的《中共中央关于全面推进依法治国若干重大问题的决定》指出，要"坚持人民主体地位，人民是依法治国的主体和力量源泉……必须坚持法治建设为了人民、依靠人民、造福人民、保护人民，以保障人民根本权益为出发点和落脚点。"[①] 该意见明确了中国要实行的是中国特色社会主义法治，要坚持以人民为中心落实法治建设。

第三，坚持法律面前人人平等。任何组织和个人都必须尊重宪法法律权威，都必须在宪法法律范围内活动，都必须依照宪法法律行使权力或权利、履行职责或义务，都不得有超越宪法法律的特权。关于如何做到法律面前人人平等，有学者指出几条基本原则：一是任何组织和个人均应平等地享有法律赋予的权利和履行法律规定的义务。二是各级政府及其工作人员均应依法平等对待执法对象，不可选择性执法。三是任何组织和个人权利受到侵犯时，均应平等地得到司法公正及时的保护。同时，对于违反法律的组织或个人，均应平等地受到司法公正的裁决。四是禁止任何组织和个人享有超越法律之上的特权。禁止明显不当的歧视性法律归类和法律适用。[②]

---

① 中共中央关于全面推进依法治国若干重大问题的决定[M].北京：人民出版社，2014：6.
② 湛中乐.何谓法治[J].人民教育，2014(24)：10.

第四，坚持依法治国和以德治国相结合。国家和社会治理需要法律和道德共同发挥作用。必须坚持一手抓法治、一手抓德治。既要发挥法律的规范作用，还要重视发挥道德的教化作用，实现法治和德治相得益彰。

第五，坚持从中国实际出发。中国特色社会主义道路、理论体系、制度是全面推进依法治国的根本遵循。

为了贯彻落实十八届四中全会提出的依法治国策略，全面推进教育领域依法治教，2012年11月22日，教育部印发了《全面推进依法治校实施纲要》（教政法〔2012〕9号），提出了学校建立公正合法、系统完善的制度与程序；形成政府依法管理学校，学校依法办学、自主管理，教师依法执教，社会依法支持和参与学校管理的格局；全面提高学校依法管理的能力和水平；积极建设民主校园、和谐校园、平安校园。《全面推进依法治校实施纲要》（教政法〔2012〕9号）是我国第一份专门规范依法治校和现代学校制度建设的政策文件，标志着党和国家对现代学校制度建设的重视提升到全新的高度，突出了依法治校与现代学校制度建设之间的关系。2016年1月7日，教育部在关于印发《依法治教实施纲要（2016—2020年）》（教政法〔2016〕1号）中进一步提出全面推进依法治教，坚持教育立法和改革决策相衔接，做到重大改革于法有据，以法律规范引领和推动教育改革、促进和保障教育发展。

2. 依法保护教师、学生的合法权益。2018年修正的《义务教育法》第三章第二十三条规定，"各级人民政府及其有关部门依法维护学校周边秩序，保护学生、教师、学校的合法权益，为学校提供安全保障。"

首先，依法保障教师和学生的合法权益。按照《教师法》第二十九条规定，中小学教师应该享受带薪休假待遇，但这一法律待遇并没有得到很好的落实。由于编制紧张、教书育人的任务越来越重，不少地区的学校利用教师法定的寒暑假开展教师相关培训、教研等活动，教师任务加重、压力加大，又不能得到充分休息调整，教师身心健康状况差，大大降低了教师的职业幸福感。

近年来，中小学教师身心健康状况不容乐观，应引起国家、政府和社会的高度关注。国家教育行政学院基础教育研究中心围绕教师工资待遇问题，面向全国县区教育局长进行了跟踪式调研。调研表明，2013年4月，在被调查的115名县区教育局长中,认为教师队伍身心健康良好的仅占20.87%,认为一般的占到了70.44%,认为较差的占8.70%。2016年3月,在被调查的122名县区教育局长中,认为教师身心健康良好的仅占20.50%,认为一般的占71.31%,认为较差的占6.56%。3年的跨度,教师身心健康状况非但没有好转反而有一定的下降趋势。

2018年修正的《义务教育法》第三章第二十四条规定,"学校应当建立、健全安全制度和应急机制,对学生进行安全教育,加强管理,及时消除隐患,预防发生事故。"

近年来,学生欺凌现象屡发多发,已成为严重伤害未成年人身心健康,冲击社会道德底线的社会问题,引起社会的普遍关注,也引起党和国家领导人的高度关切,要求教育部会同相关部门,多措并举,特别是要通过完善法律法规,加强对学生的法制教育,坚决遏制漠视人的尊严和生命的行为。

2017年11月22日,教育部、中央综治办、最高人民法院、最高人民检察院、公安部、民政部、司法部、人力资源和社会保障部、共青团中央、全国妇联、中国残联等十一部门印发了《加强中小学生欺凌综合治理方案》,该方案制定了教育为先、预防为主、保护为要、法治为基的基本原则,明确了学生欺凌的界定,建立健全了防治学生欺凌工作协调机制,并提出了落实的工作要求。该方案明确指出,坚持法治为基本原则,按照全面依法治国的要求,依法依规处置学生欺凌事件,按照"宽容不纵容,关爱又严管"的原则,对实施欺凌的学生予以必要的处置及惩戒,及时纠正不当行为。这也是充分考虑到未成年人成长特点,在维护学生合法权益的前提下,对实施欺凌行为的学生进行相应的处置。

其次,依法保障教师诉讼权。《教师法》第三十九条规定,"教师认为当地人民政府有关行政部门侵犯其根据本法规定享有的权利的,可以向同级人民政府或者上一级人民政府有关部门提出申诉,同级人民政府或者上一级人民政府有关部门应当作出处理。"

第三,要遵循法律保留原则,不得超越法定权限和教育教学规律范畴,即不得随意设定惩戒条款,或者其他可能侵犯师生基本权利的处罚和惩戒办法。

3. 加强法治宣传教育,推进依法治校的共识。法治意识是社会法治的内在精神要素,是建设社会主义民主法制的重要环节。人民权益要靠法律保障,法律权威要靠人民维护。法律的权威源自人民发自内心的拥护和真诚的信仰。

具备相应法治意识是实现依法治校的重要保障,学校校长、教师以及学生的法治意识和水平,决定着依法治校的总体水平。新中国成立以来,我国法治建设只有三十多年的历程,由于时间较短,我国的法治建设理论水平还有待提高,全社会对法治的共识度要提升。

党的十九大报告明确提出,从2020年到2035年基本实现社会主义现代化的强国征程中,要基本形成现代社会治理格局——"社会充满活力又和谐有序",并就"打造共建共治共享的社会治理格局"进行专门部署,开启社会治理迈向格局构建的新阶段。构建"共建共治共享"的社会治理格局,必然对区域内的全体社会成员的公民道德水平、法治精神和参与能力提出了较高要求。只有区域内全体社会成员自觉自愿地从内心拥护基本的道德秩序、法律规范,才能有效建立起制度权威和法治秩序。而要形成全体公民内化的道德观、法治观必须经由不断的生活实践得以调整、深化和升华。"在共建共治共享社会治理进程中深入拓展公民的参与实践,无疑是塑造公民法治精神的有效途径,而不断提升的公民法治精神,反过来又对共建共治共享的社会治理格局产生重要的推动和支撑作用。"① 这就要求,现代学校制度建设一方面要加强法治教育,面向校长、教职工、学生及其家长、社区等进行专题性的普法宣传教育,大力弘扬社会主义法治精神,建设社会主义法治文化,增强各教育主体履行法治的积极性和主动性,形成守法光荣、违法可耻的良好社会氛围,使教育各主体都成为自觉遵守和捍卫社会主义法治,提升全社会对中国特色社会主义法治观的认同度,提高依法治校的共识。另一方面要面向区域社会主动开放更多的参与途径。诸如学校重大事项的决策,可通过面向区域社会举办听证会,得到社会各方面的监督和协助。学生日常生活管理等活动可以让家长等相关教育主体参与,形成家校协调合作机制。通过面向区域塑造新时代的公民法治精神,可逐步探索建立社会参与学校管理的制度和机制。

另外,要全面加强和改善青少年法制教育,培养青少年正确的法制观。加强

---

① 李金枝."共建共治共享"治理格局中的公民法治精神塑造[J].山东大学学报(哲学社会科学版),2018(6):16.

青少年法制教育，是贯彻落实习近平总书记关于依法治国重要论述的具体体现，是培养德智体美劳全面发展的社会主义建设者和接班人的重要内容，是推动社会主义法治国家建设的重要基础，加强青少年法制教育应成为学校教育中一项常态化工作。按照教育部《全面推进依法治校实施纲要》（教政法〔2012〕9 号）和《依法治教实施纲要（2016—2020 年）》（教政法〔2016〕1 号）的要求，中小学要将学生法治意识、法律素养，作为素质教育的重要内容，在学生综合素质评价中予以体现。要把加强青少年法治教育、培养学生法治观念，放在教育工作的突出位置，强化规则意识，倡导契约精神，弘扬公序良俗，实践法治的育人功能。通过建立科学、系统的学校法治教育课程、教材、师资体系，积极推进青少年法治教育实践基地建设，健全青少年法治教育支持体系，着力提升中小学法治教育教师专业素质等具体举措，全面大力提升教育系统法治观念。

### （三）重建政校关系，理顺学校外部制度环境

重建政校之间的关系，是现代学校制度建设的前提。而重建政校之间的关系，关系到重建什么以及如何重建的问题，即现代学校制度下的新型政校关系应该是怎样的关系以及如何得以建立的问题。

首先，确立政府和学校之间的关系是宏观指导与微观实施的关系，一般指导与具体执行的关系。

政府作为公共权力代表，有必要向学校提供公正、公平、有效的教育资源。在这方面，政府具有科学决策、宏观指导、合理配置教育资源、有效考核评价学校的权利和作用。

长期以来，我国的教育管理体制是以政府单方面主导的一元化的管理体制，这是一种垄断式、包办式管理体制，造成政府与学校之间的关系特征不是制度性的，而是以行政性、管理型、经验性为根本特征。政府是主要投入者，同时主管人、财、物等权力，政府具有学校管理优先权。而学校作为办学实体，力求能够按照学校的办学传统和理念自主进行教育教学改革，但因学校基本上不具备有关作为组织条件的人、财、物等方面的决定权，必须依赖政府。而现实当中，政府往往对学校人、财、物保障不充分，既缺乏制度化的管理依据（如国家层面至今没有学校教育法、学校管理实施意见等），又不能将属于学校的管理权限下放给

学校,对学校的服务结构非常单一。这就将本来属于教育行政上的管理问题转嫁到了学校管理问题中,政府与学校的管理职能相互混淆,造成教育管理无责任主体。伴随学校内外部环境的日益复杂化,将诸多管理责任均转嫁给了学校后,不仅让学校承担难以承受的压力,更难以调动学校办学积极性和主动性。一位校长如是说:在无责任主体的管理体制下,使得校长既要成为教师中的教师,还要成为驰骋市场为教师谋福利的"企业家",同时还要成为为政府承担更多责任的大小事务的"第一责任人",甚至是左右逢源的"公关者"。

《教育规划纲要》颁布实施以来,针对原有政校关系存在的弊端,我国明确提出通过重建政校新型关系,提高政府服务水平,激发学校办学活力。

重建新型政校关系,就是要转变政府职能,从过去的管制型、经验型、全能型政府,逐步转向服务型、法治型、专业型政府。从目前来看,转变政府管理职能首先要做到观念上的转变。至今为止,政校关系没有得以制度化推进,根源主要在政府部门仍停留于过去的观念水平上。《教育规划纲要》实施以来,一些先行先试地区之所以取得改革成效,其主要经验就是政府及时转变观念,下定改革的决心,坚定信心,真正做到了简政放权,不断深化教育领域综合改革,不断加强教育治理体系和治理能力建设。

任何一项改革都是理念引领下的改革,重建政校关系也如此,针对现存体制弊端,有必要先确立正确的政校关系的相关理念。

从教育行政部门的职能来看,教育行政与学校管理之间存在三方面关系:一是教育行政组织与学校教育组织之间的关系,应是宏观指导与微观实施的关系,一般指导与具体执行的关系。二是教育行政职能定位的关键在于牢固树立以学校发展为本的管理理念和管理内涵,即树立以学校发展为本的管理理念和深刻领会学校发展为本的学校管理内涵。三是教育行政职能要依据教育改革与发展的实际,需要不断调整和完善其规划指导、方针政策、制度保障以及向学校提供专业技术指导等功能。

从学校管理职能来看,教育行政与学校之间也存在三种关系:一是减少教育行政机关对学校内部管理的不正当干预,扩大学校内部管理权;二是不断改进和完善学校内部组织建设和学校领导力;三是保障教育的公共性,促进教育管理民主化。

其次，通过法律明确规定学校和政府各自的管理职责。在现实中，是否做到了政校分开，管办评分离，关键要有具体的法律法规作依据。建设现代学校制度的前提是通过法律制度明确学校办学的自主性和独立性，即通过法律明文规定学校应具备的具体办学权利和职责，避免一直以来由政府行政命令来决定的现状。"因为只有通过法律形式确定的政府与学校的关系，才具有公正性和稳定性，而如果政府与学校的关系及其权利和义务仅由行政单方面决定，就既缺少不同利益主体之间的博弈机制，也缺少制定或改变规则的法定程序，也就难以保证学校与政府的关系以及学校地位的公正性和稳定性。"[①]

当前，重建政校关系，具体以转变政府教育管理职能、扩大学校办学自主权等举措推进。无论转变职能，还是扩大自主权，都要通过法律法规明文规定各自的职责，确保学校具有独立的法人地位。以扩大办学自主权为例，学校办学自主权具体有校长自主选聘权、教材选用权、学生管理权、教师薪酬决定权、教师职称评聘权、教师聘任权、招生权、办学经费使用权、管理队伍"组阁权"、课程开设权、战略决策权等。这些权利理应具备相应的法律法规上的明确规定，否则，下放学校管理权限容易出现杂乱无章，乱放权的现象，这违背了现代学校制度建设的理念。

2017年，青岛市开始实施《青岛市中小学校管理办法》，以法规条款的形式，明确了政府和学校各自的权限和义务。从实施效果来看，政府依法行政、学校依法办学的良好局面正在逐步形成。

**（四）完善学校法人治理结构，优化自主办学的内部环境**

在教育治理领域引入法人治理结构旨在通过规范治理结构，优化权力配置，激发学校活力，提升教育效率和效益。[②] 学校法人治理结构的建设有利于明确学校作为法人的责、权、利，为学校自主办学奠定法理基础。

近年来，我国按照"依法办学、自主管理、民主监督、社会参与"的现代

---

① 谈松华.现代学校制度建设的若干理论与实践问题[J].人民教育，2005(6)：3.
② 吴华，宁冬华.从现代企业制度到现代学校制度——对椒江"现代学校制度"实践的理性思考[J].浙江大学学报（人文社会科学版），2004(1)：30-37.

学校制度建设精神，开始探索构建学校法人治理结构。

构建现代法人治理结构需要三个基本要素：一是制定学校章程，构建学校依法办学的制度体系；二是完善学校理事会制度，优化校长负责制；三是鼓励社会参与，保障教育的公共性。

1.制定学校章程，构建学校依法办学的制度体系。学校章程是学校依法自主办学、实施管理和履行公共管理职能的基本准则，是学校办学的纲领性文件，对于学校理顺内部关系、优化内部治理、保持学校持续发展具有重要作用。

学校章程是建立现代学校制度的载体，是推进依法治校和扩大学校办学自主权的重要保证，同时，也是政府监管学校办学行为和办学质量的重要依据。早在1995年3月18日，《教育法》第二十六条、第二十八条中就明确规定了"学校要有章程""学校要按照章程自主管理"。按照当前依法治国的治国方略，依法办学、依法治校成为新形势下教育管理方式变革的根本任务。按照教育部《依法治教实施纲要（2016—2020年）》（教政法〔2016〕1号）的要求，地方政府要结合实际，对普通中小学、中等职业学校章程建设提出指导意见，健全核准制度，加快推进章程建设，到2020年，全面实现学校依据章程自主办学。制定并完善学校章程，成为当前学校管理者面临的一项重要任务。

学校章程与学校具体规章制度是两个概念。学校章程是学校各规章制度中最基本的、最重要的制度，是学校各规章制度中的根本大法，是母法，制定学校各规章制度都要依据学校章程。学校具体的规章制度是学校章程的"子法"，是学校章程的具体化和补充，是对学校局部问题作出的规范，具有较强的针对性和操作性。学校规章制度的制定，应该依据现有教育法律法规的规定，遵循教育教学基本规律，以及学校自身的办学实际情况组织制定和实施。如制定并完善教学、人事、财务、学生、资产、后勤、安全、对外合作等方面的管理制度，建立健全各种办事程序、内部组织规则、议事规则等，形成统一的制度体系。可进一步编制成制度汇编手册，便于全体教职工、学生以及家长对校内管理制度的了解、查阅等。在制定过程中，要保证校内各项制度建设具备相应的法律法规依据，且不与相关法律法规条文有重复的现象。

制定学校章程，需要注意以下几个事项：

一是依据上位法，因地制宜，因校制宜。一方面体现章程的合法性。即章程的条款要于法有据，既做到要符合国家制定的相关法律和地方教育行政法规要求，同时还要做到不与现有法律规定重复，即坚持"法律保留原则"，凡是法律有明确规定的，原则上不作重复规定。对法律未作规定的事项，可在不违背法律精神和原则的前提下做有益尝试和探索。另一方面体现章程的合理性。即章程的制定一定要结合地区和学校的实际情况进行合理的制定，使制定的章程能够真实发挥学校依法自主办学、实施管理和履行公共管理职能的基本准则的作用，避免章程流于形式化和空洞化。

二是厘清学校治理主体的职责与权利，这是完善学校治理结构的前提。在开放办学主导下的学校治理主体是多元化的主体，既有作为学校内部治理主体的党支部书记、校长、副校长、学校管理中层、教职工、受教育者，还有作为学校外部治理主体的政府、家长以及人大、政协、事业单位、社区代表等。可以说，学校治理主体关系到区域内所有的教育主体，章程的制定必须对这些主体的职责和权利作出明确规定。构建现代学校制度需要从内外部制度两个维度推进。政校关系是外因，学校内部治理结构才是内因，外因最终通过内因发生作用。正确的做法应首先要合理设置学校内部岗位及其管理职责，并以制度的方式予以明确保障。如何分配好学校内部权力，这是关系到学校治理的核心问题。其次按照政校分开、管办分离的改革精神，明确政府和学校的各自管理职能和权限，并在遵循教育教学规律的前提下，按照《教育法》第五十一条、第五十二条规定，学校治理要适度考虑保障外部教育主体的合理参与和监督学校治理的权利，也要在章程中对社会参与学校治理的合理范畴和具体权利作出明确的规定。

三是制定好学校内部治理体系和结构，体现章程的规范性。厘清学校治理主体的职责与权利，只是完善学校治理结构的前提，改进和完善学校内部治理结构才是构建现代学校制度的核心任务。

一般地，作为学校内部法律依据，章程由总则、分则和附则三部分构成。在文本呈现形式上要求具备准确性和规范性。总则部分具有原则性和概括性，主要说明章程制定的依据和目的。分则内容具有全面性，是学校章程的实体性部分，这部分内容包括学校名称、校址和性质、办学宗旨、办学特色，内部管理体制、财务管理、安全管理和卫生保健制度，各教育主体之间的管理权力与义务等。附则部分是对学校章程的解释性说明，包括名词、术语的规定，章程修改程序，以及必须由章程规定的事项，章程实行的时间等。

四是加强民主监督和管理机制，体现章程的民主性。章程的制定需要在民主协商、民主决策的基础上进行。制定学校章程，需要遵循公开、民主的程序，通过校内公开征求意见、充分讨论、民主协商等途径，保证全体教职工的意见得到充分表达，充分体现其合理诉求和合法利益。

另外，章程要体现学校办学的特色和理念。章程的制定要密切联系各校办学实际，既要反映学校办学的历史，还要体现学校办学的现状和发展前景。因此，现阶段要求"一校一章程"，这是充分考虑了学校按照各自办学传统，实现特色发展的要求。

2.完善学校理事会制度，优化校长负责制。作为学校法人治理结构建设的制度设计，学校理事会是学校最高的决策权力机构，行使决策的职能。学校理事会制度是适应开放办学需要，加快推进体制创新和现代学校制度建设的重要举措。这种法人治理结构与传统意义上的办学组织的最大区别在于，教育治理主体由过去的政府单一主体向社会多元主体转变，学校由封闭半封闭系统转为面向社会开放办学，真正落实学校办学自主权。

《教育规划纲要》颁布实施以来，尤其是2012年教育部发布的《全面推进依法治校实施纲要》（教政法〔2012〕9号）以来，一些地区开始了进行学校法人治理的探索。具体按照在学校内形成决策权、执行权与监督权既相互制约又相互协调的内部治理结构进行改革。实践表明，实行法人治理结构改革，可以有效优化学校内部治理结构，为构建现代学校制度奠定了制度基础。其中，学校理事会制度的探索，可有效优化校长负责制。

1985年，国家在《关于教育体制改革的决定》中第一次规定了"学校逐步实行校长负责制"。1993年，《中国教育改革和发展纲要》进一步明确规定："中等及中等以下各类学校实行校长负责制。"从此，我国确立了学校内部管理领导体制，即校长负责制。到了1995年，国家颁发的《教育法》规定："学校的教学和其他行政管理，由校长负责。"2016 年新修改的《义务教育法》第二十六条规定，学校实行校长负责制，从而第一次从法律层面规定了校长负责制。

现阶段，我国构建现代学校法人治理的前提是坚持校长负责制，同时发挥好教职工代表大会和家长委员会等内部制度的监督评价功能。要想提升为法律层面的校长负责制，在实际运行当中面临诸多实际困难。其中，一个重要的原因是我国的中小学校长具有行政级别，具有行政级别的校长忙于上级安排的行政事务，不能将主要精力放在学校的发展上。还有一层原因是学校权力主体单一，于是责任主体必然单一，在不同领域的不同环节发生的诸多事情都集中到作为法人的校长一人身上，让校长承担了无限责任。上述原因造成了校长负责制这项制度形同虚设，没有发挥其促进学校自主办学的应有作用。"从某种意义上说'负责制'政策迄今为止只具体地表现为一些抽象的'口号化'内容，缺乏国家层面教育政策单一性的解释和特定的强制性，在相当长一段时间内'负责制'政策的统一性没有得到保证。"①

探索实行学校理事会制度，打破了原有体制下权力主体单一的局限性，学校治理主体多元化。以银川高级中学首届理事会为例，该校首届理事会由 9 名理事组成，本单位担任理事的人员不得超过理事总人数的 50%。理事产生的方式为：校长作为学校法人代表，是当然理事；教职工代表产生理事 1 名，由全体教职工选举产生；校级党政副职中产生两名，由全体教职工公开推荐，以得票人数排前两名者作为推荐对象；学生家长代表 1 名，从家长中推荐产生；社区代表 1 名，由辖区政府教育部门负责推荐；社会知名人士两名，从关心教育和学校发展并且最好是担任人大代表或政协委员的社会知名人士中产生；学校的举办单位委派出席理事会的理事 1 名。②

学校理事会的核心职权包括对学校发展规划、年度工作计划、重大改革项目、重要管理规章等重大事项进行审议并作出决定；听取学校执行层的年度/学期报告，并借助第三方专业评价对学校办学行为、教师教学行为和学校管理水平

---

① 杨润勇. 对"中小学校长负责制"政策调整的分析与建议 [J]. 当代教育科学，2008(10)：8.
② 芦苇. 用法治思维构建现代学校制度——以银川高级中学法人治理结构建设试点工作为例 [J]. 宁夏教育，2015(12)：8.

进行监督，提高学校规范管理水平等。①

学校理事会作为学校决策机构，对内接受教职工代表大会、家长委员会等监督，对外接受政府和社会监督。

《教师法》第二章第七条（五）中明确规定，教师享有"对学校教育教学、管理工作和教育行政部门的工作提出意见和建议，通过教职工代表大会或者其他形式，参与学校的民主管理。"依据我国现有的教育法律法规，以教师为主体的教职工代表大会制度是保障教职工民主参与学校管理、促进学校管理民主化的重要制度保障，也是现代学校制度的重要组成部分，其职责主要有审议建议权、审议通过权、审议决定权和评议监督权。如何确立教职工在学校治理结构中的地位和作用，是学校治理结构中的重要问题。

实践表明，教职工代表大会制度普遍得以建立，在学校重大决策过程中发挥着重要的监管作用。但现实当中，教职工代表大会制度的功能作用发挥还很不充分。要想真正发挥教职工参与学校管理的主动性和积极性，还需要进一步完善相应的机制建设。从机制建设来看，教职工代表大会应坚持民主选举、实行工作例会等工作机制，在此基础上，要将教职工代表大会制度列入学校发展规划当中，作为学校经常性的工作内容。

在依法办学的治理理念背景下，通过制度建设来保障家长参与学校管理，是家校合作的重要条件。目前，我国关于家校合作的基本制度是家长委员会制度，各校通过家长委员会制度，实现家长参与学校管理。由于法律层面上没有明确规定家长委员会具体的参与职责与内容，因此，许多时候，家长委员会的作用也没有得到充分发挥，有些学校的家长委员会形同虚设。

构建现代学校制度，不仅需要重建新型政校关系，同时，还需要重建新型家校关系。新型家校关系的建设，基于共同育人的理念，建立起相互理解、相互协作的合作机制。这既需要通过开展家长学校、教师与家长联合会、家长互助中心等多途径活动方式，促进家校之间的彼此了解和合作意识，同时，还需要加快制定相应的法律法规，最终通过制度层面来保障家校合作的实质性进展。

---

① 陈婧，范国睿.公立中小学校法人治理结构的优化研究[J].教师教育研究，2018(5)：100.

建立在多主体、全领域、各环节之中，通过实践不断深化的学校理事会制度还处于探索阶段。还面临诸多新的问题和挑战，诸如如何保障学校理事会的组成人员的代表性和专业性，并有能力和水平承担学校决策的职责等，都有待进一步的实践和探索。

3.鼓励社会参与，保障教育的公共性。伴随学校内外部环境的日益复杂化，单靠政府或学校自身力量很难保障学校教育的顺利发展。学校必须打破封闭办学模式，面向区域社会开放办学，让更多的教育主体参与到学校管理过程中来，通过形成合力，共同育人。

综上所述，现代学校制度建设需要具备以下三个基本特征：一是依法治校的特征。学校具有法人资格，并具有一定财权、人事权和事务管理权；树立法治意识，依法制定校内各项管理制度，依法保护教师、学生的合法权益。二是现代法人治理特征。建立学校章程，构建内部管理体制以及提高学校领导力。三是保障教育的公益性特征。学校要面向区域社会开放办学，让更多的教育主体参与学校管理，发挥其协助、监督和评价学校办学质量和效益的功能。

实行多元化治理，是实现学校自主办学，真正树立学校法人地位，发挥学校作为专门教育机构的功能与作用的有效途径和方法。在这里，特别需要注意在采取多元治理推进现代学校制度建设的过程中，需要明确教育机构与企业之间的本质区别，需要警惕现代学校制度建设借鉴企业管理制度时对教育公益性的损害，即一定要明确现代学校制度是一种教育制度而不是经济制度，构建现代学校制度的基本要求是要保障教育的公益性。另外，在追求办学效率的同时，还要坚守教育的伦理性，即学校教育变革一定要以儿童青少年的全面、健康的成长作为出发点和落脚点。

# 第二节  探索校长职级制改革案例

校长职级制是对传统的以政府为主导的校长管理模式的反思与批判,是保障校长专业化、职业化的有效探索。中小学校长职级制改革是教育体制改革的一个重要方向,其目的在于让教育"去行政化"、让校长"去官化",减少学校教育中不必要的行政干预,培养专门家办学的氛围,让校长谋取教育发展,这是职级制改革的核心内容。实行校长职级制改革,对加快实现中小学等事业单位与机关行政级别脱钩,建立适应中小学特点和符合校长成长规律的管理体制而言具有重要的现实意义。

从管理学的角度讲,社会系统的有效运行取决于领导者的素质。校长具备怎样的教育情怀、怎样的教育教学管理理念以及如何践行办学理念等都直接关系到学校管理的效率水平。校长的角色使命、校长的专业标准以及校长选拔任用办法,共同构成当前教育行政部门管理校长的基本依据。因此,在推行校长职级制之前,需要研究思考现代校长的角色定位和职业使命。

## 一、现代校长的角色使命

一所好学校必然有一位好校长。校长不仅在学校发展过程中起着关键作用,而且对于促进我国基础教育改革和发展,办好人民满意的教育方面同样发挥着重要作用。现代中小学校长扮演着多重角色。第一,校长应是教育者,必须拥有良好的教育能力和素质,能够按照教育家的情怀办教育。第二,校长应是管理者,必须具备一定的现代管理知识和教育理论水平,能够对教育发展做出科学预见和规划。第三,校长还应是领导者,应当具备领导的能力和风范,能够有效整合、利用现有教育资源,从容应对各方面的挑战。第四,未来校长还需是经营者,具备多元灵活的全方位教育资源意识与资源整合能力(学校资源、家长资源、社会资源、国际资源等)。所以,对于这个综合性角色,只有使之同时具备了多方面的能力和素质，才能实现真正意义上的中小学校长队伍的现代化，并为教育的现代化打下基础。

改革开放40多年，我国基础教育进入了新的历史发展时期，正面临新的历史发展任务。新形势与新任务对现代中小学校长的职业素养提出了新的要求，要求校长们能够及时把握时代发展特点，重新审视职业角色使命，增强历史使命感；强化管理理论学习和研究，提高学校战略发展规划能力；进一步规范职业成长特点，提升校长领导能力。

校长的角色显然具有多重性，校长既是领导者、管理者，又是教育者，同时，还要具备一定的经营能力，能够整合各种资源。在社会不同发展阶段、不同类型的学校以及学校的不同发展阶段，校长的角色内涵也会有所侧重。这表明，校长在不同发展阶段存在角色转换的问题。在当前，伴随管理重心下移，中小学校长的角色正在发生如下转变：一是由上级政策的简单执行者、学校的看守式管理者逐步转向学校发展的领导者和决策者；二是由单纯执行上级计划逐步过渡为自主制定发展规划。

教育面对的是人，而不是产品，由此决定了教育的专门性和特殊性。校长不一定都成为教育家，但作为现代校长有必要将按照教育家办学作为校长角色生涯中的一个核心的价值理念来追求。

问题的关键点在于校长在扮演多重角色当中，不因外部环境的变化而改变教育价值核心理念，这就涉及校长的角色使命。使命是一种重大责任，有其庄重感、厚实性，而且常彰显时代的色彩和烙印。陶行知先生说过，"做一个学校的校长，谈何容易！说得小些，他关系千百人的学业前途。说得大些，他关系国家与学术之兴衰。"校长不仅负有对国家、民族的使命，还负有对学校和学生的使命。

校长的使命与学校的改革和发展紧密相连，它既是抽象的也是具体的。如对教育事业的执着与热爱，对民族整体素质的忧患，对教育本质的守护等等。同时，校长还应该不断增进自己的学识，修炼自己的人格，以师生的成长为前提，"为每一个学生提供成功的机会，为每一个教师创造发展的空间"。校长要与教师共同成长，共同营造校园文化。在教育实践过程中不断提升领导力的同时，还必须能够与教师共同学习、共同实践、共同成长。这是校长调动教师积极性的前提，也是推动学校发展的重要力量。为了孩子们的明天，校长们需要在政府希望、家长满意、同行尊重、学生喜欢、教师留意等多种社会制约因素和期待中寻求平衡，以教育家的情怀追求和实现历史赋予现代校长的重要使命。

校长的成长历程往往是学校发展史的一部分，同时，若没有学校的发展也就没有校长的成长。现代校长希望通过思想的领导、文化的引领带动学校不断向前发展。

首先，一位优秀的校长应具有广阔的知识和良好的知识结构。（1）科学管理学校的知识。作为一校之长，必须具备全面系统的学校管理知识和教育教学水平，有驾驭全局的能力；能科学管理学校，作风民主，善于吸取领导班子及教职员工意见，善于借鉴别人的成功经验和吸取失败教训；能充分调动领导班子及教职员工的积极性，大力推行素质教育，扎实有效地进行教育教学改革，大胆探索，敢为天下先，让学校管理更加合理化和科学化，以达到事半功倍的效果。（2）全面、系统的文化知识。作为校长不仅要具备很好的学校管理知识，还应具备全面的科学文化知识，做一个博学多才的校长，才能在师生中树起很高的威信，发挥自己的影响力。（3）有继续学习的能力和水平，使自己能永远站在教育改革的前列。（4）有很好的语言和书面表达能力。校长的口头表达能力很重要，它往往能使自己的工作得心应手。另外，还要具备很好的书面表达能力，让自己能从理论上系统地总结工作中的经验和教训，以便进行广泛的交流学习。

其次，校长应该努力从经验管理者、制度管理者向文化管理者转变。做到文化管理需要关注五个方面的问题：一是文化管理要创设载体，使学校的目标根植于每位教师的心中。要采取多种形式和途径创设学校文化的载体并对学校文化进行解读，以期教职员工的个人目标与学校的发展目标相一致。二是文化管理者需要耐得住寂寞，要成为办学路上的静行者。教育家办学的本质是要按教育规律办学，而不是泛政治化、泛社会化，更不能追风、赶时髦，需要做一个为实现目标而耐得住寂寞的静行者。三是文化管理要以制度管理为基础，需要建立学校效能的监测体系。大家都在讲一个好校长就是一所好学校，强调了校长在办学中的重要性。但如果一个好校长仅靠个人魅力来领导学校，不注重制度管理，一旦魅力校长离开学校，学校管理就无法正常运行了，这样的学校就不能得到持续发展。因此，文化管理需要校长关注学校效能的有效监测，包括对教学的有效性监测、投入的有效性监测和教育活动的有效性监测等环节。四是文化引领需要准确的文化定位与认知。对学校文化的认知能力，决定了文化的引领性和有效性。同时，定位准确与否决定了学校发展的实际进程。五是文化管理要关注教师的职业幸福感。现在教师的压力是非常大的，导致他们普遍缺乏职业幸福感，很难想象没有幸福感的教师团队会产生教育的激情，更难想象没有幸福感的教师会产生强烈的责任感和充满爱心。因此，校长需要注重培养教师的职业幸福感，激发教师职业兴趣，与教师一起共同完成教育的使命和任务。

第三，现代校长要用思想管理学校，用思想引领教师。苏霍姆林斯基说过，"校长对学校的领导首先是思想的领导，其次才是行政领导。"用思想引领和管理学校是一个长期的探索积淀过程，既要向专家学者学习，还要不断进行自我反思、自我诊断和提高。校长应该是一个富有的践行者，校长总会找到一个能够践行自己教育思想的实践土壤，而且也能够为学校留下可以称为财富的东西，诸如教师队伍、管理理念和学校文化。

校长们以理想和智慧不仅促进了学校的发展，也促进了自身的成长。校长的成长固然离不开校长自身的努力，同时也需要国家和政府创设校长成长的良好制度环境。学校发展问题，不仅仅是物质的丰富、经费的增加，还要解决人力资源的优化和文化、制度层面的问题，这些问题往往是制约教育发展的重要外在因素。

基于上述校长角色使命特征，校长队伍必须实现专业化、职业化，对此，需要制定相应的专业标准、职业发展和激励保障制度。

我国已出台了《义务教育学校校长专业标准》（2013年），以及《幼儿园园长专业标准》《普通高中校长专业标准》《中等职业学校校长等专业标准》（2015年）。这些"专业标准"是国家对校（园）长专业素质的基本要求。为加强和改进中小学校领导人员管理，完善选拔任用和管理监督机制，建设一支符合好干部标准的高素质领导人员队伍，根据《事业单位领导人员管理暂行规定》以及相关法律法规，2017年，中共中央组织部、教育部印发了《中小学校领导人员管理暂行办法》（中组部〔2017〕3号），对中小学校领导人员的任职条件和资格进一步提出了明确的规定。其中，在关于中小学校领导人员的职业发展和激励保障中明确提出："加快推行中小学校长职级制改革，拓宽职业发展空间，促进校长队伍专业化建设。"专业标准和中小学校领导人员管理办法的出台，标志着我国全面进入中小学校长专业化、职业化的发展道路，这是我国关于加强中小学校长队伍建设的重要任务和重大举措。

## 二、职级制改革的现实意义

校长职级制是20世纪90年代中后期，以国家人事部关于事业单位人事制度改革实行"脱钩、分类、放权、搞活"的总体思路为指导的一项教育人事改革举措。改革之初的主要目的在于创造一种公平竞争的环境，以此激励校长积极进取、开拓创新。2000年，上海率先在国内实施中小学校长职级制改革，后来的潍坊、中山等地区也先行推进校长职级制改革。伴随校长职级制改革的深入，近年来，国家将校长职级制上升为促进校长专业化、职业化的一项重大改革举措。

我国的教育体制应属于中央集权制[①]。由于受中央集权制的影响，一直以来，我国将学校也视为教育行政的一个机构，中小学校长实际上也具有一定的行政级别。1985年6月4日，国家在《国家机关和事业单位工作人员工资制度改革方案》（中发〔1985〕9号）中，提出了中小学等事业单位管理人员工资待遇可实行与行政机关级别挂靠的办法，即省市重点中学、区县重点中学、初级中学和中心小学以及完全小学的校长分别挂靠行政机关的正处级、副处级、科级和副科级。由此，我国的中小学校长实际上也具有相应的行政级别。

由于校长具有行政级别，校长作为政府干部序列的成员，他们的关系、档案等主要由党委和政府的组织部门（有些地区由宣传部门）管理。校长的选拔、任用以及管理等方面主要以政府为主导，采取行政化管理模式，其结果是校长的选拔以任命制为主，且任命制下的校长能上不能下，造成校长缺乏办学积极性和主动性。另外，由于校长队伍管理的归口并不统一，造成各部门之间协调难度加大，这成为当前制约校长队伍专业化、职业化的体制性障碍。

---

① 吴志宏. 教育行政学[M]. 北京：人民教育出版社，2000：3.

2011年3月，笔者以"中小学教师人事管理改革"为主题，对参加国家教育行政学院第22期全国县市教育局长培训班的学员进行了专题调研，来自全国各地市的共有80位县（市、区）教育局长参与了问卷调查。调研表明，在中小学校长的选拔中，占6%的地区采取了公开选拔制，占21%的地区采取了选任制，占29%的地区采取了聘任制，占50%的地区采取了任命制。

2012年2月，笔者以"关于中小学教师队伍建设的专题调查"为主题，面向参加国家教育行政学院举办的第31期全国地市教育局长研修班的学员进行专题调研。来自全国各地市的共有76位地市教育局长参与了问卷调查。调研表明，在关于"如何评价当前所在地区中小学校长队伍整体素质"一项调查中，占44.74%的地市教育局长认为所在地区中小学校长基本具备了任职资格，在促进学校教育教学改革中起到了重要的领导作用；占44.74%的地市教育局长认为所在地区校长虽然还不完全具备校长任职资格，不过大多数基本上能胜任本职工作；占10.53%的地市教育局长认为所在地区仍实行干部交流制，一些一般行政岗位上的干部也交流到学校当校长，这些校长多数不具备校长任职资格，基本上不能胜任校长岗位，阻碍了地方教育教学改革的实际进程。

2018年7月，国家教育行政学院基础教育研究中心以"关于扩大学校办学自主权情况的专题调查"为主题，面向参加国家教育行政学院举办的第22期全国基础教育改革动态研修班97名高中校长进行了专题调研。调研表明，占58.97%的被调研高中校长认为处级校长由组织人社等部门任命，科级以下校长由教育局任命。认为由教育局组织公开选拔，组织人社等部门参与，由政府任命的仅占24.36%，有1人未回答。

以任命制为主选拔校长有以下几个弊端：一是不能保证具有相应专业资格的人当选校长，一些不具备校长资格的行政人员为了解决行政级别也可以进入校长队伍，使得选拔校长的过程成为一般行政干部交流的过程，不利于校长队伍的职业化。二是地方教育行政部门人权与事权相脱离，造成教育行政部门与学校管理关系不顺，教育局一些业务科室与基层学校在行政级别上出现"倒挂"现象，加大了教育行政和业务部门对学校进行有效管理的难度，也反映出行政主导下的教育行政管理体制不能按教育事业发展实际合理配备师资的弊端。三是学校行政级别划分等级，阻碍了学校整体布局的合理调整，容易造成校际间差距。四是由于从校长到学校中层管理人员的选聘基本上由教育行政部门来认定，从而造成学校基本上没有什么人权、财权和事权，而且学校受到过多行政干预，不能按照各自传统进行特色发展。学校同质化现象严重，既制约了学生的个性化发展，也抑制了学校办学的主动性和积极性，学校办学特色不明显。五是任命制下的校长职务是终身制的。校长被任命后，校长的任用受身份限制，只能上不能下，只要完成上级领导委派的任务，只要不出现原则性错误，就可以一直干到退休，基本上就是坐上"铁交椅"了。具有行政级别的校长忙于行政事务，无法将主要精力放在学校教育教学改革上来，也无法关注教师专业化发展的诉求，尤其容易忽视教师的主观能动性，造成教师从事教育改革的职业权利与职业能力严重缺乏，"教师的不支持与不适应使教育改革只能得到有限的、支离破碎的执行，使教育改革形式上变化较多，实际进步很小。"[1] 校长无暇顾及教育教学改革，使得一些本来具备相应专业资质的校长也容易失去专业指导能力，不利于校长队伍的专业化。校长能上不能下，干好干坏一个样，缺乏激励机制，难以激发校长的开拓创新精神。

为了解决行政过多干涉学校管理，减少任命制带来的校长人选的随意性和非专业性，伴随事业单位人事制度改革的深入，国家提出逐步实现校长与行政级别脱钩，鼓励有条件的地区探索校长职级制改革。在1998年教育部印发的《关于认真做好"两基"验收后巩固提高工作的若干意见》中首次提到"逐步试行校长职级制"。1999年，中共中央国务院《关于深化教育改革全面推进素质教育的决定》中，在论及中小学校长管理制度改革时明确提出，"试行校长职级制，逐步完善校长选拔和任用制度，鼓励优秀校长到薄弱学校任职"。接下来，2003年9月，人事部、教育部在《关于深化中小学人事制度改革的实施意见》（国人部发〔2003〕24号）第三项第10条规定，"逐步取消中小学学校的行政级别，探索形成体现中小学校长特点和规律的管理制度。"该意见还明确提出，"改进和完善中小学校长选拔任用制度，积极推行中小学校长聘任制。中小学校长的选拔任用要扩大民主，引入竞争机制。"2010年7月，教育发展规划提出，"制定校长任职资格标准，促进校长专业化，提高校长管理水平。推行校长职级制。"2012年8月

---

[1] 郝德永.变革的陷阱——教育改革的误区[J].全球教育展望（沪），2011(10):31.

20日,《国务院关于加强教师队伍建设的意见》(国发〔2012〕41号)中指出,制定幼儿园园长、普通中小学校长、中等职业学校校长专业标准和任职资格标准,提高校长(园长)专业化水平。为贯彻落实《国务院关于加强教师队伍建设的意见》,教育部自2013年起,出台了基础教育阶段各级各类学校校长的专业标准(除特殊学校之外)。

2017年1月13日,中组部和教育部联合印发《中小学校领导人员管理暂行办法》(中组部〔2017〕3号),该办法第五条(二)中规定,中小学领导人员必须"具有胜任岗位职责所必需的专业知识、职业素养和实践经验,熟悉中小学教育工作和相关政策法规,坚持全面实施素质教育的质量观和人才观,了解和掌握中小学生健康成长规律,业界声誉好。"这为加快推行中小学校长职级制改革,拓宽职业发展空间,促进校长队伍专业化、职业化发展提供了政策保障。

校长职级制是指把校长职位与其原来的行政级别进行脱离,通过选聘、考核建立起新的一套校长职级系列。具体将校长的职位,按照不同的任职资格、条件、岗位职责要求,分为若干个等级,形成职务等级系列,为校长的任用、考核、奖惩、晋升、工资待遇提供基本依据和管理标准。校长职级制是一套系统的管理制度,如需要建立校长的专业标准、职级资格认证制、遴选制、职级工资制、任期制、人才后备制、培训制、延聘制、激励制度、交流制度和退出制度等。实行中小学校长职级制改革,一方面将打破过去以任命制为主的政府单一的校长选拔方式,将更注重校长的学识、资历、教育教学水平和管理能力以及业绩的综合体现。另一方面,将淡化校长的行政级别,创设符合教育规律和校长成长规律的环境,有利于培养教育家办学。

实践表明,实行校长职级制改革,具有以下四方面的现实意义。

一是有利于形成教育行政部门宏观管理与校长行使办学自主权相结合的管理体制。校长的选拔、考核以及调配归口于教育行政部门管理,实行教育行政部门对学校进行宏观管理和直接领导。这不仅保障了教育主管部门的事权与人权的相对统一,而且也是教育行政机关向学校教育机构适当放权的重大探索,有利于建立校长人才后备库。在教育行政部门审核下,校长具备一定的人权、财权和事权,扩大了办学自主权,实现了管事与管人的真正统一。保障学校人权与事权的统一，有利于现代学校制度建设。

二是校长角色由"职务"转变为"职业"，理顺了政府与学校之间的关系，有利于校长角色定位，减少了过于烦琐的行政事务，保障了校长投入于教育教学活动的时间和精力，限制了一般性干部交流的渠道，让真正懂教育的人才当选，有助于校长职业化。

三是实行校长职级制，打破了校长终身制，有利于形成符合中小学特点和校长成长规律的、稳定而有效的竞争激励机制。校长职级制的实施有利于形成"职务能上能下，待遇能高能低，流动能进能出"的灵活的用人制度，有利于校长增强竞争意识和开拓创新能力，真正让校长回归学校和课堂，专心做校长应该做的事情。

四是实行校长职级制，有利于保障党组织的政治核心作用和工会、教代会参与民主管理和进行民主监督的作用。

## 三、职级制改革案例

校长职级制改革完全改变了几十年来校长选拔任用的工作机制，是一项"动干部选育管理体制根本、行校长专业化培育发展制度创新"的革命性尝试，校长职级制改革是一项集成式改革，涉及组织、发改、编制、人社、财政等诸多部门，充满了艰巨性和复杂性。

### （一）山东省潍坊市校长职级制改革案例

和全国其他地区一样，潍坊市原来的校长也是具有校长级别的，该市的中小学校长行政级别分为正县级、副县级、正科级、副科级四个层次。在没有实行职级制改革之前，该市有30所规模在2500—3500名学生之间的普通高中学校，校长中，正县级的有2位，副县级的有9位，正科级的有17位，副科级的有2位。

因为校长具有行政级别，带来了很多管理上的难题。一是组织上为解决某个人的级别或待遇，经常把一些不懂教育和教学的干部交流到学校。二是有些学校行政级别高，教育主管部门行政级别低，导致管理不顺，很多工作很难开展。三是级别高的校长不愿意下到级别低的学校去，影响了对人才的使用和调配。四是职务能上不容易下，校长的"仕途"是由组织部门掌管，而且不同级别的校长待遇不同，所以，同样的规模，不同的级别，校长的政治、经济待遇差距很大。因此，校长将主要精力放在寻求职务的升迁上，忙于应付上级各级任务和考核，主要处理事务性工作，也就没有多少时间投入诸如学校发展规划、教师专业成长以及学生的个性化、创新能力培养等本来属于校长的业务上。忙于事务性工作的校长，逐渐远离教育教学规律，专业能力以及管理能力减弱，容易导致学校办学缺乏活力，个别校长甚至出现违背教育规律办学现象。因为行政职务是"铁交椅"，即使没有升迁机会，只要不犯原则性的或违法的事情，也能保障校长职务。

潍坊市教育行政部门的主要负责人意识到，要让学校恢复办学活力，让教育回归本质，必须提高校长队伍的专业化和职业化水平。从2004年起，该市开始推行校长职级制改革，试图通过职级制改革，让校长从"做官"向"干事"转变，实现专家治校、专家办学，推动学校科学发展。

潍坊市委办公室、市政府办公室制定下发了《关于推行中小学校长职级制度的实施意见》（潍办发〔2004〕21号），对取消中小学校行政级别、对校长实行职级管理作了明确规定。即取消中小学校行政级别，校长全部由县市区及以上教育行政部门归口管理；现任校长的行政级别继续保留，实行档案管理；新任校长，只有职级，不再有行政级别。新任校长全部实行竞争上岗或者面向社会公开招考，由教育行政部门聘任。副校长一般由校长提名，经教育行政部门审核后由校长聘任；根据有关章程、规定，学校党委（总支、支部）书记由教育行政部门党委任命，群团组织负责人由学校党组织提名，按规定程序产生。

自2004年9月起，到2008年，潍坊市的全日制中小学、职业学校、普通中专、特殊教育学校、乡镇（街道）中心学校近千名校长摘掉了"官帽"，成为名副其实的校长。校长的档案由组织人事部门全部移交教育部门管理，校长的选聘全部由教育行政部门归口管理，取消学校的行政级别，实行校长职级制和任期制，确保让懂教育的人来办教育，阻断了传统的行政官员担任中小学校长的路径。

按照"老人老办法、新人新办法"的原则，继续保留现任校长的行政级别，实行档案管理。而新任校长不再具备行政级别，全部实行竞争上岗和向社会公开招考，并由教育行政部门聘任。潍坊市根据业绩对校长实行职级管理，起初职级设为六级（即1至5级和特级校长），后设立为4级9等。并按照职级确立了相应的职级工资。校长职级实行动态管理，一般每两年评审一次。

实行职级制后，因职级与业绩相适应，这在很大程度上调动了校长的办学积极性，促进了校长交流。校长的职级作为校长能力、水平与任职学校工作业绩相结合的产物，同等职级的校长符合交流条件的可直接交流任职。实行校长任期制，最多不得超过两个任期，打破了终身制。引导校长由"做官"向"干事"转变，为校长专业化成长奠定了基础。

到2010年，潍坊市成为国家试点的校长职级制改革单位。目前，该市正通过采取后备人才制、校长遴选制、校长职级制、校长薪酬制、校长任期制、校长与教育主管部门交流任职制、县市区教育局长任职资格制等一系列配套改革措施继续完善该项改革。

（案例来源：国家教育行政学院课题组. 教育行政管理案例教学研究与实践 [M]. 现代教育出版社，2012:82. 朱寅年."潍坊变法"：悄然行进的教育改革 [J]. 教师博览（文摘版），2006,(9):10-13.）

**案例分析：**

首先，任何一项教育改革必须遵循一定的教育价值理念。校长职级制改革属于教育人事制度改革，起初是依据国家人社部对事业单位人事制度改革实行"脱钩、分类、转制、搞活"的改革思路，逐步实现校长职级与行政级别脱钩。后来伴随改革的实际进展，逐渐成为促进校长队伍专业化、职业化的国家基本教改政策。作为一项基本教改政策，需要遵循一定的教育理念和规律。在当前，实行校长职级制改革，需要遵循现代教育治理理念，将之作为扩大学校办学自主权，构建现代学校制度的一项重要内容并加以具体推进。

其次，改革需要领导者的敢作敢为和社会担当。改革成效取决于领导者的素质，而领导的核心是观念、价值和执行力。和全国其他地区一样，潍坊市在推进素质教育的过程中，同样认识到教育家办学的重要性。要实现教育家办学，则必须改革由组织、人事部门任命的，且绝大多数具有行政级别的中小学校长管理体制。若不改革校长任命制和行政化现象，无法深入实施素质教育。在这一点上，相信不少地区的教育行政主管部门有同样的认识和切身体会,问题的关键在于有没有将教育理念付诸行动的改革勇气和担当意识。

第三,需要得到市委、市政府主要负责人的重视和支持,并且相关制度要配套。教育改革不同于一般行政改革,它属于专业领域的改革,需要遵循一定的教育理念和教育规律,因此,有必要事先通过教育行政部门的主动争取和多方面宣传,努力将改革相关政策和改革理念阐释清楚,争取得到市委、市政府的重视和支持,这是改革能否得以确立并得以开展的关键。职级制改革是系统工程,需要制定一系列配套制度。2011年8月,潍坊市委办公室、市政府办公室转发市委组织部、市教育局、市财政局、市人社局四部门《关于深化和完善中小学校长职级制改革的实施意见》,进一步建立了保障校长职级制的一系列配套制度。[①] 实践表明,实行校长职级制改革,不能完全依靠政府力量,还要依靠系统的管理理念和一整套的配套管理措施,在条件成熟的基础上再一点一点推进。否则,有可能会出现类似河北"课改局长"辞职风波的事件。[②]

### (二)上海市校长职级制改革案例

1993年,时任上海市委副书记、市长黄菊,在上海市教育工作会议上,针对中小学校长管理制度改革问题,提出"加强本市中小学校长队伍建设,建立中小学校长职级系列"的改革目标。根据这一指示,上海市开始探索中小学校长职级制改革。为保证中小学校长职级制度的顺利实施,上海市教委会同市组织、人事等部门共同负责,并宏观指导区县教育行政部门开展试点工作。在调查研究和理论研究的基础上,1999年12月31日,上海市委组织部、上海市教工委、市教委、市人事局、市劳动和社会保障局联合印发了《关于上海市推行中小学校长职级制度的实施意见》(沪教委人〔2000〕4号)。该意见就推行中小学校长职级制改革,从指导思想、工作步骤、实施范围、校长级等、评定条件和比例、考核办法和程序、工资与待遇、组织领导等八个方面做了具体的规定。并出台了《上海市中小学校长职级工资制度的暂行办法》,为进一步深化学校人事制度改革提供

---

① 中国教育学会调研组.中小学校长职级制改革的重大突破——山东省潍坊市中小学校长管理制度改革调研报告[J].中国教育学刊,2015(7):62.

② 河北"课改局长"辞职风波调查[EB/OL].中国教育新闻网—中国教育报,2016-8-5.

了依据。

围绕"抓好试点、以点带面,稳步推进、不断完善"的原则,上海市率先在静安、卢湾两区开展了中小学校长职级制改革试点工作。2000年上半年在黄浦、杨浦、闸北、徐汇、嘉定等区扩大试点,并完成了静安、卢湾两区与扩大试点区县中小学校长职级制认定的并轨工作。截止到2001年8月底,虹口、闵行等12个区(县)完成了上海市中小学一级和特级校长申报和认定工作,这标志着上海市中小学校长职级制度改革已全部到位。这一步为上海市中小学校长职级制改革工作的规范化、经常化、制度化奠定了扎实的基础。从2003年9月起,上海市开始进入第二轮校长职级制改革阶段。

根据《上海市教育委员会关于开展2018年普教系统校长职级评审和认定工作的通知》(沪教委人〔2018〕52号)精神,上海市制定了校长职级制改革的实施原则:一是坚持校长专业发展原则。该文件明确规定了校长是履行学校领导与管理工作职责的专业人员,并从信念、知识和行为等方面,规定了注重提升规划学校发展、营造育人文化、领导课程教学、引领教师成长、优化内部管理和调适外部环境等六大专业领导能力。二是坚持均衡发展原则。推进城乡基础教育一体化建设,激励校长勇于推进教育改革创新,积极参与人才流动,发挥优秀校长示范引领和辐射作用,鼓励优秀校长带头向薄弱校流动,鼓励区教育行政部门破格推荐在改变学校落后方面取得突出成绩的优秀校长。三是坚持改革原则。以校长专业标准为基本依据,深化校长职级制改革,优化校长队伍建设与专业发展机制,支持校长大胆探索,创新教育思想、教育模式、教育方法,形成办学风格,营造教育家脱颖而出的制度环境。

校长职级设定由原来的五级12等调整为四级11等。目前,上海市校长职级设置为初级、中级、高级、特级四级共11等,即初级1、2、3等,中级1、2、3、4等,高级1、2、3等,特级。规定校长职级比例和名额为:中学、中职校:高级30%~35%,中级45%~50%;小学:高级25%~30%,中级50%~55%;幼儿园:高级20%~25%,中级55%~60%。特级校长的名额一般在高级1、2等校长总数的20%左右。

为了充分体现对校长职级认定的公正性和公平性,市教委组织专家学者制定了《上海市中小学校长职级制考核测评方案》，以此作为组织实施并认定校长职级的测评依据。校长的考核测评分别按中小学校长、幼儿园园长、中职校校长职级评定标准执行，中小学党（总）支部书记和中职校党委（总支或支部）书记分别按照中小学校长职级评定标准和中职校校长职级评定标准执行。

校长职级认定由上海教师专业发展工程领导小组领导，由上海教师专业发展工程领导小组办公室（设在教委人事处）具体负责，负责全市普教系统校长职级制工作的统筹协调工作，并负责特级校长的评审。

按照上海市教育委员会《关于成立教师专业发展工程领导小组的通知》（沪教委人〔2011〕61号，以下简称《通知》）的规定，教师专业发展工程领导小组成员有：由上海市教工委书记、上海市教委主任担任组长，由教工委副书记、教委副主任以及华东师范大学校长、上海师范大学校长担任副组长，组员由教委各处室处长，以及华东师范大学副校长、上海师范大学副校长组成。教师专业发展工程领导小组的职责有：一是统筹规划教师专业发展工程各项工作，制定促进教师专业发展工作相关政策，建立教师专业发展的长效机制，形成全市教师专业发展工作宏观管理体制和组织协调机制。二是把握教师队伍（含各级各类学校，以下同）建设的着力点，研究制定教师专业发展标准，编制教师专业发展的经费预算，加强教师队伍综合素养、育人能力和实践能力的建设，促进教师专业发展。三是提出教师教育的目标与要求，充分发挥教师教育专家委员会的作用，指导市教师教育资源联盟协作会工作，编制教师教育大纲，组织编写教师教育课程与教材，开展教师培训工作。四是充分协调高校、区县、企业集团和优质社会教育机构，努力形成规范、科学、有效的教师职前职后培养培训体系。五是宏观把握与教师专业发展相关的人事制度改革和政策制定工作，对教师资格和注册制度、职务聘任制度、评价考核制度和工资制度等政策实施予以指导。

区一级建立了校长职级工作办公室，负责组织本区校长的考核、测评工作和高级及以下校长的评审和认定工作，并推荐特级校长人选。中职校校长职级评定工作由市教育评估院组织成立的中职校校长职级工作办公室负责，该办公室同时负责推荐特级校长人选。《通知》规定了申报程序为个人申报、述职和评议、考核与评鉴、评审与推荐、备案。经个人申报、各区教委和相关部门考核推荐、专家评审，2018年认定83名校长（含书记，下同）为上海市特级校长，其中自愿参加流动的校长33名。

（案例来源：上海市教育委员会.关于上海市推行中小学校长职级制度的实施意见（沪教委人〔2000〕4号）[EB/OL].上海市教委官方网站，2004.05.上海市教育委员会关于成立教师专业发展工程领导小组的通知（沪教委人〔2011〕61号）[EB/OL].上海市教委官方网站，2011.10.上海市教育委员会关于开展2018年普教系统校长职级评审和认定工作的通知（沪教委人〔2018〕52号）[EB/OL].上海教育（上海市教委官方网站），2018.07；杨国顺.上海如何推进校长职级制改革[J].教育行政管理,2003,(10):23-25；杨国顺，积极推进中小学校长职级制度改革——上海市的实践与探索[J].教育发展研究,1999,(5):49-51.）

**案例分析：**

首先，改革需要协调好各种关系。校长职级制改革属于教育人事制度改革，既然是教育人事改革，实行校长职级制改革就不仅是教育部门的事，还需要组织、财政、人社等多部门的支持和配合。上海的案例表明，为保证中小学校长职级制度的顺利实施，上海市教委会同市组织、人事等部门共同负责，并宏观指导区县教育行政部门开展试点工作。如上海市委组织部、上海市教工委、市教委、市人事局、市劳动和社会保障局联合印发《关于上海市推行中小学校长职级制度的实施意见》（沪教委人〔2000〕4号）。这表明职级制改革需要各相关部门协调推进，相互配合，从而为改革的顺利进行奠定了良好的外部环境。

其次，改革需要系统设计。校长职级制改革的目的是促进校长队伍的专业化和职业化。从这一目标来讲，职级制改革是一项系统工程，它涉及校长的人事管理、校长的任职资格、校长的专业标准、校长的成长规律以及校长的考核评价、义务教育的均衡发展等方方面面的问题。因此，实行职级制改革必须做好整体规划和系统设计。上海案例表明，实行职级制改革需要具备以下三方面的改革步骤：

一是研究制定改革的实施意见及相关配套制度。在明确市委、市政府决定实行校长职级制的前提下，市教委组织专门团队立项调研，在经历了近6年时间的调研基础上，联合多部门出台了职级制改革的实施意见以及职级工资制度的暂行办法。上海职级制改革的实施意见围绕职级制改革的指导思想、工作步骤、实施范围、校长级等、评定条件和比例、考核办法和程序、工资与待遇、组织领导等多个方面做出了具体的规定。实施意见和职级工资制度的暂行办法为实行职级制改革明确了方向、规则，提供了改革依据。

二是遵循校长成长规律、现代校长的角色使命等特点具体规划设计校长职级制改革内容。案例表明，上海市主要基于以下五个环节制定相关内容：(1) 制定专业标准。基于校长三大领导领域即价值领导、教学领导和组织领导，提出"规划学校发展，营造育人文化，领导课程教学，引领教师成长，优化内部管理，调适外部环境"等六方面的校长专业化标准。(2) 按照校长的职业发展特点划分等级。即按照角色适应、经验积累、专业成熟、思想引领四个职业发展阶段实行校长职务等级划分标准。(3) 对每阶段的专业标准分别从专业境界、专业知识、专业能力、专业行为四方面要求，制定校长职级认定标准。(4) 建立持续的培训制度。实行职前和职后培训制度、骨干校长和优秀校长培训模式，开展课程资源建设，建立校长培训机构资格认证制度。(5) 加强激励机制。建立聘用考核制度、专业化发展评价机制，依据评价结果实行动态管理，建立校长交流机制，建立激励机制和薪酬机制，保障校长专业化地位和待遇。

三是具体设计改革实施步骤。案例表明，上海市主要是依据以下三方面步骤实施职级制改革的：(1) 按照政事分开的原则，逐步建立市、区县教育行政部门宏观管理、调控和指导为主，与校长依法实行任用、分配和自主管理相结合的人事管理体制。(2) 深化校长资格认定、取消校长行政级别以及校长职级评定机构资质的认定等环节的改革，建立与职级制相配套的对校长的公开考核程序、公平竞争和评价机制。如依据幼儿园园长、义务教育阶段学校校长、中等职业学校校长和普通高中校长专业标准选拔任用校长，按校长的职业发展特点制定校长职级认定标准和职级评定方案，以及建立校长职级制认定机构及申报程序。(3) 进一步完善校长负责制、党组织发挥政治核心作用、工会和教代会参与的学校内部管理体制。在改革中不断完善校长职级制改革，以实现真正意义上教育家办学的目的。

## 四、结论与启示

实践表明,职级制改革从最初的教育人事管理改革逐步成为教育管理体制改革的一项重要内容,逐渐得到社会上的广泛认可并加以推进。在国家试点地区的影响下,不少地区结合各地实际,因地制宜,主动探索、系统推进校长职级制改革。如有些地区已在全省(直辖市)范围内探索实行校长职级制改革,有些则采取或省级试点、或市级试点、或县级试点方式具体推进。如,为建立符合校长成长规律的现代校长管理制度,促进中小学校长专业化、职业化发展,深圳出台了《中小学校长职级制管理办法》及其配套的工资制度,努力营造教育家办学的有利制度环境。山东省日照市没有把校长职级制改革简单地理解为取消学校和校长的行政级别,而是着眼于促进基础教育优质均衡发展和校长专业化发展,将职级制改革作为深化基础教育综合改革的龙头和区域教育发展的牛鼻子,由市长亲自抓,在全市一次性推开职级制改革。贵州省福泉市以实行校长职级制为突破口,一次性出台"1+11"(1 指职级制,11 指《福泉市中小学人事制度改革实施意见》及 10 个子文件),具体推进中小学校去行政化,增强学校办学自主权。

### (一)校长职级制改革成效

一是学校去行政化的有效探索。实行校长职级制,取消校长的行政级别,可把校长由原来的"行政人"还原为"教育人"。为减少新旧体制更替带来的利益损失,取消行政级别时,多数地区按照"老人老办法,新人新办法"原则,保留了现任校长的行政级别,纳入档案管理。对新设立的中小学不再确定行政规格,新上任校长也不再套用行政级别。按照校长成长规律和任职资历由高到低,科学设置职级,保障了校长的晋升空间和努力方向。

二是改变了校长的选拔机制。把过去的"委任制"变成"选聘制",把组织、人事、教育等部门的"伯乐相马"变成专家学者"专业赛马"。由教育行政官员、专家、同行校长等组成专家评审委员会,对拟选聘校长的任职资格、专业素养、工作能力、工作贡献进行综合评定,保障了校长的专业标准。

三是改变了校长的考核评价机制。实行职级制一般采取定期对校长进行考核评价制度,评价主体打破政府单一评价方式,开始吸收社会多元评价机制,如通过"满意度测评"方式，吸收专家学者、社会知名人士、教职工代表、家长代表、学生代表等参与校长的考核评价。满意度调查结果已成为一些地区校长职级评定、职级薪酬和晋升奖惩等的重要依据。校长评价主体由过去单一以政府评价为主，逐步转向社会参与的多元评价体系。

四是扩大了学校办学自主权。实行校长人事管理归口教育行政部门，有利于扩大学校办学自主权。首先，扩大了校长用人权。不少地区将部分人事管理权限下放给了学校，主要是校长具有副校长提名权、校内中层岗位设置权、中层干部选聘权和教职工聘任权。2018年6月，国家教育行政学院基础教育研究中心对参加国家教育行政学院举办的第22期全国基础教育改革动态研修班的，来自全国31个省、市、自治区的97位高中校长的调研表明，占55.13%的高中校长认为已经具备了副校长提名权。其次，扩大了校长财权。一些地区开始将预算内教育经费的支出和使用下放给了学校，学校可以根据实际的教育教学发展需要，自主安排使用学校资金，教育局和财政局等主要负责审核和监督管理。第三，扩大了学校的事权范围，开始减少行政过多干预学校内部事务，有些地区开始将教师职称评聘权也下放给了学校，教育局、人社局等主要负责评聘规则和程序。

五是构建了学校管理层的责任与利益共同体。职级制改革最大的成效表现在职级工资制激励机制，这在一定程度上激发了校长的办学积极性，但同时也带来了副校长以及学校中层管理干部积极性如何调动的现实问题。这是因为，实行校长职级制后，保持校内事务性工作不变的情况下，校长增加了职级工资，在一定程度上激发了校长的主动性和积极性，而副校长以及中层干部却因为没有增加相应待遇，其工作主动性和积极性受到了挫伤，在实行职级制的地区基本上都遇到了这一问题。目前，各地区在解决这一问题时采取了不同的方式。有的仅对正校长（含学校党委、党总支书记），有的把副校长的岗位待遇也统筹考虑进来，还有个别地区正在考虑将中层管理干部的岗位待遇也统筹考虑进来。着眼于调动整个学校治理层并将之纳入职级工资范畴内，目的在于建立起一荣俱荣、一损俱损的工作机制，构建学校管理层的责任与利益共同体，这有利于增强学校领导班子的凝聚力、向心力。

**（二）职级制改革面临的困难和问题**

职级制改革涉及各种利益的重新调配，牵一发而动全身，真正要推进职级制改革面临的阻力也是非常现实的。目前，职级制改革主要遇到三方面的阻力：

一是作为一项重要的教育人事制度，校长职级制改革的体制机制还不够健全。至今为止，国家层面还未出台有关职级制改革的指导性文件。各地区的职级制改革均是根据各自区域实情进行的探索，以实验性、试点性为主，缺乏必要的制度规范和保障。教育人事制度改革涉及学校领导人员的人事管理、工资制度、岗位设置等环节，这就要求这项改革必须与国家和地方的人事管理制度、教师人事管理制度以及教师待遇、教师管理等改革结合起来系统规划和配套实施，否则该项改革只能停留于试点探索阶段，不能很好地在全国范围内推广实行。由于缺乏顶层设计，不少地方政府不愿意主动划出部分经费保障校长职级工资，这是制约校长职级制改革进程的主要因素。因此，当前需要国家出台有关职级制改革的指导性文件，制定相配套的实施制度，及时对地方给予政策引导和扶持。

二是职级制改革涉及要不要独立设置中小学校长专业技术职务等级的问题。按照国家的政策规定，中小学岗位分为管理类、专业技术类和工勤类三大类别。实施校长职级制改革后，中小学校及干部一律取消行政级别，新任校长无法再通过管理岗位晋升，只能通过教师专业技术职务晋职，容易导致校长与教师争荣誉、争利益，激化学校矛盾。对此，是否建立独立的校长专业技术职务体系，将校长职级纳入校长专业技术职务体系中，使校长成为独立的专业技术人员，从根本上消除校长专业化、职业化的制度障碍？

三是职级制改革带来了新的学校管理人员激励机制的问题。实行校长职级制后，校长增加了职级工资，而副校长以及中层干部却因为没有增加相应待遇，其工作主动性和积极性受到了挫伤。学校领导力，不单单是校长领导力，归根结底是学校校长、副校长以及全体中层在内的学校领导合力。为充分调动学校办学活力，提高学校领导力，有必要由国家或省级层面出台新的中小学管理人员的激励机制，吸收校长职级制改革中职级工资带来的成效，对学校内各管理人员实行适当的岗位绩效激励。

## （三）改进策略

一方面需要地方政府根据区域实际，在条件允许的情况下，可自行探索推进校长职级制改革，另一方面国家应出台相配套的制度，及时对地方给予政策引导和扶持：一是保障地方财力能够支撑校长职级工资；二是实行校长职级制改革需与扩大学校办学自主权一同推进；三是需要按照责任和利益共同体原则实行校长职级制改革，系统设计学校管理层的激励机制，有效调动副校长、中层干部的积极性；四是加强学校党建工作，切实发挥党组织在学校改革发展中的政治核心作用和内部治理创新中的监督保障作用。

# 第三节 学校自主办学改革案例

学校依法享有办学自主权是现代学校制度的重要特征。在管理学中，自主权包括财权、人权、物权和事权。而一直以来，在原有体制下，政府垄断教育资源，我国公办中小学普遍缺乏办学自主权，制约了学校的办学主动性和积极性。转变政府教育管理职能，扩大学校办学自主权，激发学校办学活力，成为当前深化教育体制改革的主要内容。实践表明，按照先行先试，自行探索的指导精神，一些地区通过试点推进学校自主办学改革，开始具体探索构建现代学校制度。

通过学校自主办学的实践探索，政校关系由过去政府垄断式管理正向政府主导、校本管理的新型治理体制和机制转变；学校教育机构正由过去单纯执行上级政策机构，逐步过渡为具有独特办学传统并能自主制定发展规划的教育机构。

## 一、山东省临沂市通过特色学校建设扩大学校教育教学自主权案例

山东省临沂市是沂蒙革命老区，位于山东省东南部，毗邻江苏省，面积1.72万平方公里，是山东省面积最大的市；人口1142万，是山东省人口最多的市，也是全国人口过千万的4个地级市之一。临沂市共有各级各类学校1695所，在校学生170.2万人，教职工11万人。近年来，临沂市积极推进特色学校建设，不断扩大学校教育教学自主权。

1.落实立德树人根本任务，全面实施素质教育。

一是持续开展学校特色品牌创建活动。临沂市是书圣王羲之、智圣诸葛亮、孝圣王祥和算圣刘洪的故里，深厚的传统文化积淀，为教育发展和人才成长提供了丰厚的土壤。临沂教育局鼓励引导各校立足历史文化、地域文化和地理优势，科学确定学校特色办学定位，逐渐形成较为稳定和成熟的特色品牌。至2018年上半年，全市创建特色品牌学校108所。如临沂朴园小学"朴雅教育"品牌、沂

州实验学校"科技教育"品牌、兰山区白沙埠中心小学"孝道教育"品牌、沂南马牧池小学的"红色教育"品牌、临沂外国语学校的"生命教育"品牌等。这些特色品牌学校发挥了较强的辐射带动作用，促进了全市教育优质特色发展。

二是深入开展学校德育品牌创建活动。以落实立德树人根本任务为宗旨，以贯彻社会主义核心价值观为主线，特别是结合该市红色资源丰富的特点，大力开展中小学生红色德育实践活动，编印了《沂蒙精神教育读本》，打造了14处红色教育实践基地，研发了"红色沂蒙、革命热土"等10余条市内外红色主题研学旅行线路。沂南县依汶中学以"红色教育出校园、红色教育进课堂、进教材"为理念，采取编写《沂蒙精神伴我成长》校本课程教材，成立红色德育教室，创办红色教育校报，开展丰富的红色教育主题的课内外实践活动。

三是加强体育、艺术教育。鼓励学校顺应学生特点、尊重学生个性，以学生的全面发展为目标，大力加强学校体育、艺术教育。在全市部分义务教育阶段学校，开展以学生兴趣和技能水平为依据的体育专项化教学改革试点工作，建立以运动项目为依托、学生兴趣为引领的体育教学新模式，帮助学生形成良好的艺体活动爱好和习惯。近年来，学校体育工作不断取得优异成绩，成功创建"全国青少年校园足球特色学校"98所，郯城一中女足相继获得2017中国中学生足球锦标赛冠军、2018年中国中学生足球协会杯冠军。教育部办公厅发布的2018年全国青少年校园篮球特色学校名单中，临沂共有9所学校上榜。

2. 实施课程改革，扩大课程设置自主权。

成功申报全国基础教育课程综合改革示范实验区后，该市共有685所学校根据各自特色优势，在规定的15个实验项目里，自主进行课程设置，促进学校内涵发展。2016年12月，集全市之力研发的"问题导向"中学德育课程，被教育部课程中心确定为校本课程建设研究推进项目。鼓励学校根据地域特色、学校特点和学生发展需求，研发校本教材，开设校本课程。调研表明，各学校平均开设校本课程5.14门，课程内容涵盖了人文关怀、民族文化、科技创新、艺术修养、智体发展、国际视野、社团培训等七大类，为学生的个性发展提供了有益的课程资源。引导加强特色课程建设，学校可在每周总授课时间不变的情况下，适当调整课程安排和每节课授课时间。如该市朴园小学安排了"快乐星期三"特色课程，将下午三节课调整为两节课，第一节为"家长进课堂"课程,第二节为体育选修课程,受到学生的一致欢迎。

3. 加强校企合作,扩大职业学校专业设置自主权。

鼓励职业学校创新采用冠名培养、订单式培养等各种方式,自主开展校企合作,积极推进集团化办学。目前,全市已组建、筹建市级职业教育集团9个,临沂市农业职业教育集团被省教育厅评为山东省骨干职业教育集团。全市各职业院校合作企业总数达400余个,临沂职业学院与远通汽贸、天元建设集团等100多家企业签署校企合作协议,临沭县职业中专与山东常林集团、同济大学三方合作,在机械制造技术等专业实施"双元制"办学改革,形成了"专业与职业一体、学业与岗位一致、教材与技能融通"的人才培养特色模式。

4. 实施招生制度改革,扩大学校招生自主权。

进一步完善普通高中录取办法,扩大学校招生自主权,指导高中学校在规定的招生范围、标准和计划内录取学生。合理确定学校自主招生比例,支持学校根据办学定位和办学特色招收学校年度招生计划5%以内的,具有学科特长和创新潜质的学生,推动高中学校多样化特色发展,满足不同潜质学生的发展需要。职业学校也可根据全市产业发展和布局情况自主制定招生计划,报教育主管部门备案后实施。2018年,全市已制定并实施自主招生政策的学校共有101所,每年招生3.2万余人,其中普通高中2000余人。

(案例来源:临沂市教育局. 临沂市积极扩大学校办学自主权[Z]. 国家教育行政学院培训资料汇编:全面深化教育领域综合改革的实践与探索——第43期全国地市教育局长研修班案例汇编,2018:18-19.)

**案例分析:**

《教育规划纲要》明确指出,注重教育内涵发展,鼓励学校办出特色……创造条件开设丰富多彩的选修课,推进学生全面而有个性的发展。自此,北京、上海、福建、厦门、广州、江苏、重庆等地相继开始了特色办学的探索,一时间在全国各地掀起特色办学热潮。

特色学校创建是一种系统的学校管理方式。[①]不同于国际上的特色办学是为

---

① 陶西平. 谈高中特色办学[J]. 中小学管理,2009(8):4-6.

了给特殊人才提供合适的教育，在我国，创建特色学校是学校管理方式的变革，重点在于提高办学质量。这是因为，我们刚刚从规模化发展进入到内涵发展阶段，推进多样化发展、特色化办学是当前我国教育内涵发展阶段的主要办学特征之一。临沂市积极推进特色学校建设，扩大学校教育教学自主权的案例表明，学校自主办学需要做到以下三方面：

一是转变政府管理职能，从过去的管制型政府向服务型政府转变。临沂市通过设立学校自主发展专项等，将教育教学管理权等专业性较强的权力，委托给学校，赋予学校在学校发展、教育教学等方面更多权力，政府只保留对教育事业发展起决定作用的重要事项的决策权与控制权。我国当前在课程管理上实施三级管理，扩大学校课程设置自主权，学校有了更大的课程选择、组织、开发和实施权，这就意味着课程在学校个性建设上发挥更大的作用。

二是推进多样化、特色化办学，一定要结合区域社会经济文化特点，因地制宜，因校而异，进行具体规划和设计。临沂市教育主管部门就是充分发挥了区域内深厚的传统文化和红色文化优势创建特色学校，既有文化根基，又有资源优势。基于区域文化特色创建特色学校是一种有效的探索方式。

三是通过创建特色学校来改善学校办学质量是我国构建现代学校制度的一项有效探索。构建现代学校制度最终是为实现学生个性化的、全面发展的、提升创新实践能力的教育目标创设一个良好的育人环境。在当前，创建特色学校成为我国探索构建现代学校制度的一项有效探索，相信伴随改革的不断深化，特色学校的创建内容将更加符合人才成长规律。"综观我国与国际创建特色学校的不同路径，我们发现，国际上的做法针对学生的发展，其着力点符合教育的本质，而我国的着力点在学校发展，只能是特色学校创建过程中经历的一个阶段。从教育发展趋势上看，国际上的为不同学生提供不同出路的特色课程建设模式将会成为我们的追求。"[1]

---

[1] 吕星宇.如何创建特色学校——特色学校创建文献综述［J］.教育科学研究，2017(2)：65.

## 二、吉林省长白山保护开发区管委会试点推进学校办学自主权案例

东北师范大学长白山实验中学前身是 1985 年春创立的白河林业局高级中学。2006 年 6 月，学校被移交到长白山保护开发区管委会，更名为长白山第一高级中学。它是长白山保护开发区管委会池北区唯一一所全日制普通高中，但因经历了由企业到地方的转型，学校的内部管理机制、体制存在诸多弊病，导致学校教师外流，生源质量、数量急剧下降，原来近千人的一所学校，流失了近四成的学生。短短几年，这所学校成为了长白山基础教育发展的短板。

按照《教育规划纲要》提出的"扩大普通高中及中等职业学校在办学模式、育人方式、资源配置、人事管理等方面的自主权"这一指导精神，为了快速提升区域教育水平，更好地服务科教创新发展战略，打造长白山教育名片，长白山教育局实施"名校、名校长、名师"引进工程，探索新的办学体制，采取合作办学机制。2016 年 7 月，长白山管委会与东北师范大学签订了《东北师范大学与长白山保护开发区管理委员会基础教育合作框架协议》，按照协议要求，长白山第一高级中学正式更名为东北师范大学长白山实验中学。

合作办学意在提升区域教学水平，"以教育引领长白山振兴发展"成为了双方办学的契合点。不仅仅是办学，将东北师范大学最优质的资源向长白山地区注入才是此次合作的重点。首先，与东北师范大学合作后，着重围绕构建现代学校制度，长白山管委会实行权责让渡，激发学校办学活力，赋予了东北师范大学长白山实验中学充分的办学自主权。

中层选拔，靠竞聘。根据学校发展需要，学校内设机构因工设岗，因岗定人。2016 年 10 月，东北师范大学长白山实验中学举行"中层领导干部竞聘会"，通过全体教职工测评和领导班子考评，选聘中层领导 19 人。2017 年 8 月，通过竞聘，选聘中层领导干部 3 人。学校不断推进人事制度改革，不断拓宽选人用人渠道，建立以"人人聘用，分层聘任"为主要内容的教职工能上能下的用人机制，实行"公开选拔、竞争上岗、签订责任书"优胜劣汰的管理机制。通过改革，规范用人制度，全面提高干部队伍的素质，以竞争促激励，从而激发全体教

职工的积极性和创造性，盘活全局，促进学校全面发展。

教师招聘，重实效。传统的学校教师招聘，几乎完全以教育行政部门为主，学校参与度很小，客观上导致"招进来的学校不需要、学校需要的进不来"，教师专业执教能力薄弱，严重影响办学质量。2014年至2017年，东北师范大学长白山实验中学按照岗位设置方案和工作需要，自主制定招聘条件和标准，赴吉林师范大学、北华大学等高校，自主招聘硕士20余人，并参与特岗教师笔试、面试工作。

教师发展，靠自主。东北师范大学长白山实验中学提高了教师以课堂为家、以学校为家，校荣我荣、校耻我耻的意识，实施好自主管理的权利，发挥好自主管理的作用，通过自主管理，发挥大家的积极性、主动性、创造性，营造团结和谐积极向上的班组氛围，提升了工作效率，促进了学校健康、可持续发展。专业发展规划自主，造就了一支适应现代化教育要求的创新型、学习型、研究型、高素质的新型教师队伍，以适应政府和辖区百姓对学校的期望。绩效奖金分配自主，按照"多劳多得、优劳优得、不劳不得"的分配原则，真正做到了干多干少不一样。

提升素质，重培训。在联合办学背景下，坚持"走出去"和"请进来"相结合，东北师范大学定期选派师大附中领导、专家来学校进行专业的诊断指导。学校根据需要，自主选派领导、教师到东北师范大学接受培训，并制定"影子工程"计划，全面提高学校教师业务水平。每学期初、中、末按不同时间点出现的不同情况，学校自定培训内容对教职工进行岗位职责等方面培训。

（案例来源：长白山保护开发区管委会教育局. 新时代、新思路、新发展——长白山保护开发区管委会试点推进学校办学自主权案例［Z］. 国家教育行政学院培训资料汇编：全面深化教育领域综合改革的实践与探索——第43期全国地市教育局长研修班案例汇编，2018:59-66.）

**案例分析：**

1. 该案例表明，在治理理念下，转变政府教育管理职能，提高政府公共服务水平，需要形成多元灵活的全方位教育资源意识与资源整合能力（学校资源、家长资源、社会资源、国际资源等）

这是按照普拉哈拉德的企业成功定律引申而来的治理理念。按照这一理念，作为教育主管部门，首先要有整合资源的意识，资源来自多方面，它们往往遍布全球各地。其次要明确是获取资源而不是拥有资源，需要具备整合资源的相应能力。所有区域和学校都应从全球多个学校和其他领域甚至竞争者那里获取资源，以形成一个广泛的资源系统。因为，没有一个区域和一所学校的内部资源，足以达到满足任何一位家长和学生的需求。

2. 权力与责任是相伴随的，可以说实行权责让渡，就是给学校充分的自主权力，同时也是建立一种责任分担机制

这在一定程度上解决了一直以来政府与学校之间无责任主体的弊端，使得政府和学校在各自权责范围内，发挥各自的职能作用。

东北师范大学长白山实验中学正是由于学校具备了一定的办学自主权，学校的教师招聘主体地位才得以全面落实，使学校真正成为了人才聚集之地，学校教育教学质量才得以不断提高，办学主动性和积极性得以增强。也正是因为学校有了办学的主动性和积极性，政府才进一步将属于学校内部管理的权限逐步移交给学校。

3. 自主需要（也叫自我决定的需要）是激励诸多个体的强大力量之一

无论是马斯洛的需要层次理论，还是赫茨伯格的保健—激励理论，[①] 都表明了，激励校长、教师、管理人员或学生的有效方法是要事先明确他们的需要、目标、信仰和动机。

"自主（autonomy）或自我决定（self-determination）的需要是指我们自己可以决定做什么以及如何做。"[②] 教师是学校组织中最重要的个体，他们工作的主动性和积极性，决定着教育教学质量。东北师范大学长白山实验中学案例表明，当教师处于较低准备度时，学校必须承担传统的管理职责，如计划、组织、激励和控制等；然而当教师具有较高的准备度时，他们可以承担大部分的日常传统管理职责，自主安排学习时间、工作时间等等，教师主人翁地位得以体现。当鼓励教师自主决策、自主管理，并且使他们能够对自己的结果负责时，就能够满足他

---

① ［美］韦恩·K. 霍恩，塞西尔·G. 米斯克尔著. 教育管理学：理论·研究·实践［M］. 第 7 版. 范国睿主译，北京：教育科学出版社，2007：124-129.

② ［美］韦恩·K. 霍恩，塞西尔·G. 米斯克尔著. 教育管理学：理论·研究·实践［M］. 第 7 版. 范国睿主译，北京：教育科学出版社，2007：131.

们的成就感、自尊和自我实现等需要，这些需要激励教师对组织角色的认知与理解，从而激发教师的工作热情。

## 三、福建省福鼎市第九中学完善教代会制度案例

福鼎九中位于福建省福鼎市点头镇，是一所农村完中。近年来，该校十分重视教代会建设，通过依法保障教职工参与学校民主管理和监督，探索现代学校制度建设。

探索一：坚持四个"提前"，当好四个"好人"，"面对面"维护教职工民主权利。

一是提前查找问题，当好教职工"引路人"。该校党政工领导经常深入年段了解教师工作情况，深入家庭了解教师生活情况，从细节入手，关注"小事"，提前查找问题，维护教职工合法权益。二是提前收集意见，当好教职工"代言人"。坚持意见提前收集的工作，这一举措保障了该校一系列涉及教职工核心利益的规章制度，都能在学校教代会顺利票决通过。三是提前沟通办法，当好教职工"贴心人"。该校树立"职工利益无小事"的观念，从具体校情出发，坚持提前为教职工排忧解难，当好教职工的"贴心人"。四是提前解决矛盾，当好教职工"娘家人"。该校借鉴人大代表的提案办理流程，提前介入，有效沟通，消除矛盾。首先，要求提案由代表一人提议，一人以上附议，一事一议，把提案的原因、内容、建议解决的办法写详细，每年评选优秀提案。其次，由校党政工联席会议初步审议提案，按照"马上实施、分步实施、条件所限暂缓"的原则，对提案进行落实，归口管理，提出解决办法及实施途径。第三，在教代会召开前，针对意见分歧严重的部分落实方案，再次向教职工征求意见，暴露矛盾和问题，分析原因，研究解决办法。第四，将经过教职工充分酝酿的提案答办建议提交教代会主席团审议并形成提案报告。最后，通过限期答复，提案人签署满意度来确保提案办理的效果。

该校在举行第八次教代会前，部分代表提交了"教师考勤制度对家住城关的教师不公平"的提案。这主要是源于该校有四分之三的教职工家住市区，距离学校15公里，教师每天往返上下班。而该校考勤制度规定："班主任和语文、英语科教师早上7:10前必须下早自习，否则按旷工处理。"这对教师们工作造成很大压力。如果取消这项规定，又势必影响整个学校的正常教育教学秩序，因此，

该项提案矛盾突出，办理困难。学校按照提案办理的流程，在教代会开会前，分别召开班主任工作会议，语文、英语科教师会议，倾听教师们的诉求，耐心沟通，消除矛盾，统一思想，形成共识，修改了考勤制度，并提交教代会表决。整个提案办理过程坚持提前暴露矛盾，提前研究解决，既充分尊重教职工的意见，又避免了教代会流于形式，成为"一言堂"的行政会。有位教代会代表会后这样说："以前我们开会是举举手、拍拍手"，"现在是会前我们要挖空心思想问题，矛盾暴露越多越有水平；会后还要关注自己的提案是否落实，是否满意，这个代表真不好当。"这是对该校以教代会为载体做好学校民主管理工作的最好褒奖！

探索二：实现"三个突破""两个全覆盖"，"心贴心"维护教职工政治权利。

实现"三个突破"：一是代表人数有突破。每次召开教代会前，校工会组织代表们集体学习《学校教职工代表大会规定》和《福建省实施〈学校教职工代表大会规定〉办法》，明确代表的权利和义务，并按照《学校教职工代表大会规定》要求选举代表。通过此举，该校第八届教代会选举产生了82名代表，代表比例由原来的25.3%提高到67.2%，扩大了教职工参政议政覆盖面。二是提案工作有突破。该校十分重视教职工提案工作，注重畅通一条渠道：即集教职工建言献策、反映个人诉求、维护自身权益的上情下达、下情上达的信息沟通渠道。不论是换届会议还是届内会议，均提前一个月收集教职工的意见建议，工会分类整理出教职工提案，并召开党政工联席会议，对提案进行讨论，形成提案报告，提交教代会审议。对于提案工作该校做到三个保证：提案质量有保证，落实监督有保证，情况反馈有保证。三是审议票决有突破。该校在每次召开教代会前特别注重营造一种氛围，即尊重广大教职工的主人翁地位，实现"以教职工为办学主体"的校园民主氛围，大力支持教代会代表充分行使职权，学校重大决策、重要制度、重大决定，都经教代会审议票决通过。

实现"两个全覆盖"（实现学校重大事情、重要制度通过教代会审议通过全覆盖）：一是支持代表充分行使审议建议权。请代表审议校长工作报告和学校财务工作报告；审议学校年度工作计划、发展规划、师资队伍建设和校园建设的重大事宜。二是支持代表充分行使审议通过权。主要是审议通过学校党政提出的与教职工权益有关的诸如岗位责任制及聘任制的实施意见，以及奖惩规定，各种规章制度。如，该校七届四次教代会审议通过的《福鼎九中教师职称评聘考核方案》，又在七届五次教代会、第八届教代会上进行了两次重大修改，并经"教代会"审议票决通过，使之更加深入人心，更加完备、合理、公平，让广大教职工满意。三是支持代表充分行使评议监督权。每年教代会上，学校都要组织教代会代表对学校中层以上干部的"德、能、勤、绩、廉"进行民主测评，真正做到在民主、团结、和谐的氛围中互相帮助、共同监督、民主管理。

福鼎九中通过开展完善教代会制度的一系列探索，教职工在学校的主人翁地位得到充分尊重，教师从事教育事业的积极性、主动性得到提升。学校被评为"福建省党政工共建先进教工之家""宁德市党政工共建先进教工之家"，学校工会先后被福建省总工会和宁德市总工会评为"工人先锋号"等称号。

（案例来源：福建省宁德市教育工会.福建省福鼎市第九中学完善教代会制度的探索［Z］.国家教育行政学院培训资料汇编：全面深化教育领域综合改革的实践与探索——第43期全国地市教育局长研修班案例汇编，2018:86-95.）

**案例分析：**

按照过程民主化的治理理念，治理过程中需要充分采纳基层学校和公民的意见、建议，实行平等协商、共同决策。按照依法决策机制，过去凭借行政化管理方式决策的制度和程序已经不适应当前教育改革和发展的实际需要，政府不再是唯一的决策主体，教育决策将尽可能最大范围内采纳社会各界、专家学者、各个利益主体的意见和建议，这样的决策过程是适应了多元化社会要求，是科学化和民主化的教育决策过程，促进教育决策科学化和民主化的最终目的是提高教育治理现代化水平。

从学校层面看，促进学校管理民主化，决策科学化，一方面需要广泛征求社会各方意见，满足各利益方参与教育决策的民主诉求。另一方面需要加强校内民主决策机制，提升学校管理民主化水平。

沟通是学校管理中经常运用的重要管理方式。这是因为，学校内有正式组织、非正式组织，正式组织中有权力组织、非权力组织，而权力组织中又有上下级关系等等，各种关系错综复杂，既需要各种规章制度的规范，还需要通过沟通来协调好各种关系，目的在于营造良好的教育教学环境。

该案例表明，对有效管理者而言，善于运用各种沟通技巧解决管理中的实际问题，可融洽管理中的各种关系。福鼎九中从教代会提案入手，重点围绕教职工意见强烈的问题，采取了提前查找问题，维护教职工合法权益；坚持对涉及教职工核心利益的规章制度的意见提前收集；坚持提前为教职工排忧解难，当好教职工的"贴心人"；提前解决矛盾，当好教职工"娘家人"等四方面的措施，既融洽学校领导和教师的关系，缓解了教师之间的矛盾，同时，通过教代会，尊重教职工的主人翁地位，在构建和谐校园中发挥了积极作用。

学校组织的政治领域是由个体与群体的联盟组成的，按照法律规定，需要个体与群体形成联盟，并通过盟员之间讨价还价来决定学校内各种资源的配置。保障教职工民主参与管理和监督，这是法律赋予教职工代表的政治权利。早在1985年，中共中央在《关于教育体制改革的决定》中就提出，要建立和健全以教师为主体的教职工代表大会制度，加强民主管理和民主监督。教职工代表大会制度是保障教职工民主参与学校管理、促进学校管理民主化的重要制度保障（《教育法》第三十条）。在我国，社会参与学校决策和学校管理的现有制度，除了个别地区和学校正在探索学校理事会制度之外，主要有教职工代表大会制度和家长委员会制度。

权力是组织生活的基本组成部分，要使权力合法，并能够为下属心甘情愿地接受，就必须强化民主监督和参与学校管理机制。福鼎九中从维护教职工政治权利为切入点，实现了代表人数有突破，提案工作有突破，采用票决办法审议有突破的"三个突破"，扩大了教职工参政议政覆盖面，既保证了提案质量，落实了监督和情况反馈，还保证了学校重大决策、重要制度、重大决定，都经教代会审议票决通过。实现学校重大事情、重要制度通过教代会审议通过做到全覆盖的"两个全覆盖"，支持代表充分行使审议建议权、审议通过权和评议监督权。因重视加强和完善教代会参与决策机制，并采取了具体有效的举措，从而提高了教代会的实效性、权威性。通过教代会为教职工争取了合理利益，体现出学校依法办学、民主管理的法人治理精神。

伴随学校办学自主权的加大，在校长负责制管理体制下，面对校长的职责行为，当前教代会制度还未能发挥出其应有的监督和管理职能。未能有效发挥职能作用的原因很多，其中，未能加强和完善教代会监督和参与学校管理的相关机制是一个很重要的原因。福鼎九中案例表明，建立并完善校内民主监督和参与决策机制，可以有效处理好校长负责制与校内民主监督之间的关系，是落实依法办学的一项重要内容。

## 四、山西省阳泉市第十二中学实行学生自主治理改革案例

在山西省教科院专家的指导下，山西省阳泉市以阳泉市第十二中学为试点，于2016年初启动实施了"学生自主治理"改革措施。希望通过从学生自主治理这个角度切入，探索出一条学校教育管理的新路。阳泉市第十二中学的学生管理采用学生自治、班级自治的形式，目的是要变传统的"被管理"为"要管理"，改革的基本手段是推行班级管理和周总结。

1. 改革思路

自主治理的初级阶段是自主管理，而自主管理首先要从自主学习开始，由自主学习走向自主管理，最终实现自主治理，是学生发展的必然要求，也是我们改革的终极目标。自主管理与自主学习是相辅相成的统一体，没有自主管理为前提的自主学习是不完整不真实的。日常行为的自主管理和社团活动的自主管理是学习自主管理的重要组成部分。为此，该校在学习与日常管理的过程中，充分赋予学生自主的权力，明确了以下六大改革思路：

第一，教育要发生转型，要从培养圣人转变为培养公民，让学生在研究制定规则的过程中，学会遵守规则，学会担当责任。第二，梳理已有的课改尝试，比如学习小组的自主管理，学生集体活动或专项活动的自主组织等等，形成改革的最初体系。第三，支持学生参与课外活动的组织和体验，比如支持学生参与公共政策的研究、社区服务等，参与的载体就是社团活动。第四，给学生提供充足的选择机会。满足选择可以保障自治，学生只有通过不断的选择和尝试，才能逐渐找到属于自己的东西，包括选择课程、选择场所、选择活动、选择考试，甚至选择冒险、选择勇敢等等。第五，重视成长小组的作用。通过学生自主创建的各种类型的小组，集聚了一批志同道合的"战友"，在志趣相投的伙伴中，最容易

发现和成就自己的价值。第六，减少管理层级，实现"生进师退"。给年级、班级的"学生自治委员会"（简称"学自委"）充分授权，集教育、教学、科研、管理于一身，把沟通、协商作为主要的工作方式。

2. 改革方法

（1）班级管理（"班级——学生、小组"模式）。班级常规管理上实行班级学生自主管理，实施班干部轮换制、值周班长制等，制订了校级、年级、班级三级《自我管理章程》，在学生充分集思广益的基础上，各班制定了《班级公约》。

班级实行"全员参与，一人一责"的自主管理制度。让全体学生参与值日班长轮岗活动，设立班委委员、班级财产保管员、保洁员、班级纪律督察员、课代表等职务，40多人的一个班设置了近60个岗位，让所有同学都参与班级管理，都有明确的职责，实践"人人都是管理者"的目标。

班级自主管理的对象不仅是每名学生，还包括每一个小组。小组内的同学之间，互相监督、互相督促，最终实现共同进步。小组在建设的过程中极为重要的是小组的评价和总结，即每天的小组评价和每星期的小组周总结，达到综合评价小组所有组员的目的。在每天的"小组评价表"中，每个小组的学习、纪律和劳动等都会形成小组最后所得的分数并有所体现。在每星期的"小组评比曲线图"中，将抽象的数字排名变成了具象的线条，使学生能够很清楚地看到他们在一个星期的学习、工作当中是否在进步，是否为班级做出了贡献。

（2）学生自主班会。学校每周一下午第7节为全校统一的主题班会课。在学生自主管理的大背景下，改革传统班会课形式，由班委会成员主持班会，班主任成为参与者、引导者的角色。一周前，根据"班级议事"，师生共同确定班会主题，学生广泛收集资料，班主任辅导主持人"备课"。

3. 改革程序

该校根据阳泉市实际，结合省内外、国内外的先进做法，策划设计学校自主治理的机制、模式和标准，并通过实验不断完善和改进。例如，"导师制""学长制""展示制""新型走班制"等机制的探索与研究，还有"小组探究模式""角色轮换模式""项目招标模式"等模式的实践与应用。

在梳理借鉴其他校机制模式的基础上，制定形成学校的"学生自主治理运行机制""学生自主治理操作模式""学生自主治理评价标准"三个成果性手册。

扎实做好入学教育，实现学习过程的自主管理。入学教育内容包括小组的建立与建设、十二中学生基本要求、课堂常规要求、分层培训、队列及两操。入学教育形式有主体活动、专题培训、班级结对与留学、确定内容实际操练、明确分工全员参与。坚持"即时、公开、完整"的原则确定标准，跟进评价，组织学生自主管理委员会。

"约定"代替"制度"。小组的建立要同组异质、组间同质。小组的建设围绕班级文化主题，建设小组文化，形成凝聚力。小组的文化提炼形式包含组名、组训、组徽、口号、组歌等。小组的约定有目标、措施、誓言等。班级、小组文化展由学校组织师生共评，以生为主。

4. 改革成效

第一，学校对"学生自主治理"的认识不断地扭转，由模糊逐步转向清晰，理念获得了提升，取得了阶段性的成果。第二，实施程序正不断细化和完善。针对改革初期的较为粗放、针对性不强、内容选择空泛等实施策略中的不足，经专家指导引领，不断修改完善实施计划和思路，寻找切入点，以活动为抓手，以小见大，逐渐放权，通过各种途径，加强学生的独立自主意识。第三，形成"学生自主治理"新模式和新机制。学校通过成立"学生自主管理委员会"，在学校各个活动中充分发挥"学自委"作用，早读、自习无人监管。第四，学生的规则意识和自主能力不断增强。通过该项目的实施，增强了学生在学习中的"选择权"，在管理中的"规则制定权"，在大型活动中的"组织权"，在决策中的"主导权"，以及在生涯规划中的"决定权"等等。

（案例来源：阳泉市教育局.推进学生自主治理改革，提升学校管理现代化水平——山西省阳泉市第十二中学实行学生自主治理改革的探索与实践[Z].国家教育行政学院培训资料汇编：全面深化教育领域综合改革的实践与探索——第43期全国地市教育局长研修班案例汇编，2018:31-37.）

**案例分析：**

阳泉市第十二中学实行学生自主治理改革案例表明，学生自主治理的水平越高，学校管理制度的约束性内容也就越少。反之，越不敢放手，学生的能力就越得不到成长。该校围绕"保障学生自治权利，强化学生自治意识，提高学生自治能力，养成学生自治习惯"的改革目标，为学生创设了一个自主治理的平台，让学生在一系列实践活动中，逐渐解放思想、积极参与，促进了学生内在自治心理品质的自主构建和养成。在规则的制定、执行、评价的实践过程中，引导学生形成正确的自我的社会认知观，形成自主管理、自主成长的内在和外在动机，逐渐由被管理者变为管理者，由"让我做"变为"我要做""我的成长我做主"，成为成长的主人，为将来成长为自立自强、富有责任心的合格社会公民打下坚实的基础。从课堂走向课程，从学习走向成长，从自主走向自治，推行自主治理，促进教育转型，阳泉十二中实行学生自主治理改革取得了令人欣喜的成果，不断探索新的育人模式，有力践行了立德树人的价值追求。

在项目实施过程中，该项目研发团队意识到，项目的实施面临以下几方面的问题，一是项目改革的定位问题。"学生的自主治理"项目改革的范畴到底是什么？二是项目改革的理论基础是什么？三是如何提炼自主治理模式、机制？如何跟进自主治理水平评价？如何将自主治理提升到学生的生涯规划？如何从已有的模式、机制、模型、案例中，发现共性的东西，寻找核心的内容，以及它们的特点和适用范围等。四是学生自主治理水平与学校管理制度的关系问题。另外，该项试点改革的主动权还停留在部分管理者层面上，还未形成学生全程参与机制，尤其在参与学校管理层面诸如参与学校决策、评价者等方面参与度明显不够。

学校管理体制改革的出发点和落脚点归根到底应以育人为主，改革成效最终要通过学生公民意识的养成度、自主管理程度以及社会贡献度等来检验。在改进和完善校内治理结构中，以事关学生切实利益的事项为切入口，探索学生参与学校治理的路径模式，既是保障学生主体地位的有效策略，同时也是学生参与学校治理的有效探索，已成为学校治理结构的重要组成部分。实践表明，国内外很多学校通过采取学生自主治理的做法来推进学校自主管理，形成了不少支撑这些做法的理论基础，以及成熟经验和做法。

在我国，通过引导学生自主治理来推进学校自主管理，需从以下几方面推进。

首先，实行学生自主治理改革，不仅在于培养学生的自主意识，更是要培养现代人所具备的主人翁责任感和自立自治的能力。这应该成为该项改革的定位目标。为此，需要创设好两个平台，一是创设多样化平台，尽可能多渠道、多途径开发潜能，使每个学生都能自主地选择自我发展的有利途径。二是创设好课堂主渠道与课外活动之间的良性互动平台。在保证课堂教学主渠道的前提下，引导学生在学有余力的基础上通过相关活动来发展自我，做到学习、活动两不误。

其次，实行学生自主治理改革，将教书育人和学生的自我修养结合起来。如何落实好立德树人是当前我国教育工作的根本任务。通过深化教育体制改革，健全立德树人落实机制，将教书育人和学生的自我修养结合起来，是教育改革与发展中必须遵循的育人原则。教书育人历来是我国的教育传统，《教育规划纲要》指出，以学生为主体，以教师为主导，充分发挥学生的主动性，把促进学生成长成才作为学校一切工作的出发点和落脚点；关心每个学生，促进每个学生主动地、生动活泼地发展；尊重教育规律和学生身心发展规律，为每个学生提供适合的教育，培养造就数以亿计的高素质劳动者、数以千万计的专门人才和一大批拔尖创新人才。2012年，教育部印发的《全面推进依法治校实施纲要》第十五条中指出，学生管理制度应当以学生为中心，体现公平公正和育人为本的价值理念，尊重和保护学生的人格尊严、基本权利。这也为加强学生自主治理提供了有力的政策依据。

自我修养，关系到"自我"，心理学家一直关注自我，并且认为从婴儿期到青春期自我理解发展有不同阶段。自我，意味着首先能够把自己和他人、物体区别开来的自我，然后逐步形成自我的社会认知观。在形成自我的社会认知观的过程中，人们开始寻求自我的意义，这个时候会产生与自我有关的动机过程。动机又分为外在动机和内在动机。"德西和瑞安认为，人类有着发展自己的兴趣、施展自己的才能、战胜最大限度的挑战的天生的自然倾向。这种努力实现自我决定的趋向称为内在动机（intrinsic motivation），或因对某个任务本身感兴趣而去从事它的动机。"[①] 外在动机是指一个人做一件事是因为做成功以后可得到奖励。

---

① ［美］L. A. 珀文. 人格科学［M］. 周榕，陈红，杨炳钧等译，黄希庭审校，上海：华东师范大学出版社，2001：142.

学校教育的主体是学生，除了学校教育外，学生成长还要靠自主发展，自主发展要靠自主治理，只有自治，学生内心才可能有属于自己的方向、属于自己的发展动机。根据动机理论，学校管理者需要改进和完善人才培养方式，尤其是要注重培养学生的自我激励，主动成长等人格品质。

第三，实行学生自主治理改革，注重教师引导。依据身心发展阶段特征，中学生的认知能力还不足、"三观"还未形成，因此，实行学生自主治理，并不是说学生完全自己管理自己，而是在教师的引导和支持下的自主治理。这关系到如何打破传统的师道尊严观念，建立平等的、朋友式的师生关系等问题。只有形成新型师生关系，教师才能做到根据事件的性质、程度适当参与，培养良好的心理素质，激发学生参与班级民主管理，并在管理过程中充分总结学生自主管理的阶段性反馈结果，针对发现的问题及时采取措施。引导学生个体真正做到自我教育、自我管理和自我评价，挖掘学生的自主治理潜能，以求得自我提高和发展。

第四，实行学生自主治理改革，需进一步健全学生自主治理的相关管理机制。一要健全有关学生自主治理的管理范围以及管理职责，二要健全学生自主治理的评价制度。要随时了解信息，及时处理学生自主治理过程中遇到的问题，不断地修改和完善学生自主治理相关制度，进一步规范自主治理行为。为此，需要教育行政主管部门，不断改进和完善有关学生自主治理的各项制度保障措施。

## 五、结论与启示

上述案例表明，在当前，扩大学校办学自主权，关键在于政府放权，通过试点推进方式，从某个层面作为改革切入点，逐步推进。

### （一）结合区域实情，着重将某个层面作为改革切入点，实行逐步向学校放权

教育分权化是知识经济时代的重要特征，教育管理体制改革方向趋于均权化。[①] 上述案例表明，围绕构建现代学校制度，结合区域实情，各试点地区着重于从某个层面作为改革切入点，实行向学校放权，切实推进学校自主办学改革实

---

① 陈永明. 发达国家教育管理体制的改革 [J]. 比较教育研究, 2004(1): 62-66.

践。如山东省临沂市是将教育教学管理权等专业性较强的权力委托给学校，赋予学校在学校发展、教育教学等方面更多权力，政府只保留对教育事业发展起决定作用的重要事项的决策权与控制权。吉林省长白山保护开发区管委会整合东北师范大学最优质的资源，采取合作办学机制，实行权责让渡，激发学校办学活力，赋予了东北师范大学长白山实验中学充分的办学自主权。福建省福鼎市第九中学从维护教职工政治权利为切入点，重视加强和完善教代会参与决策机制，促进学校管理民主化，决策科学化。山西省阳泉市以阳泉市第十二中学为试点，通过学生自主治理这个角度作为改革切入点，探索学校自主办学路径。

### （二）实行学校自主办学，需要教育内外部系统规划，整体推进

实现学校自主办学，既需要外部宽松的制度环境，还需要具备内部自主、自律的现代法人治理结构以及保障教育公益性的社会参与制度。自主办学应具备一定的人、财、物、事权，这关系到政府要放权，把本来应该属于学校的办学自主权移交给学校。政府放权后，学校如何才能接得住、接得稳？这关系到政府对学校现场的专业指导和服务水平，政府及其部门要加强服务意识，承担起对学校教育服务和保障的职责。同时，需要加快改进和完善学校内部治理结构，从决策、执行、监督等多个环节构建现代学校制度，确保学校办学自主权的规范使用和有效施行。

### （三）加强并充分发挥督导部门的引领监管作用，提升对学校的专业指导能力

通过简政放权，在一定程度上提高了中小学的办学自主权。不过，这一过程中也出现了一些问题，主要是简政放权过程中政府与学校之间形成了新的博弈。还有些地区，放权的同时监管没有跟进，因而出现校长滥用职权的现象。

明确自主办学的度，限定法律框架下的自主。下放权限也必须具备相应的前提条件，如校长可以有权聘用教师，但必须要事先向教育行政主管部门申报，得到了正式的审批认可才能聘用。同理，学校预算以及经费的使用等都必须事先向教育行政主管部门进行申报并进行最终的审核。放权的同时要建立相应的问责制。在这一过程中，如何确立督导部门的职能定位是关键。国家层面需要强化督导体系、机构、制度建设的力度，应通过上升为法律条文来具体推进，以体现出

制度的刚性作用。

伴随办学自主权的扩大，学校亟待专业技术的指导和引领。上述案例中，长白山保护开发区管委会试点推进学校办学自主权改革案例、阳泉市第十二中学实行学生自主治理改革案例，都是政府整合社会资源，组建专业团队对改革进行专门的设计、规划、诊断和概括提升，提升专业指导能力将成为今后政府职能转变的一项重要内容。

### （四）政策启示

无论是政府职能转变，还是扩大学校办学自主权，其目的唯有一个，就是尽可能创造良好的育人环境，属于外部条件的创设过程。只有围绕育人目标进行的改革才是真实有效的改革。

一是政府要做到简政放权、提高公共服务水平和减少过多行政干预。将学校内部管理权限逐步下放给学校，让学校具备一定的自主办学权限，这是当前能否突破现代学校制度建设体制瓶颈的关键。

在当前，实行学校自主办学改革，一定要遵循育人为核心的教改理念，适应时代新变化、新趋势，为培育个性化、多样化、创造型人才，尽可能探索构建适合区域实情的政府、学校和社会新型关系，提高公共服务能力和水平。

尽量减轻学校过重负担，不仅要减少会议、评比、考核、检查等行政过多干预学校行为，同时，还要通过政策支持和专业技术服务，保障学校能够具备自我调节、自我反思、自我纠偏、主动成长的机会和能力，发挥专业指导的功能。

二是尽可能激发学校发展的内在动力。人，是管理中最为关键的因素。若没有人的主动参与和作为，管理成效是上不去的。学校管理更是如此，因为学校就是人培育人、人引领人的地方。在相关法律法规框架之内，学校应不断完善校内治理结构，激发出学校主动发展、主动探索的办学热情。在此基础上，围绕立德树人根本任务，营造全员育人氛围，为儿童青少年健康和谐全面发展创造良好的内外部环境。

# 第四节　学校法人治理结构案例

我国早在20世纪80年代中后期就开始重视和加强学校管理民主化水平。1985年,中共中央在《关于教育体制改革的决定》中指出,学校逐步实行校长负责制,有条件的学校要设立由校长主持的、人数不多的、有威信的校务委员会,作为审议机构。

适应经济社会发展趋势,我国中小学在健全校长负责制的同时,进一步强调民主管理和社会参与,普遍建立起教职工代表大会制度和家长委员会制度。一些经济较发达地区率先探索由师生、家长、社区代表、举办方组成的校务委员会制度。2010年,《教育规划纲要》进一步提出,"实行校务会议等管理制度,建立健全教职工代表大会制度,不断完善科学民主决策机制。""建立中小学家长委员会。引导社区和有关人士参与学校管理和监督",以推进现代学校制度建设。

党的十八届三中全会明确提出了"加快事业单位分类改革"的制度安排,并进一步提出"建立事业单位法人治理结构,推进有条件事业单位转为企业或社会组织。"十八届四中全会则把依法治国提升到国家战略的高度,为事业单位法人治理结构建设注入了强大动力。

适应事业单位分类改革和依法治教新形势和新要求,一些地区开始试点推进学校法人治理结构改革,以此深化依法治教背景下的现代学校办学体制改革。

建立学校法人治理结构是现代学校制度的核心,重点在于明确学校与政府、社区、家长、教师、学生之间的教育权利、义务和责任。近年来,一些地区通过试点推进方式,具体探索学校法人治理结构,按照现代学校制度建设基本理念,在教育行政部门和学校之间逐渐形成新的决策权力机构,这一权力机构在各地探索中名称各不相同(如学校理事会、董事会、校务委员会等),运行机制也大不相同。不过,通过实行学校法人治理,学校重大运营决策由学校内部多元治理主体决定,在一定程度上限制了政府对学校微观管理的直接干预,真正落实了学校办学自主权。

厘清学校治理主体的职责与权利，是完善学校治理结构的前提。传统的校园里，权力主体单一，在不同领域的不同环节发生的诸多事情，均由校长或者行政管理者决策，容易导致决策失误或不够专业。实现依法治校，需要建立健全科学民主决策程序，完善学校治理结构和家长、社会（社区）有效参与机制。近年来，我国中小学管理在健全校长负责制的同时，进一步强调民主管理和社会参与，普遍建立起教职工代表大会制度和有师生、家长、社区代表参加的校务委员会制度。2012年，教育部印发的《全面推进依法治校实施纲要》（教政法〔2012〕9号）中明确提出，"在学校内形成决策权、执行权与监督权既相互制约又相互协调的内部治理结构。"学校内部治理的良好生态，必须建立在多主体、全领域、各环节之中。按照这一要求，通过创新学校治理结构、治理主体、治理模式，校长权利走向多元合作治理，逐步形成决策、执行、监督三权相互制衡又相互配合的科学治理体制，提高学校管理科学化、民主化、规范化水平。实践表明，实行学校法人治理结构改革，为构建现代学校制度积累了经验，奠定了制度基础。

## 一、宁夏回族自治区银川市高级中学法人治理结构建设试点改革案例

为了有效落实事业单位法人治理结构改革，宁夏回族自治区组织、编办、人社、财政等部门联合出台了《关于支持事业单位开展法人治理结构建设试点工作有关政策的意见》。在此基础上，2013年，银川市编办会同组织、人社、财政等部门出台《关于进一步落实银川市实验中学等3家法人治理结构建设试点事业单位法人自主权的意见》。银川市事业单位法人治理结构建设试点工作作为分类改革的一项重要内容，在宁夏回族自治区率先取得突破。这次试点单位包括银川市实验中学、银川高级中学和银川市中医院。以银川高级中学法人治理结构建设试点改革为例，该校法人治理结构建设采取了如下几方面措施：

一是实行行政和事业分开，落实学校法人自主。建立学校法人治理结构的前提条件是，在管理体制上，实现政事分开，管办分离，赋予学校一定的自主办学权。银川市运用现代企业管理制度来重新塑造事业单位的内部机制，其探索事

业单位法人治理结构建设的主要做法是：突破事业单位原有的桎梏，赋予了试点改革单位所有"想要的东西"。即将财权、人事权和分配制度改革权力彻底下放给试点单位，通过下放权限，激发事业单位自身的积极性。

在财权方面，按照年度财政预算计划，年初一次性下达，由试点单位自主进行财务核算、包干使用。给予试点单位绩效工资发放权，核拨全员在编人员工资总量。财政不再统筹管理专项资金，由试点单位自主按规定执行。积极探索学校校长基金管理使用机制，在政策允许范围内，基金可用于激励有特殊贡献的人员和学校事业发展。打破了过去"细水长流"的模式，试点单位可以有更多的财力空间用于发展。

在人事权方面，突破了过去由人事部门统一招考的模式，改为以学校为主，由学校依据机构编制部门核定的人员编制和结构比例分类设岗，实行公开招聘、竞聘上岗、按岗聘用、合同管理，激活学校内部用人机制。学校内部全面实行竞聘上岗制度，除需组织任命的岗位外，其他岗位全部实行竞聘上岗。打破传统用人制度的身份界限，教学、管理、服务等各类岗位，只要取得相应从业资格证书，都可以根据个人工作能力和实际工作水平竞聘上岗，不受身份限制。对于个别有特殊要求的工作岗位，可以聘请有专业能力的社会其他机构人员兼职，签订协议，灵活使用。对年度绩效考评不合格的人员，由学校安排转岗。

在分配制度方面，作为此次改革的重点，把绩效考核与收入分配紧密结合起来，发挥绩效工资分配的激励导向作用。绩效工资适度向关键岗位、高层次人才、业务骨干和成绩突出的工作人员倾斜；部分工作岗位可以探索实行年薪制；先行确定绩效工资标准，适当拉大绩效工资浮动部分的等次差距；对未能聘任上岗的待岗人员单独考核，并执行零绩效工资。做到按劳分配，取消体制内外之分、论资排辈之分，在什么岗位，做多少工作，就拿多少钱，也就是通常意义上说的同工同酬，实现体制内外收入相同的分配制度。在实行事业单位人员收入上同工同酬的同时，在身份认同上也有突破，主要体现在各种荣誉评选、职位晋升上，只看工作业绩，不看编制。

通过政府下放上述管理权限，长期以来困扰学校的经费定额包干、人员聘用、收入分配等难点问题取得了创新性突破，解决了制约学校深入推进法人治理结构改革的瓶颈问题。

健全权力监督机制。按照决策、执行和监督之间既相互协作又相互制约的管理运行规律，在主管部门的指导下，银川高级中学进一步健全学校内部权力监督机制，如决策失误追究制度、年度工作报告制度、重要信息公开制度等，拓展社会公众参与学校管理、运作和监督的渠道。

二是制定学校章程，建立依法治校的根本制度。银川高级中学学校章程规定，"教职工代表大会具有审议学校发展战略、中长期规划和教育教学重大决策的权利""教职工代表大会审议向学校理事会提交的学校发展战略、中长期发展规划、规章制度、内部机构设置、管理干部任免、薪酬分配方案等重要事项""教职工代表大会可以应教职工代表10人以上联名提议，对学校理事会的决议提出修正动议，建议理事会重新决策。"这表明，提交理事会审议的决议必须经过教职工代表大会审议通过，校长无权直接提交学校理事会审议，这一规定体现了法治的基本准则。

三是建立学校理事会，完善学校法人治理结构。2013年11月，银川高级中学启动法人治理结构建设试点工作。学校理事会是学校的最高决策权力机构，行使决策的职能。理事会对学校的发展战略制定、教育教学管理、内部管理机构设置、制度建设等重大事项进行咨询、规划、决策。理事会每届任期为5年。该校首届理事会由9名理事组成，成员有本校校长、校级党政副职、教职工代表、家长代表、社区代表、社会知名人士、学校举办方代表等。规定学校担任理事的人员不得超过理事总人数的50%。其中，校长作为学校法人代表，是当然理事，教职工代表产生理事1名，校级党政副职中产生2名，学生家长代表1名，社区代表1名，社会知名人士2名，学校的举办单位委派出席理事会的理事1名。全部理事的产生，必须程序规范，具备基本任职条件。

学校章程明确规定了学校管理层和理事会的关系为，学校行政管理层由校长及其他主要管理人员组成，是理事会的执行机构。校长和副校长的人选，都按照法定程序产生。校长人选由教育局提名，经理事会会商同意后按照干部管理程序报批，理事会聘任。副校长的产生先由校长提名，经理事会考核同意后按照干部管理权限报批，理事会聘任。

为了完善学校法人治理结构，更好规范权力运行，渗透法治理念，该校还设立了监事会。监事会独立工作，对理事会依法治校的行为进行监察，负责监督、检查学校对理事会决策的执行，对学校行政人员履行职责的情况进行检查；评价学校的办学行为，对学校的财务收支状况进行审计、监督和公证；制止损害学校利益的办学行为。监事会某种程度上扮演着裁判员的角色。

该校讨论通过了理事会、监事会的《议事规则》。其中，学校理事会议事有一条议事规则为"理事会决议违反法律、法规和本单位章程规定的，在表决中投赞成票的理事承担相应责任，不投赞成票者不承担责任。"

（案例来源：芦苇. 用法治思维构建现代学校制度——以银川高级中学法人治理结构建设试点工作为例 [J]. 宁夏教育, 2015,(12):6–8. 银川事业单位法人治理结构建设试点尝甜头 [EB/OL]. 银川市人民政府门户网站, 2015.11.23. 高菲, 银川事业单位法人治理结构试点改革率先取得突破 [EB/OL]. 宁夏机关党建网, 2013.10.29.）

**案例分析：**

该案例最大的特点是由政府主导事业单位法人治理结构试点改革。政府主导改革的最大优势在于，解决了制约改革进程的横向部门之间不合作、不协调的困局，这在教育改革实践中，是一次较大的突破。通过政府主导各教育主管部门联合制定事业单位开展法人治理结构试点工作的相关政策和意见，解决了制约学校法人治理结构改革的制度瓶颈。

首先，发挥了省级政府教育统筹的能力和作用。宁夏回族自治区明确，通过事业单位分类改革机会，引入激励机制，即用现代企业管理制度来重新塑造事业单位的内部机制。实行事业单位法人治理结构试点改革，旨在打破计划经济时代形成的事业单位大锅饭现象，其核心就是要更好地体现多劳多得、优劳优酬。

只有政府主要领导的重视和支持，才能推动各横向部门之间建立联动机制。宁夏回族自治区政府非常重视这项改革，发动各部门联合制定了在自治区内支持事业单位开展法人治理结构建设试点工作的相关政策和意见，对全区开展事业单位法人治理做出了统筹安排和政策规定。作为率先在自治区内开展该项试点改革工作的银川市，在市委、市政府重视和支持下，同样也采取了联合各职能部门制定出台了《关于进一步落实银川市实验中学等3家法人治理结构建设试点事业单位法人自主权的意见》。

其次,教育行政机关向学校下放管理权限,落实学校办学自主权。按照政事分开、管办分离以及切实落实学校作为法人在人事、财务和事务上的自主权等治理理念,将人事权、财权和分配制度改革权力下放给试点学校,从经费定额包干、人员聘用、收入分配等方面进行突破创新,解决了制约试点单位深入推进法人治理结构改革的瓶颈问题,为学校法人治理创设了宽松的外部制度环境。

第三,学校理事会成员中明确校级党政副职纳入理事会中,这是新时期贯彻落实全面加强党建工作,发挥党组织的政治核心作用的重要制度保障。

## 二、山东省青岛市黄岛区创新学校法人治理结构案例

2014年6月,青岛市黄岛区(别称:青岛西海岸新区)在开发区实验初中试点探索建立学校法人治理结构。《青岛开发区实验初级中学章程》规定成立学校教育董事会,这是山东省公办学校首家"学校教育董事会",标志着山东省学校法人治理结构取得重大创新突破。章程规定,董事会不仅协调学校、家庭、社区之间的关系,而且对学校"三重一大"(即重大决策、重要干部使用、重要项目安排和大额资金使用)有预先决策权、评议指导权。董事会有15人,由学校举办方、社区、社会贤达及企业家、教育专家、家长、教师、管理干部和校长共八方面的代表组成。

该校实行"一主两翼"的学校法人治理结构,即实行以校长负责制为主体,教职工代表大会和学校教育董事会为两翼的法人治理结构。其中,以校长为代表的学校行政班子成为学校管理的执行机构,成立以教职工代表大会为主体的监事会,监事由学校党支部、工会、家委会、政府教育督导室等部门的推荐人组成,赋予其评议监督权,形成决策、执行、监督三权相互制衡又相互配合的科学治理体制。

该校探索多元治理主体模式,将校长权力让渡给自主治理主体,成立教师委员会、女工委员会、师生申诉调解委员会;班级、年级、校级三级家长委员会;年级、学校两级学生会;专家咨询委员会等等。多元的治理主体共同治理,让专业组织干专业的事,如学校教师的职称评聘、评优选先等完全由教师委员会独立圆满完成。

该校实行扁平化管理。不设副校长，中层不设副职，中层干部之间是互相支持的"合作共同体"。中层干部在其管理职权内，均能代表校长实施管理。根据管理需求，将传统的处室整合为9个发展服务中心，把学校日常管理工作、督查、指导、评价和奖惩等权力分别下放给各发展服务中心，形成责、权、利明晰的责任管理体系，提高了管理效率。

该校以章程为依据，经教代会讨论通过，董事会决策审核，由校长办公会发布，学校建立健全校内制度体系。主要建立了依法办学、科学发展、岗位职责、自主管理、立德树人、教师发展、课程教学、民主监督、社区参与、社团活动等十大方面的制度体系。

该校成立由学校干部、教师、家长和专家组成的制度审核小组。2015年8月，按照修订程序，本着"补全、修正、理清、规范、贯通、创新"的原则，审核小组全面征求各方意见21次，召开各类专门会议10余次，对学校章程及制度文本进行第二次完善提升。

该校实行"值周校长责任制"，每周由一名中层干部担任值周校长，行使校长职责，每天安排一位中层干部作为值日组长，带领轮值老师直接参与学校管理。实行"值周校长责任制"后，校长有了更多精力深入课堂调研谋划大事，解决难题。学校干部教师站在校长角度参与管理，提升了自主发展的意识和综合能力。近年来，先后有10名中层干部被区教体局选聘到校级领导岗位。

该校赋予家长教育知情权、参与权、监督权，三级家委会成员经层层竞选产生，家委会由"从旁协助"走向"共同治理"。每天有3名家长驻校办公，进课堂、进食堂等，全程参与学生一天的学校生活；家长评议学校、班主任、教师的结果，学校都以较高的权重纳入综合考核；家长热线、微信平台、校园网家长空间成为家长及时监督评价、反馈建议的畅通渠道。

学校建立起了全员集中学习和专题研讨制度，让教师不仅明确制定现代学校制度是维护学校、教师、学生合法权益，实现教育现代化的重要保障，更加明确了制定制度规定，必须有充分的法理依据。

（案例来源：朱晓龙.青岛市黄岛区创新学校法人治理结构 加快推进现代学校制度建设[J].机构与行政，2018,(5):33-34.）

**案例分析:**

该案例最大特色在于通过创新,构建起了较为系统的现代校内治理结构。

一是创新校内治理体制。依据教育服务结构多样化治理理念,按照权责统一,形成决策、执行、监督相互协调、相互制约的治理结构基本原则,逐步构建现代校内治理结构。青岛开发区实验初级中学案例表明,建立以学校董事会为主的决策机构、以校长为代表的学校行政管理执行机构以及以教职工代表大会为主体的监事会,基本构建起了决策、执行、监督三权相互制衡又相互配合的现代学校内部治理结构。

二是探索校内多元治理主体模式。按照多元参与的综合治理理念,需要打破政府一元化的包揽办学格局,让各种教育利益相关者实际参与进来,并由被动的管理者变为主动的管理者。改进校长负责制需要学校(而不是校长个人)从政府手中接过权力,并将校长部分权力依法分散。① 青岛开发区实验初级中学案例表明,按照现代企业制度的董事会制度,建立代表各教育主体利益的多个专业组织,实行多元治理主体模式,并将校长权力让渡给自主治理主体,学校以此实现各利益主体的实质性参与学校。多元教育治理主体参与的目的在于体现民意民情,给各利益相关者越充分的参与权和话语权,治理的民主性就越高,最后善治的程度也就越高。

三是创新校内治理方式。治理理念主张强化同一水平上的组织之间形成联动机制,通过协同合作实施提供一体化的服务机制,使信息和成果共有化。青岛开发区实验初级中学案例表明,通过实行扁平化管理,可以有效实施一体化服务机制。科学决策应放在决策信息获取最充分的层级进行,这是学校扁平化管理的基本理论依据。实践表明,年级组织属于决策信息获取最充分的层级,因此,在现实中,采取以年级组织为中心,进行减少管理层级,实行扁平化管理的学校越来越多。

校内组织既有纵向组织,也有横向组织。过去,我们看重的是纵向组织的建设,这一组织也叫科层组织。该组织管理模式,有利于从上到下的管理,具有

---

① 冯大鸣. 重构和再造"校长负责制"[J]. 教育发展研究,2005(1):26-29.

管理层次多且幅度窄,权力结构较集中且等级化,沟通距离长,管理职责附加于各具体的职能部门,组织间的协调主要通过等级结构很明显的规定管理程序等特征,容易造成各组织之间的分离与不合作。而扁平化组织模式,管理层次少且幅度宽,权力较分散且多样化,平级横向沟通,各组织之间的协调手段多样,并注重人员之间的直接沟通等特征。扁平化管理机制,既重视了纵向管理层的有效机制,同时也发挥了横向组织的功能,有利于各组织之间的分工与合作。

## 三、江苏省南京市以校务委员会建设推进现代学校制度建设案例

2002 年,针对社会转型和体制转轨给教育发展和学校管理带来很多新型的、交叉性、边缘性问题,南京在部分学校开展了校务委员会试点工作,并取得初步进展。2007 年,南京市"中小学校务委员会建设的实验研究"被列入全国教育科学"十一五"规划课题的子课题。同年,南京市教育局颁布了《关于深入推进校务委员会试点工作的意见》(宁教〔2007〕42 号),决定在前期试点的基础上,在鼓楼区所有公办学校和南京市第一中学等学校中深入推进校务委员会试点工作。到了 2012 年,南京市全部 571 所公办中小学均设立了校务委员会,基本上实现了校务委员会建设和学校章程修订"两个百分百"。南京市坚持"依法办学、自主管理、民主监督、社会参与"的办学指导思想,各级各类学校以修改学校章程为契机,将校务委员会作为学校管理体制的组成部分正式写入学校章程,为校务委员会确立了法律地位,各区县积极制定校务委员会相关工作制度。

在试点推进校务委员会的基础上,"十二五"期间,南京市继续深化,提出了"一主两翼"现代学校管理体制架构。"一主两翼"管理体制,"一主"是指以"校长负责制"为主,明确了学校独立法人地位基础上的校长负责制。"两翼"是指面向校内的教职工代表大会制度和社会参与的校务委员会制度。实行以校长负责制为主,以教职工代表大会制度和校务委员会制度为辅助决策系统,学校其他各种工作制度有机配合的管理体制。对涉及教职工和学生管理的相关事项,只有经过作为辅助系统的前置性审议,才能转化为学校或校长的决定,并通过学校其他执行系统得以落实。

南京市校务委员工作规程中规定了校务委员会为学校管理体制的组成部分，是校长负责制的补充和完善。南京市校务委员会，其成员主要由学校校长、副校长、教师、家长和社区代表、政府部门人员、法律工作者、专家学者、社会知名人士等构成，其中，校方代表不能超过委员总数的1/3，高中、中等专业学校还应当有学生代表。其主要职能是提出学校管理和学生教育的意见、建议，宣传学校发展规划和重大决策，协调学校、家庭、社区（社会）之间关系，审议决定有关学生管理、学生发展的重大事项，营造和维护有利于教育发展的良好环境。具体职能有以下四方面：一是咨询和建议。提供社区（社会）对教育的需求信息，提出完善学校管理和学生教育的建设性意见，反映学校服务对象的意见和建议。二是宣传和协调。宣传学校的发展规划和重大决策，协调学校、家庭、社区之间的关系，调动各方面的积极性，利用各种资源为学校发展和学生培养服务。三是审议和决定。在遵循法律法规和政策规定的前提下，对有关学生管理、学生发展的相关事项进行协商审议，并做出相应决定。四是校务委员会实行工作例会制度。

南京市坚持"依法办学、自主管理、民主监督、社会参与"现代学校制度建设的办学指导思想，通过以校务委员会建设推进现代学校制度建设的实践探索，更好地维护学生合法权益。各级各类学校坚持凡是涉及学生切身利益的重大事项，全部提交校务委员会讨论，拓展了学校的服务功能，提升了学校的决策水平和执行力，建立起互相融合、协作共建的新型"家、校、社"关系，实现了"双赢"。通过该项改革，引导校长、教师、学生、家长、社区（社会）等多元主体积极有序参与学校管理，有效推动了学校管理的民主化进程。

（案例来源：国家教育行政学院编著. 国家教育体制改革试点阶段性研究报告（基础教育卷）[M]. 北京：教育科学出版社，2014:78-85. 宋红斌. 建设现代学校制度新常态[J]. 江苏教育，2015,(1):16.）

**案例分析：**

1. 学校管理民主化应是依法依规前提下的民主化

保障国家能够公正有效行使公共权力，公民能够广泛参与并反映教育诉求和教育愿望的最有效途径，就是加强相关的教育法律法规建设，而且只有通过依法行政、依法治教、依法参与教育管理,才能做到有法可依、违法必究。南京市"将校务委员会作为学校管理体制的组成部分正式写入学校章程,为校务委员会确立了法律地位"。通过法定程序确立了校务委员会的法律地位,在全国算是首例,这一举措符合了依法治教、依法参与的教育法治原理。

2. 现代学校制度建设的重点在于依靠制度和机制规范学校的办学和管理行为

南京市是国内较早探索学校法人治理结构的地区,经过十多年的实践探索,"一主两翼"现代管理体制在南京中小学得到全面推广。"一主两翼"现代学校管理体制实行以校长负责制为主,以教职工代表大会制度和校务委员会制度为辅助决策系统,学校其他各项工作制度有机配合的管理体制。这在制度设计上明确了教职工代表大会制度和校务委员会制度作为校长负责制的补充和完善,是一个辅助系统,并且明确规定,"对涉及教职工和学生管理的相关事项,只有经过作为辅助系统的前置性审议,才能转化为学校或校长的决定,并通过学校其他执行系统得以落实"。这就明确了校长负责制和民主管理制度之间的主次关系,即一方面在一定程度上维护了学校作为专门教育机构的正确办学方向、维持一定的教育教学质量,另一方面,也通过辅助系统的依法参与保障了各教育主体的有效参与,避免了形式化的民主参与的局面。

3. 通过以校务委员会建设推进现代学校制度建设的实践探索,更好地维护了学生合法权益

"各级各类学校坚持凡是涉及学生切身利益的重大事项,全部提交校务委员会讨论"。通过校务委员会,让学生的代理人、监护人包括学生本人对涉及学生切身利益的相关事项,参与讨论,参与管理,既是对受教育者的尊重,也有利于平衡各方利益诉求,增进学校与学生之间的和谐融洽。

校务委员会建设是学校管理制度的创新,通过引导教师、学生、家长、社区(社会)等多元主体积极有序参与学校管理,推进了学校管理与运行的民主化、法治化、规范化建设。从目前看,校务委员会制度是在教育程度较为发达的地区,为发挥家庭、社会等多元利益主体参与学校管理的一种创举,是学校、家庭、社会三方参与的教育管理责任共同体。该制度在一定程度上弥补了校长负责

制的不足，重点通过保障学生合法权益，协调学校外部关系，弥补了现行管理体制中政府缺位现象，日益成为民主参与学校管理制度的重要组织形式。

## 四、江苏省泰州市推进家校共同发展委员会建设案例

为进一步密切家庭、社区和学校的沟通协作，组织学生家长和社区群众充分参与学校民主管理和教育工作，提高家庭教育水平，努力构建和完善学校、家庭与社会有机结合的教育体系，泰州市教育局决定在全市中小学校成立家校共同发展委员会。2017年11月2日，泰州市教育局印发了《关于家校共同发展委员会建设的意见》（泰教法〔2017〕13号），对家校共同发展委员会的构成、权利、义务、职责、组建方式等方面作出了具体规定。2018年1月17日，泰州市第二中学在全市率先成立了家校共同发展委员会。2019年3月，成立了泰州家校共同发展委员会总会，泰州市已在全市范围内推进家校共同发展委员会建设。

家校共同发展委员会是接受上级教育主管部门和学校指导的学生家长、社区群众、教职工代表共同参与的群众性自治组织，是家长委员会的升级版，职能更加广泛。建立家校共同发展委员会的目的在于，可以进一步完善现代学校制度、健全学校治理体系，提高学校管理科学化、民主化、规范化水平。

家校共同发展委员会由家长代表、附近社区代表（包括政府及部门和群众代表）、学校教职工代表等组成。家校共同发展委员会委员中的家长代表由各班班主任、科任教师共同推荐，社区群众代表由附近街道社区居民委员会、村民委员会或企事业单位推荐，教职工代表由教职工代表会议推荐。学校校长、分管副校长、家长委员会会长、家长学校校长一般由学校推荐为家校共同发展委员会的成员。所推荐名单经家长代表、学校和社区三方协商后，经学校党政联席会议研究确认，由学校颁发聘书。规模较大的学校，委员人数控制在班级数的1.5倍以内，其他学校控制在班级人数的2倍以内。家校共同发展委员会可下设年级、班级的委员会，运作参照学校模式。

委员任期一般为两至三年，每学年适当改选，可连选连任。毕业、转学等离校学生的家长代表，工作调离学校施教区或户口迁出学校施教区的社区群众代表，工作调离学校或退休的教职工代表，其委员资格自动辞去。连续六个月不参

与家校共同发展委员会工作的,其委员资格视为自动辞去。

家校共同发展委员会设常务委员会,处理日常事务。常务委员会成员由学校党组织、校长室在家校共同发展委员会委员中提名,委员大会表决确认。常务委员会一般设主任1名、副主任若干名,秘书长1名。常务委员会委员一般应包括学校校长、分管副校长和家长学校校长等。家校共同发展委员会主任,一般由德能兼备、热心教育的人士担任,学校领导一般不兼任。

家校共同发展委员会的职责:(1)参与学校管理。(2)支持学校开展教育教学活动。(3)搭建家庭、学校和社区沟通的桥梁。(4)创设学校发展和学生成长的有利环境。(5)帮助学校开展并指导家庭教育。(6)建立家校共同发展议事与沟通机制。(7)遵守法律法规和相关政策规定。

家校共同发展委员会的权利:(1)获知学校的办学目标、工作计划和相关政策,提出改进意见。(2)作为学生家长、社区群众或教职工的代言人,发挥对学校工作的支持、督促和协调作用,参与学校各类重大教育、教学活动,参与学校工作及教职员工的监督和评议,收集和向学校反馈意见和要求。(3)反馈学生家长、社区群众对学校教育教学工作和日常管理的批评或表扬意见。(4)在家校共同发展委员会换届时,有推举权和被推举权。(5)参与、监督和评议家校共同发展委员会及下设行动小组的各项工作,研讨有关事宜,提出议题,并做出相应的决议。(6)对家校共同发展委员会工作进行监督。(7)相关法律法规所规定的其他权利。

家校共同发展委员会的义务:(1)努力提升自身素养和水平,共同促进形成学生全面健康成长的良好环境和社会氛围。(2)理解学校的办学理念、发展规划和培养目标,宣传学校办学成果,参与、协助和支持学校教学及管理工作,并提供改进建议。(3)沟通学校、社区与家庭,促进提高学生家长家庭教育水平。(4)就学校管理工作和教学工作提出意见和建议,并执行家校共同发展委员会的决议。(5)收集学生家长和学区的信息和资源,引导家长和社区人士关心和关注学校教育,支持和参加各项活动。(6)协助学校处理重大偶发事件。(7)执行有关家校共同发展委员会提出的其他事项。

家校共同发展委员会的具体举措:(1)开设"家校共同发展论坛"。为充分发挥中小学校家校共同发展委员会的作用，泰州市教育行政部门在市、市（区）、中小学校三个层次广泛开展"家校共同发展论坛"活动。（2）下设若干行动小组。家校共同发展委员会结合学校实际，可按活动类型设民主管理、家庭教育、家校协作、志愿服务、咨询宣传等行动小组，小组名称根据实际需要确定。

家校共同发展委员会的组织保障：（1）加强领导，落实责任。教育行政部门积极支持并督促指导中小学校建立家校共同发展委员会，进一步简政放权，创新管理学校方式，尊重学校的办学自主权，着力引导学校依法自主办学。同时把家校共同发展委员会建设和运行情况作为对各校年度考核的重点内容。各学校要为家校共同发展委员会提供场所、设备等必要的办公条件，并关心、支持、协调、指导其开展工作。同时要立足实际、开拓创新，在家校共同发展委员会建设工作中创出特色、取得实效，努力提升学校管理水平，加快现代学校制度建设。（2）多方协调，共同推进。中小学校审议有关事项时，尊重并兼顾学校、家庭、社会等多方利益，广泛听取意见和建议，加强各方沟通和协调，争取广大家长和社会各界了解教育、理解教育、支持教育。家校共同发展委员会年度或学期工作计划起草过程中应主动征求学校意见，所安排重大活动不与学校重大活动冲突。（3）注重宣传，推广经验。各学校在校报校刊、学校网站、学校微信公众号等平台及时公示和报道家校共同发展委员会的意义作用和工作信息。市教育局在泰州教育网设立"家校共同发展论坛"专栏，推广介绍各地各校有关活动视频、信息及经验材料等。各地各校要利用各种宣传平台扩大家校共同发展委员会及其组织的各项活动的影响。市教育局将适时组织评选优秀家校共同发展委员会和优秀家校共同发展案例。

（案例来源：泰州市教育局，江苏省泰州市推进家校共同发展委员会建设［Z］.国家教育行政学院培训资料汇编：全面深化教育领域综合改革的实践与探索——第43期全国地市教育局长研修班案例汇编，2018：70-74.）

**案例分析：**

泰州市是国内首个在辖域内全面推进家校共同发展委员会建设的地级市。家长委员会作为学校民主监督的一个传统组织，正逐步成为学校教育的参与者和合作者。截至2014年底，泰州市中小学校（包括幼儿园）已经普遍建立了家长委员会。家长委员会在完善学校治理结构、构建现代学校制度，在密切家长与学校联系、推进民主管理，在优化育人环境、构建学校家庭社会密切配合的育人体系等方面发挥了重要作用。但鉴于家长委员会是由家长代表单方面组成的群众性自治组织这一现状，家长委员会在协调家庭、社会和学校教育方面受到了一定的制约。

为了进一步完善现代学校制度，健全学校治理体系，提高学校管理科学化、民主化、规范化水平，泰州市在家长委员会制度基础上，建立了家校共同发展委员会制度。家校共同发展委员会是接受上级教育主管部门（家校共同发展委员会总会）和学校（常务委员会）指导的学生家长、社区群众、教职工代表共同参与的群众性自治组织，是家长委员会的升级版。因此，家校共同发展委员会也是现代学校制度建设的一项有效探索。

同样作为以协调学校、家庭、社区（社会）之间关系为主要内容的社会参与模式，泰州市的家校共同发展委员会的职能基本上与南京市校务委员会相同，在内容规定上更加具体，如规定了学校发展中的重大问题，帮助和支持学校开展教育教学活动，搭建家庭、学校和社区沟通的桥梁，创设学校发展和学生成长的有利环境，帮助学校开展并指导家庭教育，建立家校共同发展议事与沟通机制，以及遵守法律法规和相关政策规定等七方面的职责。

鼓励社会参与，让各教育主体广泛参与到学校管理过程中，一方面可有助于学校更新办学理念，另一方面有助于调动家长和社会参与学校管理的积极性，形成学校、家庭、社会教育的合力，可以整合社会教育资源，更好地化解社会矛盾，从而营造良好的教育发展生态。

与南京市校务委员会不同的是，泰州市的家校共同发展委员会还处于刚刚探索阶段，还未上升到法律地位，还未形成具有区域特色的现代学校制度。不过，从制度设计来看，从职责、权利到义务，从推进举措到组织保障，家校共同发展委员会都有明确的规定，从而保证了该项工作在短短一年多时间内在全市得以普及。实践表明，现代学校制度建设，需要依据区域实情，将某个改革点作为切入口，逐步探索出适合区域实情的现代学校制度实践模式。

## 五、结论与启示

### （一）现行的以学校法人治理结构为主探索现代学校制度建设的实践模式是可行的

首先，政事分开、管办分离的新型政校关系正在形成。政府职能定位逐渐清晰，即从过去的事无巨细都要过问的"划桨者"正逐步转向"掌舵人"。"掌舵就是决策，就是把握方向，就是治理，这是政府首要的和根本的责任。"[①] 各级政府担当起管好教育发展的方向、标准和速度、监督管理和提供公共教育服务等掌舵人的职责，建立健全公共教育服务体系，逐步实现基本公共教育服务均等化，维护教育公平和教育秩序。改变政府事无巨细直接管理学校的方式，将属于学校内部事务尤其是专业性较强的内部事务的管理权限移交给学校，逐步形成综合应用立法、拨款、规划、信息服务、政策指导和必要的行政措施，减少不必要的行政干预。

将教育行政部门直接办学校的权利下放给了学校，不仅减少了行政过多干预，而且在某种程度上突破了学校办学的外部制度瓶颈，政府由垄断资源向一定责权利政府转变，学校具备了一定的人财物管理权限，逐步构建起新型政校关系。

其次，逐步打破由政府单方面承担教育责任的局面，正在探索合议制公共教育责任体系。学校理事会、学校管理执行层以及社会参与的监督层共同构成学校法人治理新结构，意味着校长权利走向多元合作治理，各教育主体之间通过协商、合作、法治化管理，逐步形成决策、执行、监督三权相互制衡又相互配合的科学治理体制。

构建现代法人治理结构是现代学校制度建设的基本制度保障，学校法人治理结构的建设有利于明确学校作为法人的责、权、利，为学校自主办学奠定法理基础，法制、民主、合作、高效成为学校治理的新常态。

再次，理事会成员结构趋于现代学校制度的结构，既有出资人（政府）代

---

[①] 吴锦良. 政府改革与第三部门发展 [M]. 北京：中国社会科学出版社，2001：354.

表、学校代表，又有教师、学生、家长和社区代表。

最后，形成学校纵向多层次动态监督体系，理事会、党组织、教代会、家委会等一起形成了学校决策中多方参与的"过程控制"机制（管理中心多元化），学校集体决策、民主管理和民主参与机制正在逐步完善，具备了一定的社会多元评价体系的基础。

上述案例表明，以事业单位分类改革为契机，以现代学校制度建设为目标，以完善学校法人制度为基础，通过试点推进学校法人治理结构改革，在一定程度上促进了学校依法自主管理、民主管理水平，逐步形成学生、教职工、学校、社区之间的协调发展，促进了学校管理与运行的民主化、法治化、规范化进程。这说明，在现阶段，以学校法人治理结构为主，探索现代学校制度建设的实践模式不仅可行，而且逐步成为今后我国现代学校制度建设的重要制度基础。

## （二）鼓励社会广泛参与成为构建现代学校制度的关键要素

法制和民主成为现代学校制度的源头活水。实施社会参与，在于确保公民参与和监督教育管理的合法权益，目的在于保障教育的公共性。公民参与学校管理是公民关于公共教育利益诉求表达的重要形式。公民通过合法表达自身的教育利益诉求，既能满足每位公民的教育需求，还能体现公民在公共事务中的主人翁地位，这是教育公共性的本质体现。公民参与不仅是公民表达教育利益诉求的需要，而且也是对公共教育实施社会监督的重要方式。"公民参与是公共教育体制改革的重要方向，也将成为调整学校、家庭与社区关系并最终建立现代学校制度的重要路径。"①

鼓励社会参与，是促进教育管理民主化，保障教育公益性的制度安排，是现代教育治理理念的重要内容。公共教育是依据公共权力的公益事业，保障教育公益性是公共教育的基本原则，也是构建现代学校制度的本质要求。政府、学校、家庭、社会是教育的核心利益相关者。从教育的公共性考虑，教育利益相关者彼此间需要平等对话，但在科层制管理体制下，学校往往只对上负责，而忽视了家长、社会对学校教育的知情权、参与权和决策权。在教育需求多元、民主理

---

① 骈茂林. 公民参与：现代学校制度建设路径［J］. 中国教育学刊，2012(4)：33.

念日益深入的今天,社会对教育的关注度越来越高,对教育结果的质疑越来越尖锐。伴随学校内外部环境的日益复杂化,单靠政府或学校自身力量很难保障学校教育的顺利发展,学校必须打破封闭办学模式,面向区域社会开放办学,通过一定的法定程序,让更多的教育主体参与到学校管理过程中来,通过形成教育合力,发挥社会参与协助、监督和评价学校办学质量和效益的功能。

### (三)主要启示

政府放权与学校办学自主权的职责边界在哪里,学校办学自主权的实效性如何,今后哪些改革经验可以上升到相关法律条文中,等等,这些改革的深层次问题已成为当前需要关注并且必须面对的教改新课题。

真正意义上的参与学校管理制度必须是具备法律地位的。目前,虽然一些地区如南京市的校务委员会具备了地方法规定的法律地位,但只适用于本地区,还不能适用于其他地区。因此,今后需要将社会参与制度相关规定上升到国家法律层面,使得各地区探索社会参与可做到有法可依。

作为社会参与教育管理的有效探索,可以从两方面推进,一方面是通过学校理事会、学校章程,推进现代学校制度,促进学校管理民主化。校务会或家校共同发展委员会等作为协调学校与外部关系的职能机构,停留于学校管理的外部协调环节以及与学生发展相关的咨询及协商服务等层面,从功能发挥上讲,今后主要改进的方向为进一步扩展到民主参与学校管理、评价学校等功能领域中来。另一方面社会参与教育行政管理过程,从地方教育行政机构设置到人员配置以及区域教育发展决策等方面,需要适当让社会上一些知名人士(诸如专家、知名企业家和社会活动家等)参与进来,只有从教育决策参与到学校内部管理参与,才能称得上是真正意义上的社会参与教育管理。

另外,民主化是有前提条件的,如民主化程度取决于公民的民主意识水平。进入21世纪以来,我国公民参与教育管理的民主意识、依法维护受教育权利等意识水平不断提高,不过,多数还处于自发的无意识的参与水平,民主参与教育管理的意识和能力水平还有待进一步的提高。

# 第四章
# 探索多元化教育评价体系

# 第一节 构建多元化教育评价体系

《教育法》第二十四条规定，国家实行教育督导制度和学校及其他教育机构教育评估制度。教育督导制度是指在政府及其教育行政部门主导下，依据国家法律法规，根据教育发展实际，为保证贯彻执行国家有关教育法律、法规、方针政策和教育目的的实现，对所辖地区的教育工作进行监督、检查、指导、评估的制度。教育督导是人民政府的行政监督行为，监督的对象是下级人民政府、教育行政部门和其他有关职能部门以及学校及其他教育机构。教育评估是指各级教育行政部门或经认可的社会组织，对学校及其他教育机构的办学水平、办学条件、办学质量等进行综合或单项考核和评定的制度。在我国，初等教育称教育评价，高等教育称教育评估。[①] 教育改革必须有教育评价科学来引领和支撑，如何遵循学生身心发展规律和教育教学规律，坚持科学的教育质量观，建立体现素质教育要求、立足学生核心素养培养的、多元化的教育质量评价体系，是当前中小学面临的重要任务。

教育评价制度和教育督导制度作为基本的保障制度，以公平、质量为价值取向，在保障基础教育事业健康有序发展，维持和提升学生学业水平和综合素质方面发挥了应有的规范化和专业化作用。不过，现实当中仍然存在片面追求应试教育、素质教育走过场的倾向；学生学业负担过重，学生的社会实践能力、创造力还与实际目标有较大距离；儿童青少年近视率和肥胖率呈现增多趋势，学生的完善人格、健康体魄的养成亟待提升并应引起重视，立德树人的任务还任重道远。对此，习近平总书记在2018年全国教育大会上的讲话中强调指出，要深化教育体制改革，健全立德树人落实机制，扭转不科学的教育评价导向，坚决克服唯分数、唯升学、唯文凭、唯论文、唯帽子的顽症痼疾，从根本上解决教育评价指挥

---

① 教育部全国教育普法领导小组办公室编著.教师法治教育读本[M].北京：教育科学出版社，2002.

棒问题。教育评价体系改革是世界性难题，在我们国家现在已经到了破题和解题的关键阶段。

要想从根本上解决上述"五唯顽疾"，落实立德树人的根本任务，需要坚持评价体系的多样化，建立健全教育评价制度和治理体系，这是根治当前教育评价顽疾的良方。从当前来看，一方面需要建立起科学多元的中小学教育质量评价体系，另一方面需要构建评价主体多元的教育评价体系。打破政府单一评价模式，实行多元化教育评价体系，适应了由一元化管理体制向多元化教育服务体制转变的公共教育管理体制改革趋势，逐步成为当前我国深化教育体制机制改革的重要内容。

## 一、基于核心素养的多元化教育评价体系

价值是评价的基础和根本，教育评价体系改革首先要弄清评价的目的是什么，即体系改革首先要解决教育评价的价值取向问题。基于新课改建立起来的我国中小学教育评价体系始终坚持以人为本的价值取向，在这一价值观引导下，我国中小学教育评价体系建设，先后经历了基于学生素质全面发展的教育评价体系和基于核心素养的多元化教育评价体系两个阶段。

### （一）基于学生素质全面发展的教育评价体系

课程是教育思想、教育目标和教育内容的主要载体，集中体现国家意志和社会主义核心价值观，是学校教育教学活动的基本依据，直接影响人才培养质量。

1949年以来，我国先后进行了八次课程改革。2001年，我国启动了第八次基础教育课程改革，新课改从理念、目标、内容到实施策略上，都是以学生的发展作为思考的出发点和终结点。围绕学生素质的全面发展，新课改在实施策略上采取了以下六方面措施具体推进：

一是重建我国基础教育课程结构。改变课程结构过于强调学科本位、科目过多和缺乏整合的现状，整体设置九年一贯的课程门类和课时比例，根据综合性、均衡性和选择性的原则，从小学3年级至高中设置综合实践活动课并作为必修课程，内容包括信息技术教育、研究性学习、社区服务与社会实践、劳动与技

术教育等。重建课程结构的目的，在于适应不同地区和学生发展的需求，体现课程结构的均衡性、综合性和选择性。

二是改变过于注重知识传授的倾向，强调形成积极主动的学习态度，使获得基础知识与基本技能的过程同时成为学会学习和形成正确价值观的过程。依据多元智力理论，实现学生自主、合作、探究学习的学习方式的变革。改变课程实施过于强调接受学习、死记硬背、机械训练的现状，倡导学生主动参与、乐于探究、勤于动手，培养学生搜集和处理信息的能力、获取新知识的能力、分析和解决问题的能力以及交流与合作的能力。

三是精选终身学习必备的基础知识和技能。改变课程内容"难、繁、偏、旧"和过于注重书本知识的现状，加强课程内容与学生生活以及现代社会和科技发展的联系，关注学生的学习兴趣和经验，精选终身学习必备的基础知识和技能。

四是确立旨在促进学生发展和教师提高的发展性课程评价制度。改变课程评价过分强调甄别与选拔的功能，发挥评价促进学生发展、教师提高和改进教学实践的功能。

五是构建国家、地方和学校三级课程管理框架，改变课程管理过于集中的状况，实行国家、地方、学校三级课程管理，增强课程对地方、学校及学生的适应性。进一步明确国家、地方和学校三级权利主体的权利分配。

六是以"课程标准"代替"教学大纲"，进一步推动教材的多样化策略，使得真正实现"一标多本"成为可能。

课程改革是系统工程，具有牵一发而动全身之功效。可以说，经过十多年的改革实践，新课改建立了有中国特色的、符合时代要求的新课程体系，在以下几方面取得了重要的进展：一是增加了"选修课""活动课"，初步改变了多年来的只有"学科课程"加"必修课"的模式；二是推行了在统一基本要求前提下教材多样化的方针，初步推动了教材的多样化；三是实行国家和地方两级管理的方式，改变了国家对课程管理过于集中的状况；四是在教学实践中涌现出一批重视学生生动、活泼、主动地学习，重视学生成功与发展的经验，倡导了新的教育观念,激活了教育实践的改革。①

新课改把课程评价观的转变作为重要枢纽,从理念上构建了"一切为了学生发展"的科学发展观,坚持全面质量观。

2001年6月8日,教育部印发的《基础教育课程改革纲要(试行)》中明确指出:一是建立促进学生素质全面发展的评价体系;二是建立促进教师不断提高的评价体系;三是建立促进课程不断发展的评价体系。自此,确立了我国教育评价的根本是为了学生发展的评价,即促进人的全面发展,促进学生形成全面发展的能力。

为了扭转单纯以学生学业考试成绩和学校升学率评价中小学教育质量的倾向,促进学生全面发展,推进素质教育,针对原有课程评价体系中的不足与局限,2002年12月18日,教育部颁发了《关于积极推进中小学评价与考试制度改革的通知》(教基〔2002〕26号),该通知提出建立以促进学生发展为目标的评价体系,并提出基础性发展目标和学科学习目标两方面具体的评价标准。2008年,我国成立了基础教育评价专业委员会,该委员会每两年举办一次学术年会,每两年举办一次专题研讨会,近年来的会议主题均围绕"促进学生全面而健康的发展"进行。该委员会强调评价研究要凸显"尊重学生、提升教师、改进教学、发展学校",在我国教育评价研究和实践方面发挥着重要的专业引领作用。

2013年6月3日,教育部颁布了《关于推进中小学教育质量综合评价改革的意见》(教基二〔2013〕2号),并以附件形式配套发布了《中小学教育质量综合评价指标框架(试行)》,要求开展以学生全面发展为核心的评价。要求各地在涵盖品德发展水平、学业发展水平、身心发展水平、兴趣特长养成、学业负担状况等5个评价内容基础上,对照20项关键性指标,按照小学、初中、普高教育阶段的性质和特征,细化评价指标、考察要点和评价指标的内容要求,完善综合评价指标框架。《关于推进中小学教育质量综合评价改革的意见》的出台,意味着我国对学生的评价,由已往以学科知识为主,转向以综合素质评价为主,扩大了对学生评价的内容和范围。

---

① 国家教育行政学院编著.基础教育新视点[M].北京:教育科学出版社,2003:99.

新课改确立了基于全面发展的素质教育评价体系。基于新课改构建的教育评价体系，以学生的发展为根本，教育评价由评估学校客观环境条件转向了教师教学服务和学生综合素质发展，改变过分强调评价的甄别和选拔功能，进而发挥评价促进学生发展、教师提高和改进教育教学实践的功能。

早在20世纪90年代中后期开始，上海市虹口区就探索建立学校自主发展的新型评价模式。新型评价模式要求行政部门对学校的评价由过去注重学校之间的横向群体之间的比较，转向注重学校自身发展的纵向比较。不与重点学校相比，而是根据学校自身发展传统和特色，与自身过去相比，可以给每一所学校发展的希望，从而促进每一所学校都能够走向优质学校。同样，近年来，在学校自我评估机制的基础上，江苏省常州市架构区域评估方式，即对学校的评估主要看规划的完成度和学校整体进步程度（成长度）。实践表明，常州市实行"两度"评价方式改革，评估出来的优秀学校很多都不是原来常规的优秀学校，一些中等甚至偏后的学校通过这种变革实现了快速发展。这说明，实行以学校自主发展为主的评价方式，可以给每所学校带来成长的空间和发展的机会。

实行以学校自主发展为主的评价机制改革，其意义在于意识到评价目标和手段之间的连锁关系。首先，从实现目标意义上讲，可以让学校反复追问"为此目标必须要做什么？"；其次，从活动意义上讲，让学校反复追问"为什么现在要开展这个活动？"再通过对评价中反映出来的问题、意见和相关建议的处理和解决，使学校管理活动更加精细化、目标化。

但总体而言，受现有教育体制机制的制约，以及社会文化传统、用人制度等多方面因素的影响，以发展性评价为主的新课改评价目标除了一些经济发达地区外，还未能在全国范围内得到完全落实。其中，教育评价体系未能发挥正确的导向作用成为关键性因素。即单纯以学生学业考试成绩和学校升学率评价中小学教育质量的倾向未得以有效扭转，突出表现在，在评价内容上重考试分数忽视学生综合素质和个性发展，在评价方式上重最终结果忽视学校进步和努力程度，在评价结果使用上重甄别证明忽视诊断和改进，这使得我们既定的科学的教育目的难以得到实现。仅以综合实践课为例，由于教育理念、师资以及考评制度等多方面原因，综合实践在不少学校并没有真正被纳入到课程实施方案中去，往往有名无实,存在着"说起来重要、做起来次要、不检查不要"现象,[①] 导致综合实践活动出现"集体放羊"现象。

### (二)基于核心素养的多元化教育质量评价体系

一直以来,针对现实当中教育理想与现实的实际差距,围绕育人目标问题在社会上进行广泛而深入的讨论。实践表明,坚持培养德智体美劳全面发展的社会主义建设者和接班人这一宏观育人目标是明确的,只是处于中观层面的学科育人目标比较笼统,这是导致处于微观层面的教学目标重"知识"轻"价值"的主要原因。对教育质量的评价只关注教学质量,而对人格养成具有重要影响的价值引导则避而不谈。这种教育质量观"其最大症结就在于放弃了教育自身独有的价值引导属性,试图将教育放置在教学的价值中立立场予以考察"。[②]

针对长期以来落实育人目标过程中面临的实际问题,党和国家也给予了高度重视,党的十八大明确提出"把立德树人作为教育的根本任务",党的十九大则进一步强调"落实立德树人根本任务,发展素质教育"。

解决了培养什么人的问题后,接下来就是解决如何培养人的问题。在这一问题上,我国明确指出了通过全面深化课程改革作为落实立德树人根本任务的主要抓手推进。2014年3月30日,教育部颁发了《关于全面深化课程改革落实立德树人根本任务的意见》(教基二〔2014〕4号),该意见明确把全面深化课程改革作为落实立德树人根本任务的主要抓手。并提出各地要组织实施中小学教育质量综合评价改革,鼓励学校积极探索,完善科学多元的评价指标体系,引导树立科学的教育质量观。同年12月10日,教育部颁发了《关于加强和改进普通高中学生综合素质评价的意见》(教基二〔2014〕11号),要求各地按照思想品德、学业水平、身心健康、艺术素养和社会实践等五方面内容,结合当地教育教学实际,科学确定学生综合素质评价的内容和要求。上海市作为新高考改革试点地区,为贯彻落实教育部关于普通高中学生综合素质评价的意见,做到了为每个学生建立综合素质档案,指导学生客观记录思想品德、学业状况、身心健康、艺术素养和社会实践等方面的典型事实,系统反映学生的全面发展状况,以此促进学

---

① 张荣伟. 我国基础教育"十年课改"的反思[J]. 课程·教材·教法, 2010(12): 7.
② 苏启敏. 中小学教育质量观:误区、反思与重构[J]. 中国教育学刊, 2017(1): 6.

生形成正确的自我认识，学习人生规划和主动发展的意识。

伴随经济社会发展，2003年印发的普通高中课程方案和课程标准已经不能适应当前需要。对此，2017年12月29日，教育部印发了《普通高中课程方案和语文等学科课程标准（2017年版）》（教材〔2017〕7号）的通知。2018年8月16日，教育部发布《关于做好普通高中新课程新教材实施工作的指导意见》（教基〔2018〕15号，以下简称《指导意见》）。《指导意见》规定，统筹考虑新课程新教材实施和高考综合改革等多维改革推进的复杂性，为保障普通高中学校正常教学秩序，按照实事求是、积极稳妥、分步实施、自主申请的原则，从2019年秋季学期起，全国各省（区、市）分步实施新课程、使用新教材。

2019年6月，国务院办公厅印发《关于新时代推进普通高中育人方式改革的指导意见》（以下简称《意见》）。《意见》提出，构建全面培养体系，突出德育时代性，坚持把立德树人融入思想道德教育、文化知识教育、社会实践教育各环节；强化综合素质培养，拓宽综合实践渠道；完善综合素质评价，强化其对促进学生全面发展的重要导向作用。优化课程实施。制定普通高中新课程实施方案，2022年前全面实施新课程、使用新教材；完善学校课程管理，加强特色课程建设。

新课标有几个亮点：一是将落实立德树人的根本任务与学科课程教学之间建立起内在联系，这意味着有望破解教育目的与课堂教学"两张皮"的老大难问题。二是伴随课程建设的新研究新进展，进一步明确学科育人、课程育人的具体路径。新课标明确了学生学习该学科课程后应形成的正确价值观念、必备品格和关键能力，并围绕学科核心素养的落实，精选、重组教学内容，设计教学活动，提出考试评价的建议，目的是切实引导各学科教学在传授学科知识过程中，更加关注学科思想、思维方式等，克服重教书轻育人的倾向，把立德树人根本任务落到实处。三是与高考综合改革无缝衔接。高中课程改革和高考综合改革之间的无缝衔接将在以下两方面发挥作用，一方面发挥课程在人才培养和选拔中的统领作用，特别是强化考试内容与高中课程的关联性，保证教、考、评的一致性；另一方面发挥高考改革对高中课程改革的正确导向作用，如推动综合素质评价在高校招生录取中的使用，促使高中教育更加关注学生综合素质的培养等。

新课标还有一个重要亮点，就是各学科都凝练出了本学科的核心素养。可以说，这是我国中小学课程标准研制的一次重大突破，这也是新时期落实立德树人根本任务的重要举措。核心素养是21世纪的关键素养，核心素养在深化课程改革和落实立德树人的目标中占有基础性地位。核心素养是指一个学习者按照相应教育文化程度的要求所应具备的知识、技能、能力（认知能力和通用能力）和态度的总称。2016年9月，我国发布了《中国学生发展核心素养》，建构了三个维度、六个素养、18个基本要点的中国学生发展核心素养框架。基于核心素养的评价体系有以下基本特征：一是将基础教育课程改革与考试招生制度改革作为一揽子改革方案推进，有利于发挥学校评价的正确导向功能；二是围绕学科核心素养构建考试评价的建议，有利于发挥评价的价值导向作用，克服重教书轻育人的倾向，更好地落实立德树人的根本任务；三是从评价内涵、主体、方式到技术手段越来越多元化，有利于更好地发挥评价的科学引领作用。

纵观各国学校教育质量评价指标体系开发演进过程，可以看出，学校教育质量评价指标体系倾向于多层化和多维化。学校教育质量评价指标体系的多维化主要体现在：（1）学校教育结果指标的多维化。学生的学习成绩不再是学校教育质量的唯一衡量标准，美国增加了学校教育对社会的利益、学生的情感技能和价值观念的变化，新西兰增加了学生的学习进展和学习参与，而苏格兰则用达成教育标准的程度、学习体验、学习质量和家长参与程度来检测学校教育质量。（2）学校教育质量评价指标涵盖了以往很少涉及的过程性检测指标和情境性指标、形成了情境——输入——过程和输出的多维指标体系。[1]

基于核心素养的教育评价体系改革，不能再用同一把尺子去衡量所有的学校，为了尽量避免教育评价指标的归一化和数量化，教育评价体系改革应该认可和尊重多元化和多样性。适应教改实际和借鉴国际上先进的评价理念和方法，我国已经构建起以学校教育质量的概念框架，以情境——输入——过程——输出四方面架构多层次、多维度的评价指标，以心理学为基础的微观层面的有效学习特征的研究与影响学生学习结果的实证研究相结合的学校教育质量评价指标体系

---

[1] 曾家延.学校教育质量评价指标体系的历史演进与建构——基于美国、新西兰和苏格兰的考察与启示[J].国家教育行政学院学报，2014(1)：87.

理论框架，在这一理念引领下，我国正在构建基于核心素养的多元化教育评价体系。如何通过多元评价来推进学生核心素养的培育，如何基于核心素养的育人导向，构建出科学合理、有效实用的课程评价体系，已成为今后深化教育评价体系改革面对的新课题。

## 二、构建多元合作教育评价体系的时代背景

教育评价的主体一般分为政府、学校和社会三种。以政府部门为主体开展的行政性教育评价称为政府督导，以各类学校为主体开展的自主性教育评价称为学校自评，以社会组织为主体开展的参与性教育评价称为社会评价。

多元化的教育评价体系需要多样化的评价标准、多元主体参与和运用多样化的评价手段。伴随政府教育管理职能的转变，教育评价体系改革最关键的是完善教育评价的内外部机制，建立良好的治理模式。其中，构建多元合作的教育评价体系是完善教育评价体系的一个重要环节。在治理背景下，我国教育督导评估在现代化进程中基本上遵循了由行政管控向职能调适再到合规监管的制度逻辑的转型。即由强化政府的行政控制向强调政府督导职能的优化再到既强调政府的监管能力，又凸显社会力量对教育督导过程的弥补与参与方向转型。[1]

### （一）适应多元治理模式的现实需要

一直以来，我国主要采取了以政府为主导的教育评价模式，这在过去采取效率化发展模式中发挥了应有的作用，即建国初期集中有限资源加速培养社会主义建设者和接班人的过程中，政府主导模式确实发挥了有效作用。但教育发展到今天，在多元治理模式下，育人目标越加具体化，评价指标和方式也越加多元化，在此背景下，靠单一的政府的行政管控模式已经很难适应发展的需要。多元治理模式要求打破政府单一主导的评价体系，构建多元合作的教育评价体系。

2013年11月12日，十八届中央委员会第三次全体会议通过的《中共中央关于全面深化改革若干重大问题的决定》（以下简称《决定》）中规定，"深入推进管办评分离，扩大省级政府教育统筹权和学校办学自主权，完善学校内部治

---

[1] 陈良雨，陈建.教育督导现代化：制度逻辑、现实挑战与行动策略——基于教育治理能力提升的视角［J］.四川师范大学学报（社会科学版），2017(5)：79.

理结构。强化国家教育督导,委托社会组织开展教育评估监测。"《决定》不仅明确了教育领域要深入推行管办评分离改革,同时,明确了强化教育督导,委托社会组织开展教育评估监测,这也从政策层面回应了教育决策、执行和监督共同发力,发挥各自职能,提高公共教育服务的水平和能力。

为了进一步推进教育领域管办评分离改革,2015年,教育部印发了《关于深入推进教育管办评分离 促进政府职能转变的若干意见》(以下简称《意见》)。该《意见》就今后如何开展学校评价指出了具体的指导意见,即在继续坚持实行学校自评的基础上,提高教育督导的实效性,同时,鼓励社会参与,围绕推进依法评价,建立科学、规范、公正的教育评价制度,具体推进社会参与教育评价。该《意见》在具体的指导意见中指出,"支持专业机构和社会组织规范开展教育评价"。这相比《决定》中规定的"委托社会组织开展教育评估监测"内容更具体一些,即社会参与评价的机构,除了社会组织之外,多了专业机构,这为推进管办评分离改革的试点地区明确了改进的方向。

在现阶段实行教育管办评分离主要围绕政府教育行政管理职能而言,而在实际的教育治理进程中,管办评不可能是完全分离的。"管办评"是一个完整的体系,"管"涉及到结构性和内涵式的设定;"办"需要有自己的独立性;"评"不仅需要对"办"做出最基本的价值判断和结构层面的建议,还需要对"管"提供进一步的方向调整。"管办评"之间应该有核心要素连接,是一个闭环,而不是真的分离,它们是同一过程的不同环节。① 构建主体多元合作的教育评价体系,正是适应了共建共治共享的现代治理模式,旨在构建一个由国家、政府、学校、社会、家长以及社会组织(目前主要指专业组织)等多方面力量组成的合议制的公共教育责任体系,通过合力来共同推进教育的公平与公正的发展,最终形成全社会共同参与的教育治理新格局。

一方面多元治理模式下,既要保障教育的公平和质量,还要保障教育的公正与效率,这将涉及对政府履行教育职责实施监测和问责。另一方面伴随多元化教育评价指标体系的设立,需要构建起完整的教育质量检测指标体系,这需要收

---

① 叶赋桂,段世飞.深化教育评价体系改革学术研讨会综述[J].清华大学教育研究,2018(6):127.

集很多与教师和学生心理层面、学习过程和学习效果相关的数据，而这些数据并不能用大规模的问卷调查来完成，而这样庞大的评价指标体系并非单靠政府或学校自行可以建构起来的。综上所述，若想真正发挥教育评价的专业导向、监督规范等功能，必须培育和发展独立于政府和学校之外的第三方教育评价机构。同时，按照社会参与模式，鼓励社会上各个教育主体依法参与监督和评价教育管理。各教育主体参与教育评价的过程，实际上也是社会上教育主体回归教育本质的体现，即一方面与政府和学校形成合力行使教育主体应有的育人责任，另一方面也要担负起依法参与和监督教育管理的义务。

构建主体多元合作的教育评价体系，是为了改变长期以来政府主管部门在教育评价领域"既当裁判员又当教练员"的"越位、缺位、错位的现象"，更是深入推进"教育管办评分离"，实行多元治理模式的时代需求。"多"是教育评价治理逻辑和治理模式的核心，"多"同时也是多主体博弈、对话、协商和共谋的治理议程。教育评价体系改革是否成功的标准之一便是评价有没有真正进入到多主体模式，真正的教育评价生态必须是多主体共同成长的状态。①

## （二）适应国际上趋于多元主体参与的教育评价体系的形势

当前，世界上不少国家采取多元主体参与的教育评价体系，并形成各自的特色。

芬兰于2014年建立了芬兰教育评价中心，依据《芬兰教育评价中心法》规定，中心应公布评价标准和评价结果，并与各个利益相关者沟通。芬兰教育评价中心是一个同时具有政府和社会第三方双重属性的特殊组织。即该中心虽归政府"管"，但实际上政府主要是提供公共财政资助，并在形式上具有最终审批、任命权，而多种层次和类型的专家组织不仅仅是咨询部门，同时也是真正的审议、决策机构。尤为重要的是，现任两个常设专家委员会的成员有地方官员、高校管理者和专家学者、中学教师、全国学生社团及其他社会团体负责人，在很大程度上保证了不同利益群体能够共同参与决策。这一点与第三方评价所强调的多方参与性是非常一致的。②

---

① 叶赋桂，段世飞.深化教育评价体系改革学术研讨会综述［J］.清华大学教育研究，2018(6)：128.

② 丁瑞常.芬兰教育评价中心：社会第三方参与教育评价的新模式［J］.比较教育研究，2017(7)：56-62.

新西兰的学校评价模式采取外部评价与内部评价相结合的方式，在评价过程中提倡多主体参与，倡导共同协商。例如，该国在进行学校内部评价时，要征求学校学生、家长、社区和校外有关人士的意见，并且以此作为学校获取自我评价信息的重要渠道，且外部评价以学校自我评价为基础实施。① 新西兰教育法案规定，新西兰学校董事会一定要依据其国家教育指导方针持续不断地开展学校自我评估。

荷兰基础教育评价体系是一个多元参与的综合体，主要由学校体系、政府体系和非政府体系组成。荷兰中小学治理模式实行的是董事会领导下的校长负责制，这意味着荷兰中小学校具有极大的办学自主权，学校内设有若干个咨询机构，负责学校自评。学校自评，学校享有极大的自治权，而权力同时意味着责任，所以学校自然成为评价的重要主体。② 政府体系，国家层面有荷兰教育文化科学部委派的教育督导局和专业委员会。教育督导局是荷兰教育评价的核心机构，向教育文化科学部负责，并接受荷兰议会的问责。专业委员会，主要有测验和考试委员会，主要负责中等教育的国家考试。此外，还有初等教育委员会、中等教育委员会等。地方主要有省议会、市政当局教育行政管理部门。非政府体系主要有第三方机构和国际组织。荷兰教育评价院（简称CITO），1968年作为官方性质的考试管理机构，"1999年，因应荷兰教育改革适应市场和国际形势的转变，国家教育考试项目实行招标竞标，学校获得预算以市场价格向专业化考试评价机构购买测量工具和评价服务，CITO也从教育考试评价国家垄断机构转型到提供专业考试评价服务的私营机构。"③ 另外，荷兰一直积极参与OECD组织的诸如PISA、TIMSS、PIAAC等各类国际评估，通过国际比较找准定位和方向。

自2006年以来，日本推行新的学校评价制度。新的学校评价有三种评价方式：一是实施学校自我评价。在校长的领导下，该校全体教职员按照学校预先设定的发展目标和具体计划，按照年度内把握目标和计划达成的实施状况进行自我

---

① 王薇. 中国、新西兰学校评价体系的比较及启示［J］. 教育测量与评价，2013(2)：16–22.
② 尤铮. 质量保障视野下荷兰基础教育评价体系研究［J］. 比较教育研究，2018(9)：105.
③ 王蕾. 荷兰CITO学生监测评价系统对构建中国教育考试评价体系的启示［J］. 中国考试，2011(5)：25.

评价，同时验证和评价学校各项改革措施的适切性。二是外部评价，也叫学校关系者评价。由监护者、学校评议员、区域居民、各个衔接阶段学校的教职员以及其他学校关系者共同组成的评价委员会，通过对相关学校教育活动的观察等来验证、评价学校的自我评价结果。三是第三方评价，"与该校没有直接关系的专门家等，对学校自我评价和学校外部评价结果进行分析研究，对该校教育活动和其他学校管理活动进行专门的、客观的评价。基于学校自我评价、外部评价和第三方评价，成为日本构建义务教育质量保障体系的基本策略"。[①]

我国政府鼓励社会组织和社会各界参与督导评价活动由来已久。1994年国务院颁布的《关于〈中国教育改革与发展纲要〉的实施意见》（国发〔1994〕39号）就明确指出，"要建立健全社会中介组织……发挥各界参与教育决策和管理的作用"。1997年原国家教委制定的《普通中小学督导评估工作指导纲要》也要求"引导社会、家长用准确的标准评价学校的办学水平"。《关于基础教育课程改革实验区初中毕业考试与普通高中招生制度改革的指导意见》（教基〔2005〕2号）在关于学校评价的措施方法中提出，建立以学校自评为主，教育行政部门、学生、家长和社区共同参与的评价制度。学校应对评价所涉及的各方面进行自我评估，准确了解学校的发展状况，针对存在的问题采取及时有效的改进措施。2010年，"教育规划纲要"第三十三条进一步明确指出："改进教育教学评价。根据培养目标和人才理念，建立科学、多样的评价标准。开展由政府、学校、社会各方面共同参与的教育质量评价活动。"从此，除了学校自评、政府督导以外，家长、教师、学生和同行以及社会专业机构开始参与到学校评价过程当中。

适应鼓励社会参与的政策导向，近年来，我国第三方教育评价机构应运而生。这些机构通过提供委托项目、自主开发项目等教育评价服务，正在成为教育评价领域的重要生力军。

### （三）适应提供多元诊断服务目标的现实需要

伴随管理重心下移，区域教育科学统筹规划能力以及学校依法自主发展、学生主动发展已成为制约地方教育改革与发展水平的主要因素。新形势下，教育评

---

① 包金玲.去行政化：日本教育行政地方分权改革[M].重庆：西南师范大学出版社，2015：149–150.

价制度作为保障教育质量的基本制度，其主要目的已不再局限于筛选学生，而是向基于学生发展为核心、引领学校自主发展以及为政府、学校和学生提供多元诊断服务方向转变。一是为政府决策提供科学依据。关于学生发展、教师教育、学校管理等方面的评价结果，不仅提供了对区域内教育质量和公平现状的客观描述，还可以为课程改革、公共财政投入等相关政策的制定提供科学的依据。二是为学校管理改进开"药方"。从学校管理的角度来看，越来越多的学校期望从评价中获得改善管理和提升教学质量的"药方"。学校内生的评价需求正是评价进入"现代化"的标志。学校内部自评和外部评价相结合的方式对学校改进有着重要的作用和价值。三是为学生发展提供诊断服务。学生在评价中也不再是被动的角色，而是成为了评价的服务对象。评价可以帮助学生更好地了解自己的能力倾向和兴趣特长等。比如诊断性评价并非简单的"错题分析"，而是将测试中每一题涉及的相关知识和能力都进行了分解和量化分析，为学生尚未掌握的内容提供了详细的线索。

为适应教育评价目标的转型，必须打破原有的政府单一评价体系，探索构建多元合作的教育评价体系。即在原有的学校自评、政府督导基础上，鼓励第三方教育评价机构、家长、社区代表、社会各界参与到教育评价当中来。

### 三、实行多元合作教育评价的实践特征

实行多元合作的教育评价是适应新时期构建服务型、法治型和专业型政府的需要而实施的实践探索。实践表明，各地区按照区域特色，通过发挥学校自评的主动性和积极性，强化政府的督导职能，搭建多种途径引入第三方教育评价机构，鼓励社会组织参与评价等，正逐步探索构建体现素质教育要求，以学生发展为核心、兼顾教师发展和学校发展要求的多元合作的教育评价体系。

#### （一）实行多元合作教育评价的实践特征

一是通过引入专业机构进行学业质量测评，提升了教育评价的专业水平。公平而有质量的学校评价应该基于儿童的视角、坚持正确的教师评价观。不过，在既能不忘初心，坚守对教育价值追求的同时，又能适应时代推进技术革新，不断创新评价方式方法，尤其是运用新技术创新评价手段和方法，提升评价的专业

水平变得愈加重要。

如何基于大数据，利用信息技术革新教育评价方法，正确发挥和不断改进评价的检测、诊断、指导功能，从而全面提升教育质量，正在成为教育研究与实践领域的重大课题。大数据时代，数据挖掘作为继实验、推理、计算之后，科学研究范式的变革，正在影响人们的思维方式。"评价就是寻找证据驱动教育变革，促进学生健康成长。"[①] 国际上，不少国家采用政府购买方式引入专业的第三方机构进行学业质量监测或学校管理诊断等服务。第三方机构在学业质量监测研发、组织考试等方面，具有重要的基础性和专业性特征。尤其是在大数据时代，急需通过专业机构研发学业测量的相关工具和平台，实施相关数据统计，为教育决策机构和学校诊断提供专业服务。

学生学业质量是教育质量的重要组成部分和主要标志。因此，尽快建立学生学业质量评价体系，对基础教育战略进行有效管理，成为推进新课改评价体系改革的一项重要内容。为此，2003年，教育部基础教育课程教材发展中心启动了"建立中小学生学业质量分析反馈与指导系统"项目，项目旨在依据课程标准建立学生学业质量的标准，并通过大规模测试和问卷调查了解影响学生学业质量的关键因素。"项目组成立以来所进行的大量研究和测试工作表明，基于科学测试和分析反馈基础上的学业质量评价，有利于各级教育行政部门全面掌握学业质量的状况，有针对性地提出提高学业质量的政策与措施，有利于各级教学研究部门有针对性地展开教育教学研究和培训，改进教学和提高质量。"[②]

2007年6月12日，由教育部部长专题办公会决定建立国家基础教育质量监测中心，同年9月12日，教育部基础教育质量监测中心由中央编办批复在北京师范大学正式成立。当时规定该中心的主要职责为，拟定基础教育质量监测标准；研究开发基础教育质量监测工具；为各地基础教育质量监测工作提供技术支持和业务指导；受教育部委托具体实施全国基础教育质量监测工作。监测中心自

---

① 谢凡."发现"与"成全"：学校综合评价创新的"初心"与"使命"——来自中国教育学会小学专业委员会2017年学术年会的思考[J].中小学管理，2017(12)：42.

② 袁贵仁总主编，刘自成主编.中国教育咨询报告（一）[M].北京：高等教育出版社，2012：61.

成立以来，基于监测数据撰写监测报告，提交国家教育相关部门，为教育决策提供了重要参考。

监测只是手段，改进并提升教育治理才是目的。2018年7月，教育部基础教育质量监测中心发布了《中国义务教育质量监测报告》。该报告遵循科学评估全国义务教育质量总体水平，客观反映义务教育质量相关因素基本状况，系统监测国家课程标准和相关政策规定执行情况，为改进学校教育教学、完善教育政策提供依据和参考的评价目标。2015年至2017年，在全国31个省（自治区、直辖市）和新疆生产建设兵团总共抽取了973个县（市、区）的572,314名四年级、八年级学生参加监测。同时，监测还对19,346名中小学校长，147,610名学科教师及班主任教师进行了问卷调查。[①] 监测结果有效帮助各级教育决策机构了解我国学生的学习状况，进而准确掌握国家课程标准执行和落实的实际情况。监测既重视对学生全面发展，又重点突出对学生综合运用知识能力和解决问题能力的测查，逐步引导全社会和教育系统优化培养方案，致力于学生多层次能力的培养和提升。监测不仅注重对义务教育质量状况进行测查，还注重分析影响义务教育质量的关键因素，有利于国家层面教育决策和教学的改进。同时，监测中心每年还为参测的省份（2017年，全国有32个省级单位参测）和样本县（市、区）提供监测结果报告，并组织开展监测结果报告解读会，以帮助各地人员读懂监测数据结果、推进监测结果应用。此外，监测中心还为部分区县开展基于监测结果的改进工作提供专业支持。

除了国家层面成立的监测中心外，目前，我国开展区域教育质量监控的实践方式呈现出多样化态势。如有的省市成立了专门的教育质量监测中心，有的省市在某些机构中设置专门的监测部门，还有的是几个部门携手合作开展区域教育质量监控，还有的区域是采用委托第三方评估的方式实施区域教育质量监控。

自2009年开始，重庆市依托中国基础教育质量监测协同创新中心西南大学分中心、重庆市中小学校发展研究与测评中心和西南大学基础教育研究中心等多个平台，以队伍建设、人才培养和科学研究为支撑，开展西南地区基础教育质量

---

① 教育部. 我国首份《中国义务教育质量监测报告》发布［EB/OL］. 教育部官方网站，http://www.moe.gov.cn. 2018-7-24.

监测的实践探索。目前，该市建立了基础教育质量监测数据库，将日常评价与大规模监测相结合，自主研发了信息化监测评价平台，同时还研发了用于监测评价的软件平台，构建常用质量评估模型，实现了分析及报告生成自动化。并基于大数据的分析提炼，制定了《重庆市义务教育阶段学校质量标准》，确定了包括过程性质量和结果性质量共 10 个维度的测评学校质量的指标，对学校发展进行科学评估。[①] 目前已形成一套较完整的大数据采集、模型处理、结果使用的技术和方法，促进了学校管理的改进与区域教育的科学发展。

二是构建学业质量的绿色指标体系，引导全社会树立正确的教育质量观。自《教育规划纲要》颁布实施以来，进一步促进了基础教育评价体系的改革与探索。

根据《教育规划纲要》部署，2010 年 10 月 24 日，国务院办公厅颁发的《关于开展国家教育体制改革试点的通知》（国办发〔2010〕48 号）中，规定了"研究制定义务教育质量督导评价标准，改革义务教育教学质量综合评价办法，建立中小学教育质量监测评估机制，探索地方政府履行教育职责的评价办法。"当时有北京市、天津市、上海市、安徽省、湖北省、海南省、重庆市、云南省部分市州、甘肃省、宁夏回族自治区部分市县等地区作为试点单位开展了相应的试点改革。其中，教育部基础教育课程教材发展中心与上海市教育委员会在前期合作推进"建立中小学生学业质量分析反馈指导系统"项目的基础上，进一步提炼了影响学生学业质量的关键因素，并逐步探索构建出以关注学生健康成长为核心价值追求的"学业质量的绿色指标体系"，这里的"绿色"是借鉴了经济领域创建"绿色 GDP"（即绿色国内生产总值）的总体思路，以此引导教育也能够走出一条可持续发展的绿色发展之路。

学业质量的绿色指标体系分为学生学业水平指数、学生学习动力指数、学生学业负担指数、师生关系指数、教师教学方式指数、校长教学管理能力指数、学生社会经济背景与学业成绩相关指数、学生品德行为指数、身心健康指数以及上述各项指标的跨年度进步指数。绿色指标体系的实施，为教育决策提供了重要参考，为提升学生学业质量提供了诊断和改进建议，为引导全社会树立正确的教育

---

① 谢凡."发现"与"成全"：学校综合评价创新的"初心"与"使命"——来自中国教育学会小学专业委员会 2017 年学术年会的思考［J］.中小学管理，2017(12)：42.

质量观提供了可资借鉴的有效经验。

三是为了获取社会对学校的信赖。通过采取学校自评、政府综合评价以及社会满意度调查、第三方机构专业评估相结合的方式，旨在处理好学校内部和外部之间的关系。即通过评价这一共建平台，让政府、学校、社会、教职工、家长、学生等共同参与并围绕学校管理、教育教学活动交换意见，可促进各教育主体之间的相互理解和支持。其结果带来的最直接效果是，学校获得了"朋友"，即扩大了同事关系，试图将周边各种关系纳入进来，让他人站到自己立场，目的在于将外部关系转化为内部关系，以获取社会对学校的满意度。

## （二）多元合作教育评价体系有待进一步加强

第三方机构具有两个特性：一是体现评价的专业性与权威性。评价是一项专业性极强的工作，不仅需要深入了解评价内容的理论框架、现实情况、评价对象的特征，还需要通过专业的技术手段对评价的大数据进行系统的分析，提取有效的信息。国际上很多教育发达的国家都是依托专业的第三方测评机构来执行评价活动。二是独立于"管"与"办"的"第三方"。此类机构既独立于政府管理部门，也不是办学者。例如：香港考试及评核局就是财政上完全独立的评价组织，不属于教育局管辖。"第三方"评价和学校自评、政府综合评价并不矛盾，它们是互为补充的、不同角度和方式的"诊断"。

由于我国缺乏成熟的第三方教育机构，因此，目前，地方上所引入的第三方教育机构多数是政府主导下培育发展起来的，具有明显的本土化特征。探索实行主体多元教育评价，在我国还处于刚刚起步阶段，作为刚刚兴起的专业服务机构，引入第三方教育机构参与教育评价还面临诸多困难。

一是性质不清晰，限制了地方教育行政部门主动培育和引入第三方教育评价的积极性。一方面，第三方机构缺乏明确的概念界定。目前，国家层面还未以法律条文的形式明确界定第三方教育评价的内涵性质，有些地方虽从地方性规章上有所界定，但界定内容还比较笼统，仍然不能确切地分辨出哪些机构具有第三方性质，哪些机构纯属于市场运作机构。实践表明，一些地方政府在不知情的情况下引入的第三方机构非但没有发挥补充和弥补政府评价的不足与缺陷的作用，反而带来了不必要的经济损失。另一方面，缺乏相应的监管制度，如第三方教育评价机构的资格认证标准、对第三方机构的监管和评价、评价结果带来的社会风险责任，等等，都未做出明确的制度上的规定。唯有上述问题有事先明确的规定，才能保障第三方教育评价机构参与的真实性、有效性和有序性。

二是运作不规范，还未形成稳定的公信力。当前，第三方教育机构不仅发育较晚，数量和质量上还都处于弱势，而且不少第三方教育机构本身就是从政府职能部门转化而来，或由政府机构直接成立。因为在组织、职能和服务方式中受政府干预，无法完全独立于政府按公正、公平和专业进行评价，所以也就很难得到社会的认同。[①] 虽然这些机构成立之初都规定了与政府之间的契约关系，但受到政府固有的强势性，以及机构人员的惯性行为，容易导致第三方机构不能完全严格按照契约履职。由于缺乏专业成熟度和职业规范性，在实际运作当中，第三方教育评价机构容易出现执行偏差，服务水平不到位，其结果是作为评价机构的中立性和专业性难以保证，评价结果缺乏有效性和公信力。

针对上述困难和问题，需要国家和政府尽快明确界定第三方教育评价机构的内涵，制定第三方机构的资质标准，设立第三方机构认证机构，完善监管制度，逐步实现第三方教育评价活动的常规化、制度化。同时，针对专业的第三方教育评价机构不足的现实，需要在政府引导下，加快培育建立多样化的第三方教育评价机构，让行政性评价与专业性评价相互补充，培育出良好的教育评价社会服务体系。

由于历史原因，无论是作为政府还是社会，在关于第三方机构相关制度建设、资格认证以及政府与第三方之间的关系等诸多问题上还有待进一步地改进和完善。在此条件下，探索多元合作的教育评价体系。从评价的主体结构上来说，目前仍然要坚持以学校自评为主，坚持学校自评，政府主导，社会评价为辅助的评价机制，其中关键还在于提高政府督导的实效性。

---

① 陈潭.第三方治理：理论范式与实践逻辑 [J].政治学研究，2017(1)：97-98.

## 第二节 优化政府教育督导职能案例

伴随教育治理体系及治理能力现代化，教育督导也要逐步推进现代化。教育督导是教育行政管理体系的重要组成部分，决策、执行、监督共同构成了教育行政管理的基本内容。伴随我国教育管理体制改革的不断深化，政府对教育管理的职责趋向于宏观管理、调控和监督，这对传统的政府单一评价体制机制提出了全新的挑战。当前教改发展要求教育决策、执行和监督这"三驾马车"并驾齐驱，共同发挥其各自功能。

教育督导评估是由政府组织的一项重要职能，是按照一定的教育目标和教育法规政策为依据，制定科学的、合理的、有效的评估指标体系，运用一系列有关的教育方法和手段，对被督导单位的教育活动及其过去的成果进行分析比较，做出科学判断，总结出所取得的成绩与尚存在的不足，为上级有关部门决策，为被督导单位发扬成绩、深化改革提供依据。[1]

我国的教育督导制度有三个系统，分别是督政系统、督学系统和教育质量监测系统。督政系统主要是监督检查政府履行职责和办学行为，督学系统主要是检查评估学校教育质量和办学水平，教育质量监测系统主要是监控测评教育发展和学生学习质量。从机构来看，国家层面有教育督导局，地方有教育督导室。教育督导局承担全国的教育督导实施工作，制定教育督导的基本准则，指导地方教育督导工作。县级以上地方人民政府负责教育督导的机构承担本行政区域的教育督导实施工作。

自2012年9月国务院颁布《教育督导条例》以来，我国教育督导工作得以迅速发展。至今为止，县级以上教育督导室基本上配备了一支专兼职的督学队伍，具备了基本的组织架构。教育部颁发的《督学管理暂行办法》第二条规定，督学是受教育督导机构指派实施教育督导工作的人员，包括专职督学和兼职督

---

[1] 黄崴. 教育督导学 [M]. 北京：中国人民大学出版社，2011：30.

学。另外，地方按照督导条例和督学管理暂行办法，在专职督学、兼职督学之外，还探索设立特约督学或特邀督学制度，目的在于督促政府履行好教育职责，落实好教育优先发展战略。

以深圳为例，根据《深圳市督学管理办法》要求，兼职督学从高校、教育科研部门专家和教科研人员，公办、民办学校（幼儿园）优秀校级领导、中层干部和教师、退休的教育部门领导、校（园）长、教师等六类人员中选聘；特约督学在市人大代表、市政协委员和各民主党派、无党派人士、家长代表中产生。特约督学由市委统战部推荐；其中，家长代表由学校推荐。特约督学任职需要符合品德修养、学历与职称、年龄和健康状况等7项基本条件。

按照教育管办评分离改革指导意见，近年来，我国不断优化政府教育督导职能。各地区因地制宜，创新督导工作机制，创建了许多富有成效的改革新举措。主要通过全面开展对政府履行教育职责的评价制度，基本构建常态化的教育督导机制和中小学责任督学挂牌督导制度，探索多元化的教育质量监测制度等实践探索，逐步形成督政、督学和质量监测三位一体的教育督导体系。

**（一）基本确立了较为完善的中小学校责任督学挂牌督导制度体系**

自2012年以来，我国开始实行中小学校责任督学挂牌督导制度。2012年5月，教育部印发《关于加强督学责任区建设的意见》，明确了督学责任区的设立原则和职能、责任督学的任务和工作要求。同年9月，《教育督导条例》中明确规定，县级人民政府负责教育督导的机构应当根据本行政区域内的学校布局设立教育督导责任区，并指派督学对责任区内学校的教育教学工作实施经常性督导。2013年9月，国务院教育督导委员会办公室又出台了《中小学校责任督学挂牌督导办法》《中小学校责任督学挂牌督导规程》和《中小学校责任督学工作守则》等一系列政策文件，对责任督学挂牌督导工作做出进一步的规定。2014年2月7日，国务院教育督导委员会办公室印发的《深化教育督导改革转变教育管理方式的意见》中，则进一步明确了责任督学挂牌督导的职责范围和工作要求，要求各地将责任督学挂牌督导作为教育督导改革的重点内容抓紧抓实。责任督学挂牌督导制度是国家教育治理和教育督导改革的重大制度创新，是对督学责任区建设的深化和完善。

各地按照《中小学校责任督学挂牌督导创新县（市、区）工作方案》（国教督办〔2015〕3号）要求，不断探索创新，通过实行挂牌督导制度，在督促政府推动区域教育事业发展、规范学校办学行为、促进教育均衡发展以及落实专项教改任务等方面发挥了重要的作用。湖南省醴陵市多措并举，闯出了一条行政、督导"双轮驱动"教育发展的新路子。如落实督学责任区各项保障，做到了有人员编制、有工作经费、有独立财务账目、有独立办公场所、有严格督导制度；制订了《片区督学责任区年度工作"二十个一"操作指南》，将工作细化到具体工作当中；创新督导方式，实施源头督导，"首遇"责任制；强化督研一体，使责任区集"督导、研训、服务"于一体，以督促教，以督促研，实行督、管、研一体化的片区管理制度。因措施得力，2016年，醴陵市成功创建全国第一批中小学责任督学挂牌督导创新县。到2018年，按照《关于开展全国中小学校责任督学挂牌督导创新县（市、区）评估认定工作的通知》（国教督办函〔2015〕28号）要求，在相关省（区、市）推荐基础上，经国务院教育督导委员会办公室组织专家材料审查、实地核查，认定北京市东城区等208个县（市、区）为第二批全国中小学校责任督学挂牌督导创新县（市、区）。

责任督学挂牌督导制度是我国教育督导制度的重大创新，标志着我国教育督导工作进入制度化、常态化阶段。开展挂牌督导工作是一项系统性的、实践性很强的工作，既需要建立各种相关制度和机制进行工作支撑，还需要进行系统深入的研究，促进教育督导的专业化发展。

**（二）开展对政府履行教育职责的评价制度，督促政府落实发展教育责任**

为了进一步强化督政职能，切实督促政府履行教育职责，国家层面成立国务院教育督导委员会，组建专门的督导检查组，定期对省级政府履行教育职责情况进行督导评价。2017年5月31日，国务院办公厅印发《对省级人民政府履行教育职责的评价办法》（国办发〔2017〕49号），该办法规定，由国务院教育督导委员会统筹领导，由教育督导局组织实施对省级人民政府履行教育职责情况进行督导评价，评价内容包括对省级人民政府贯彻执行党的教育方针情况，落实教育法律、法规、规章和政策情况,各级各类教育发展情况,统筹推进本行政区域教育工作情况,加强教育保障情况,学校规范办学行为情况等。评价工作每年开展一次评价,评价结果将作为对省级人民政府及其有关部门领导班子和领导干部进行考核、奖惩的重要依据。2018年2月12日,国务院教育督导委员会办公室印发了《〈对省级人民政府履行教育职责的评价办法〉实施细则》的通知(国教督办〔2018〕2号),规定对省级政府的评价工作按照印发通知、自查自评、监测评估、实地检查、反馈意见、整改复查、发布报告和结论等环节进行。

2018年6月,国务院教育督导委员会向各地派出32个核查组,对31个省(区、市)级人民政府和新疆生产建设兵团履行教育职责情况进行实地核查。这次实地核查是地方自查自评、专家网上评估、第三方监测和满意度调查等一系列对省级人民政府履行教育职责评价工作的重要环节。这是我国首次对省级人民政府履行教育职责情况的评价,核查的内容有6个方面、38项测评内容、92个测评点。核查后,将综合各环节的评价结果,对各省(区、市)和新疆生产建设兵团履行教育职责情况作出整体评价,形成国家评价年度总报告、分省报告,针对存在的问题督促地方限期整改,国务院教育督导委员会办公室将开展"回头看"和随机复查工作,达到以评促建、以评促改的目的。

按照国务院的运作方式,各省(区、市)也开始相应制定出台了对市、区(县)人民政府履行教育职责督导评价的办法,并开始启动新一轮市级政府对县区政府履行教育职责评价工作。

福建省从2006年起就建立了"两项督导"(这是"对县级人民政府教育工作督导评估"和"对县(市、区)党政主要领导干部抓教育工作督导考核"两项载体的合称)制度,强化督政职能,经过十多年的改革推进,已形成该省的督导特色和品牌。2017年11月,吉林省人民政府教育督导委员会办公室印发了《对县级人民政府履行教育职责督导评估办法》(吉政教督委办〔2017〕43号),并制定了督导评估规划,以五年为一个周期,对全省60个县(市、区)进行督导评估。2018年5月,新疆维吾尔自治区结合实际,同步研究制定了《对地(州、市)人民政府(行政公署)履行教育职责评价工作实施细则》,明确建立督导评估与第三方监测评价相结合的工作机制,按照每5年2轮的要求,开展对14个地（州、市）政府履行教育职责督导评价工作，并以此为契机，着力推进各地（州、市）对辖区县级政府履行教育职责的督导评价工作。2018年下半年，首次启动实施了对阿克苏地区等6个地（州、市）人民政府（行署）履行教育职责的评价工作。2018年10月25日，江西省人民政府办公厅印发了《对设区市人民政府履行教育职责督导评价办法（试行）》，该办法规定了评价的内容，可根据国家和本省教育事业发展总体目标、当年重点任务和存在的突出问题等，科学动态调整年度评价指标。

开展对政府履行教育职责的评价，这是我国督导制度特别是督政历史上具有里程碑意义的一件大事，对完善教育督导制度，加快构建管办评分离的现代教育治理体系具有重要的现实意义。通过对各级政府履行教育职责的评价，引导督促政府切实研究区域内教育问题，解决长期困扰教育发展的突出问题，起到督促政府切实履行教育职责、及时回应社会关切、维护教育发展良好局面的作用。

### （三）监督与指导并重，强调教育督导的服务功能

《教育督导条例》第三条中指出，对政府履行教育工作相关职责的督导与对学校教育教学工作的督导并重，监督与指导并重。教育督导的专业性主要体现在教育督导的指导和评估等方面的职能。

当前我国的育人目标为基于核心素养培养全面发展的且个性化的社会主义建设者和接班人，如何基于核心素养的育人导向，构建出多元化的教育评价体系，已成为深化教育评价体系改革面对的新课题。伴随教育治理体系现代化的进程，我国开始将教育督导改革作为教育治理能力提升的重要途径，进一步要求在发挥政府监管能力的同时，鼓励政府培养并扶持专业评估机构，引导社会力量对教育质量的监测与评估。

实践表明，不少地区开始打破一元化评价模式，探索构建多元化评价体系，引入社会上专业机构和组织参与教育评价，政府督导职能开始由过去行政监督为主模式向监督、指导并重，强调督导的服务功能方向转变。一些地区通过多元化探索，实际发挥教育督导专业化职能。

## 一、浙江省丽水市建立政府领导兼任"特邀督学"工作机制案例

2016年12月27日,浙江省丽水市政府下发《丽水市人民政府办公室关于建立市领导兼任教育特邀督学制度的通知》,要求建立市政府领导兼任特邀督学工作机制,同时要求各县(市、区)政府从2017年开始,建立政府领导兼任教育特邀督学制度。之后,丽水下辖各县(市、区)政府纷纷发文,建立领导班子成员全体兼任教育特邀督学制度。政府领导兼任特邀督学制度为落实丽水教育优先发展和教育现代化的推进,提供了坚强有力的领导保障。丽水市"特邀督学"制度的主要内涵和做法有以下几方面:

一是尽好三项职责。即尽好督政、督学、评估三项职责。督促县级政府切实履行教育职责,推动各项教育重大政策落到实处。针对一些教育普遍性问题和重点工作,深入开展专项督导。督促指导学校全面贯彻教育方针,真正落实立德树人根本任务,加强对学校依法依规办学的监督,加强对学校教育教学和管理的指导与服务,提高学校管理水平和治校能力。关注并引导社会各界、群众对教育质量的评价,为教育发展营造良好的社会氛围。

二是抓好三个落实。每人联系一个县,重点跟踪指导一所学校,每学期安排一天到所联系县、学校开展督导工作。到联系县督导的重点是调研指导该县教育现代化创建工作、区域"十三五"教育规划落实情况、教育重大工程项目进展及社会关注的热点教育问题等。到联系学校督学的重点是检查贯彻立德树人办学目标和依法依规办学情况及教育质量。各市政府领导已陆续落实特邀督学职责,开展特邀督学活动。

三是关注三个内容。研究指导联系县的一项教育重大发展工作,调研一个教育重大项目,办好一个教育民生事项。目前,市政府领导均落实了联系县,以特邀督学身份有力推进该县教育发展工作。比如市长联系督导松阳县,在以特邀督学身份到松阳县的丽水中专开展教育督导过程中,成功破解了困扰学校18年之久的办学体制改革难题。

四是做好三个动作。进课堂听一节课,开一个学校班子或教师座谈会,作

一个讲座或报告。2017学年市政府领导督导工作在当年11月底前全部完成,特邀督学通过"三个动作"了解到学校的真实情况,有针对性地开展帮扶、督导。比如,丽水中学在特邀督学的指导下,围绕学校三年发展规划实施情况摆问题、找原因、想对策,在名师团队建设、课程改革、学科基地建设、教育质量提升等方面有了明显改善。

丽水市政府要求各县(市、区)比照市级做法建立相应制度。各县(市、区)的运行方式以领导联系一所学校、调研解决一项教育发展项目、每学期安排一天专题督学工作为主要形式。其中,景宁县将教育"特邀督学"延伸到县四套班子,县委、县政府领导以及县人大常委会主任、县政协主席都兼任教育特邀督学。从目前实践情况来看,政府领导兼任教育"特邀督学"机制有利于快速定位、及时解决地方教育发展不平衡不充分的问题,既推动解决城区教育资源紧缺问题,又助力山区农村教育走出新路子。

由国家教育体制改革领导小组办公室编发的《教育改革体制简报》,汇集了全国教育体制改革的发展成就和经验做法。《教育改革体制简报》2017第60期刊发了《浙江丽水:政府领导兼任"特邀督学"压实教育发展主体责任》,丽水政府领导兼任"特邀督学"的做法在国家层面引起广泛关注。

(案例来源:丽水市教育局,深化教育督导体制改革,构建政府领导兼任教育"特邀督学"机制[Z].国家教育行政学院培训资料汇编:全面深化教育领域综合改革的实践与探索——第43期全国地市教育局长研修班案例汇编,2018:22-24.)

**案例分析:**

丽水市案例表明,越是经济欠发达地区,其基础教育改革与发展越需要依靠政府的主导和政策保障。通过发挥教育督导的督政职能,督促政府履行教育职责的实践模式,是当前欠发达地区落实教育优先发展战略地位的一项有效举措。

目前,我国采取的是区域推进教育发展的基本策略,通过区域内教育的科学规划和统筹发展,以期从县域到省域再到全国实现教育的公平、公正和有效发展。科学统筹规划区域教育改革与发展应是地方政府应尽的责任和义务,但由于我国采取的是"地方政府之间竞争发展模式",尤其是"县级政府之间竞争发展模式",在这一模式下,政府为追求政绩,用于竞争性领域的投入偏多,而用于服务性领域的投入偏少,社会公共治理明显滞后于经济发展速度。

欠发达地区还面临着教育投入不足、教育教学设备还未达标以及教师队伍不稳定等一系列现实困难和问题,这些问题的解决单靠教育行政部门是难以解决的,特别需要政府的重视、指导和政策的扶持。但由于受业绩驱动,迫于经济发展压力,这些地区的政府主要领导往往将主要精力放在经济发展指标上,很难有多少精力放在关心教育、支持教育上。这造成这些地区教育整体发展水平明显落后于经济发达地区。

如果说,受业绩影响,地方政府主要领导不能很好地关心和支持教育,那么,按照现行教育管理制度设计,可以通过教育督导的督政职能,督促政府落实好教育优先发展战略的任务。但是,由于我国现行的教育督导制度还不够健全,尤其是监管政府教育职责履行情况的督政职能普遍处于弱势地位,还没有发挥应有的功能。因此,教育优先发展战略任务还没有很好地得到贯彻落实。

丽水市属于经济欠发达的山区,存在区位条件差,经济相对落后,教育投入不足等诸多发展难题。面对区域发展面临的困难和问题,丽水市政府敢于担当,借助教育督导平台,构建地方政府落实教育优先发展的责任,在国内首创了由政府领导兼任教育"特邀督学"制度。"特邀督学"制度,是适应治理理念,克服经济欠发达地区教育发展瓶颈,彰显教育督导督政职能的一项重大举措。

一是有利于发挥督政功能,督促政府落实教育优先发展的责任。如果能让政府领导一年中拿出一定的时间来关心教育和了解教育困难,落实教育优先发展战略目标也就有了一定保障。实行"特邀督学"制度后,丽水市市委市政府主要领导在开展教育督导过程中,针对市区范围(莲都区)存在的教育资源紧缺的短板,市委书记亲自对接省财政厅为市区教育项目建设争取资金2亿元,并实施莲都区基础教育"三年攻坚行动"。通过项目资金的投入,丽水市城西小学顺利开工,长岗背小学、东港小学项目前期进展顺利,项目建成后将有效缓解丽水市小学资源长期不足的现状。

二是有利于发挥督学功能,更好地落实立德树人根本任务。督学的功能主要在于按照正确的育人方向,引导学校基于人的全面且个性化发展实施教育教学任务。但往往受政府业绩以及社会对高学历高文凭的推崇，督学的价值引领作用发挥甚少，片面追求升学率现象屡禁不止，导致人才培养结构单一，创新型人才缺乏，满足不了社会对多样化人才的需求。这也是当前落实立德树人根本任务的主要制约因素。让政府主要领导作为"特邀督学"到学校现场真正了解育人的实际情况，比通过教育行政部门的人员靠个人的力量去说服政府领导改变观念更有效。让政府领导亲力亲为倡导立德树人，对于摆正教育观念具有更为直接和更为有效的作用。政府主要领导直接了解教育、关心教育、理解教育、参与教育、支持教育，也有利于营造良好的教育生态和全社会尊师重教的良好氛围。丽水市时任副市长以特邀督学身份牵线搭桥，促成丽水中学与上海市复兴高级中学进行结对，双方就学校管理、教师培训、学科竞赛、课题研究等方面广泛开展交流与合作，让丽水教育走出丽水、接轨长三角。

丽水市充分发挥教育督导职能，构建政府领导兼任教育"特邀督学"机制，健全督政、督学、评估监测三位一体的教育督导体系，落实政府保障教育优先发展的职责，真正为教育办实事、解难题，推进教育现代化建设，走出了一条既有时代特征又有山区特色的新路子。政府领导兼任教育"特邀督学"制度的实施，为经济发展水平相似地区如何优化政府教育督导职能提供了一定的借鉴意义。

## 二、湖南省株洲市推进责任督学挂牌督导工作案例

责任督学挂牌督导工作是全国的统一部署、规定动作，株洲市在顶层设计之初，便要求各县市区在"实"字上下功夫，重点关注学校办学行为，关注课堂教学效益，关注学生课业负担。自2011年起，株洲市指导醴陵市在全市率先试点，以改革创新督学责任区制度为突破方向，开展督学责任区"职能实化、源头督导、创新发展"的实践与探索。

醴陵市多措并举，闯出了一条行政、督导"双轮驱动"教育发展的新路子。

一是提供有效保障。积极争取支持，全力落实督学责任区各项保障，做到了有人员编制、有工作经费、有独立财务账目、有独立办公场所、有严格督导制度。

二是细化职能操作。制订了《片区督学责任区年度工作"二十个一"操作指南》，将工作细化到具体工作当中。

（1）每周一次推门听课；

（2）每周一次师德师风、校风校纪暗访；

（3）每周一次督学情况交流会；

（4）每月一次学校安全、信访、维稳工作专项督查；

（5）每月一次学校财务抽查；

（6）每月一所学校综合督导评价；

（7）每月一次督查情况反馈会；

（8）每季一次德育活动成果展示；

（9）每季一次课改观摩活动；

（10）每季一次规范办学行为突出问题督查整改情况通报；

（11）每季一次学校工作点评总结；

（12）每期一次学校建设项目督查；

（13）每期一次校长述职、测评、综合领导力评价；

（14）每期一次学校教学质量监测；

（15）每期一次"首遇责任制"执行情况检查评比；

（16）每年一次扶贫助学工作专项调研；

（17）每年一次片区教育社会满意度测评；

（18）每年一次先进教研教改成果示范推广；

（19）每年一次进步最大学校表彰推介；

（20）每年一次学校年终督导评估。

三是创新督导方式。实施源头督导，即责任督学在年度评先评优、学科带头人选拔、职称晋级、学校发展规划及项目立项、收费、重大教研教改、质量检测活动、招生计划、办法、片区内教师调配方案、班子建设等六个方面"提前介入"。实施"首遇"责任制。责任督学不论在何时、何地，凡耳闻目睹与教育工作相关的事，都要在第一时间询问、调查、核实、答复。

四是强化督研一体。醴陵市督学责任区与教研联组合署办公（每个片区的各学科带头人原则上都聘为兼职督学），把督导、培训、教研作为责任区的重要任务，突出对学校的指导、服务功能，使责任区集"督导、研训、服务"于一体,以督促教,以督促研,实行督、管、研一体化的片区管理制度。

由于工作扎实,措施得力,2016年,醴陵市成功创建为全国第一批中小学责任督学挂牌督导创新县。责任督学挂牌督导全力助推了醴陵教育事业的升级发展,醴陵教育连续四年获评年终绩效考核一类单位,连续三年被评为株洲市文明建设红旗(先进)单位、湖南省文明单位。

株洲市荷塘区在全省首推"首席督学"制,将全区中小学校分成4个责任区,每个责任区设首席督学1名,首席督学由专业素养高、极具影响力的名校长担任。以首席督学为核心的督导队伍不仅成了学校的智库,还成了区域教育发展的智囊。此外,该区还在全市率先实施"需求式督导"。根据不同学校需求,预选服务内容、形式及主题,进行针对性的指导。2017年,该区成为全国第二批中小学责任督学挂牌督导创新县。

通过全面深入推进责任督学挂牌督导工作,株洲市基本形成了"点面结合"的学校督导评估格局。责任督学长期深入学校基层一线,有效地延伸了教育行政管理的触角,使教育行政部门对各级各类学校、幼儿园,特别是薄弱学校、民办幼儿园的管理找到了新的支点。

(案例来源:株洲市教育局.借力督导,督出教育发展新成效[Z].国家教育行政学院培训资料汇编:全面深化教育领域综合改革的实践与探索——第43期全国地市教育局长研修班案例汇编,2018:3-7.)

**案例分析:**

醴陵市案例表明,实行责任督学挂牌督导已成为当前我国教育督导制度化、常态化的有效举措。当前面临的主要任务是如何落实好责任督学地位、督导的内容以及优化督导方式等。醴陵的实践探索带来以下几方面的启示:

1. 顶层设计要有针对性。醴陵市针对当时大部分地区督导人员不足,督导专业性不强的实际情况,强化教育督导的"位"与"为",具体从配备、建设一支有作为的督学队伍;制定出台了一系列的制度,规范教育督导工作的运行;保障一定的人财物保证督学及责任区工作的运转等方面实际作为,使教育督导在教育管理中与教育行政有同等重要的作用,实现了县域教育管理"双轮"驱动的格局。

2. 实化教育督导工作的职能。明确教育督导"需做什么""能做什么""应做什么"。一是制定《教育督导结果运用的规定》。二是创新方法，强化教育督导效果。六项"提前介入"实现了关口前移、源头督导，六方面事项要事前报告督学责任区，让督学责任区提前介入，在起始阶段即能知情、参与、监督、指导，实现源头督导，防患未然。三是实行片区工作月点评制度。四是实行教育督导报告制度。如实行责任督学每月一次督导报告交督学责任区、督导室；督学责任区每月一次工作总结交督导室；督导室每季度一次教育督导报告交局行政主要领导等。

3. 制定好督导内容的程序和标准。督导要做到有所为，有所不为。目前，我国对专项督导及常规督导每一项督导内容的程序和标准缺少规定，很多督导事项上级只管布置工作，在对如何开展督导工作程序方面却指导的不够。因缺乏顶层设计，导致督导内容范围太广，随意性较大，造成督导工作像个筐，什么都往里装，使教育督导部门成为无所不为的机构。实际上，教育督导是一种"通过制定规则与标准"来影响公共组织的监管方式。要实行依法督导，应该做到有所为，有所不为，即坚持做到督有据，导有理，使每一项督导都有政策法规可依，每项工作都有标准可循，使督导工作由经验化逐步走向科学化、规范化和标准化。[①]教育问题纷繁、复杂，我们应善于抓住重点问题，精准发力，才能更好地助推教育的发展。

## 三、浙江省温州市构建教育质量评价机制案例

温州市借助区域教育质量评价机制的实践探索，旨在研究构建适合区域本土、科学规范、操作性强的中小学教育质量综合评价实施路径，为区域中小学教育质量的有效提升提供保障。具体实践目标有以下三点：

1. 完善评价主体，构建市县校三级评价管理网络

（1）成立温州市教育评估院。2013年，温州市率先建立了浙江省首家地市级教育评估机构——温州市教育评估院。以教育行政部门直属事业单位的第三方身份开展基础教育质量监测评价与学校评估工作。

---

① 高山艳.新时代教育督导队伍专业化：诉求、问题与对策[J].当代教育科学，2018(11)：76.

（2）推进县级评价机构和队伍建设。将"教育评价队伍建设"内容列入了2014年度温州市教育局对各县（市、区）教育局年度工作目标考核指标之中，要求各县（市、区）成立中小学教育质量评价领导小组，于教师发展中心（教研室）内设置相应的专业评估机构，并配置至少1名教育质量评价专职人员。到2018年3月，11个县（市、区）均成立了评价（评估）科室，县级专兼职评价员达到了27人。同时，进一步明晰了市、县、校三级评价管理职责。

（3）培育教育评价改革试点校。市、县、校三级评价管理网络的落地，关键在学校，质量评价服务教育教学的终端也在学校。从2015年开始，温州市先后确定了2批共88所市级中小学教育质量综合评价改革试点学校，试点内容涵盖学生学业增值评价、学生综合素质评价、教师评价、数据分析及应用等领域，并从反馈诊断、专业引领和政策倾斜三个方面对试点校给予扶持和帮助。同时，要求县级层面也基于实际开展县评价改革试点校推进工作，并将之列入2016年、2017年度温州市教育局对各县（市、区）教育局年度工作目标考核指标之中进行重点推进。

（4）建立温州大学基础教育评估中心。2017年1月，温州市教育局与温州大学积极协商成立了温州大学基础教育评估中心，充分借助温州大学的智力优势，通过项目委托的方式，在监测量具开发、区域学校发展性评估等项目上开展合作，标志着温州市第三方评估机构的主体进一步多元化、专业化。

2. 制定评价标准，拓宽区域评价的深度和广度

（1）构建关注学生核心素养的四维评价指标体系。按照《教育部关于推进中小学教育质量综合评价改革的意见》《浙江省中小学教育质量综合评价实施方案》等文件精神，结合温州实际，2013年10月，出台了《温州市中小学教育质量评价实施方案》（温教评〔2013〕107号），构建了由学生品德发展、学业水平、身心健康和学习生活幸福等4个维度18项指标的四维评价指标体系。

2014年至2018年，温州市主要围绕四维评价指标框架，以问题为导向，相继开展了7次市级层面的教育质量综合监测项目。监测内容包括学生发展和影响学生发展的相关因素；除学科监测外，还开展学生、教师、校长、家长问卷等，为区域教育质量诊断与改进积累了各类丰富的实证数据。

（2）开展基于四维评价体系的初中绿色增值评价。2015年底，温州市启动

了初中绿色增值评价的研究，以学生为评价对象，以尊重学生间差异为前提，充分考虑学生起点因素，关注教育过程中学生进步幅度，注重评价的过程，强调学生的发展。评价内容不仅关注学生学业水平的增值，也关注学生品德发展、身心健康、学习生活幸福的增值。该评价成为温州市中小学教育质量四维评价指标体系的重要补充和深化，也是区域推进教育质量评价改革的重要内容。

目前，温州市已对2015、2016级试点区域七年级学生入口数据（含学业成绩和相关影响因素问卷数据）做了匹配，开展了2016级八年级过程性的监测，初步构建区域本土化的增值评价模型。

（3）将质量监测与学校发展性评价有机融合。为健全学校发展性评价机制，温州市将校长领导力、教师专业素养提升、师生综合评价机制建立、教育教学质量提升等质量监测中发现的重点问题纳入学校发展性评价考核指标中，对不同办学水平、不同办学基础、不同办学性质、不同学段学校进行分类评价，承认学校发展的差异性和多样性，强调纵向比较和过程评价，注重增量评价，"基于起点看进步"，激发不同类型不同层次学校的办学积极性、主动性和创造性，不断提高教育教学质量。

3. 加强结果运用，凸显教育质量综合评价的诊断改进功能

（1）形成了"市县联动"的教育质量分析反馈范式。在反馈内容上，重点通过结果呈现、问题分析、改进措施等方面，深入精准分析寻找省、市、县各级各类监测考试项目县域存在的主要问题及成因，并提出下一步具体、可操作的改进措施。在反馈形式上，先由县级层面自我分析反馈各监测考试项目的县域情况，再由市教研院、评估院就县域情况进一步分析和指导，并将分析反馈送到每一个县（市、区）。在反馈对象上，市、县两级教育局局长，分管局长，业务处室负责人，教研员、师训员、评价员，各中小学校长、分管校长均参加反馈会。

以2017年为例，从8月下旬开始，温州市以市、县联动形式，到每个县共召开了13场中小学教育质量分析反馈会议。分析反馈内容，包括2016年浙江省教育质量综合评价项目、2017年温州市初中毕业生学业水平考试、2017年温州市六年级教育质量综合测评等项目。

（2）构建了基于数据驱动教育教学改进的循环路径。在上述反馈基础上，

温州市构建了数据驱动教育教学改进的循环路径，即根据问题现状——制定评价内容——分析监测数据（发现问题）——反馈应用改进问题——反思评估（再修订评价内容）这样一条循环思路螺旋上升，形成了监测数据驱动教育教学改进的良性循环圈。强调回到"教育现场"，开展进一步的实证研究和诊断分析，更加全面了解教育现状，系统分析影响教育质量的原因，更有针对性地改进教育教学，成效显著。

（3）加强对改进行动的跟进与反馈机制。将"加强教育质量监测数据的运用改进功能"纳入2016年、2017年市教育局对县（市、区）教育局年度工作目标考核指标之中，其中"有否对所反馈问题的整改改进工作，开展过程性的调研指导和督查"是考核要点之一。保证改进行为有持续深入的开展，同时也进一步校验改进的效果，以适时调整改进的方向和策略，确保改进的针对性和有效性。

温州市通过构建与完善区域教育质量评价机制，发挥教育质量评价的引导、诊断、改进、激励等功能，以评价改革撬动区域教育质量提升的实践探索，正初步扭转了片面的教育质量观，逐步树立相对全面、全程、全员的质量观；转变了依赖经验的工作方式，逐渐形成基于实证的常态工作机制，形成了可推广借鉴的典型经验和样例，呈现辐射和引领作用；改善了温州市的教育生态，有效提升了温州市教育教学质量。

（案例来源：温州市教育局.温州市教育质量评价机制构建的实践与探索[Z].国家教育行政学院培训资料汇编：全面深化教育领域综合改革的实践与探索——第43期全国地市教育局长研修班案例汇编，2018:98-105.）

**案例分析：**

温州市案例表明，区域内探索学校教育质量评价标准和实施指南，并通过监测数据系统化的分析来改进区域教育评价质量的做法，可行且具有借鉴意义。

1. 扭转片面的教育质量观，树立相对全面、全程、全员的质量观

目前，国内外中小学教育质量评价实践研究更多侧重于刻画国家层面、省级层面的教育质量评价内容、方式和结果的运用，很少涉及区域、学校教育质量评价具体实施环节的技术标准和操作要求，通过监测数据系统化分析来改进区域教

育教学管理的内容更少触及。这对地方教育行政部门构建区域教育质量评价体系以及实施具体的教育质量监测和评价带来不利局面,不少地区仍未摆脱片面追求升学率的泥潭,教育教学质量得不到持续有效的提升。

温州市用"输入——过程——输出"的全程动态视角来研究教育质量的监控与管理,促使教育质量的监控定位从强调结果的终结性评价转向注重过程和输入的诊断性评价、形成性评价;教育质量的管理功能从认定筛选转向诊断反馈、激励改进。通过建立健全区域教育质量评价机制,为教育行政部门、教育研修部门、学校以及教师、学生及其家长提供了更有针对性、更有参考价值的建议,有利于在多主体、多层面、多维度上形成合力,有效实现提高教育质量的目标。

2. 转变依赖经验的工作方式,形成基于实证的常态工作机制

教育系统越来越复杂,教育政策在社会事业发展中的作用越来越重要。一个好的决策事半功倍,坏的决策事倍功半,甚至适得其反,而好坏之间的关键就在于能否把握好"度"。历史证明,实证研究是解决好教育决策"度"的一个较实用的方法。

实证研究即基于事实和证据的研究,而量化是实证研究的基本特征和思维方法之一。实证研究的基本特征或要求可归纳为四点:第一是客观,以确凿的事实和证据为基础,实事求是,不被个人的主观愿望或偏见所左右;第二是量化,努力获得对事物特征和变化的"度"的把握,而非笼统的、模糊的描述;第三是有定论,有确切的发现或结论,而非无休止的争论;第四是可检验,通过专业化背景下建立起来的共同概念、共同规则,使用共同方法、共同工具,可以获得相同的结果。①

实证研究通过翔实的资料、实地访谈、问卷调查等实证研究可以较为真实地反映教育改革究竟是怎样运行的。有了翔实的资料和可靠的数据后,实证研究人员按照事先对教育改革做出的假设,对改革行为及结果做出分析和判断,并以各种方式对改革结果进行检验。再深入一步,实证研究人员可以依据一定的价值判断,研究分析教育改革规律以及今后发展趋势。不过,在实际运用时,容易将实

---

① 袁振国.实证研究是教育学走向科学的必要途径[J].华东师范大学学报(教育科学版),2017(3): 5.

证研究同规范研究相混淆,对此,需要进行事先甄别和判断。实证与规范分析的区别在于是否进行价值判断。规范分析中价值判断贯彻始终,而实证研究主张价值中立,摆脱价值判断。二者关系是,规范以实证研究为基础,规范的演绎前提和结论通过实证检验。实证研究以规范研究为前提,实证中的"逻辑取向"由规范规定,实证为规范目标服务,研究中二者相结合。①

以往的评价往往关注群体性的结果,忽视结果背后的原因,忽视个性化的结果分析。温州案例表明,随着技术的发展、个性化的数据分析,数据背后原因的分析与解读将成为一种趋势。温州市通过省测、市测、中考和学校评估等各级各类评价项目,基于数据,结合区域、学校、学生、教师的实际情况开展实证研究,搜集多维、翔实的证据,来进一步解释与追踪数据背后的深层次原因。教育行政部门、教研部门、学校要在正确质量观的引领下,通过数据采集、分析挖掘、问题诊断、研究细化、反馈改进等路径,将数据驱动教育教学改进行为落实到实践中,并形成常态机制。

目前,通过大数据分析和评价区域教育质量的做法越来越受到地方关注,不少地区已经研发了具有区域特征的大数据平台,大大提升了教育评价的科学化、专业化水平。不过,研读数据、发现问题、找准关键、精准施策、持续改进监测结果运用等一系列工作,则需要教育行政部门、教育督导部门、教科研部门、学校、第三方教育机构等多方协同和整体推动。

## 四、结论与启示

### (一)发挥督导职能的行政强制性特征,确保政府落实教育优先发展战略地位

教育督导职能的发挥与它本身的职能性质分不开。教育督导具有行政强制性、监督性、专业性与指导性四个基本特征。

一般情况下,教育督导职能的行政强制性主要体现在执行监督、检查的职能,督导人员由教育督导机构授权,代表政府行为,行使行政监督的职权、义务。

---

① 王善迈. 教育经济实证研究与规范研究的案例 [J]. 清华大学教育研究, 2016(1): 1.

行政强制性是教育督导的根本性质，集中体现为以国家强制力为基础，为防范和制约实践中可能产生的各种违反国家法律、法规行为而采取的有限的行政指令性监督。①

### （二）实行在政府主导下不断优化教育督导职能

近年来，随着教育督导在教育治理中的地位和作用的不断强化，地方政府采取政府主导模式，不断优化教育督导职能。政府主导的督导职能的优化模式表现在以下几个方面：

一是不断完善和丰富督政职能。在教育治理背景下，督政职能由过去的重点关注教育法律法规、重大教育政策和教改任务的落实层面，正逐步转向对政府履行教育职责情况以及教育资源供给情况等层面的监督。

二是形成督政、督学和评估监测三位一体的督导评价体系。教育督导内容的多样化、实施主体和督导方式的多元化是教育规律所要求的。实施督学挂牌督导制度以来，得到各地区的重视，督导的内容不断得以完善。实践表明，伴随教育治理体系和治理能力现代化的推进，教育政策得到普遍的遵守和执行时，唯有普遍重视教育督导的督政、督学和评估监测等所有职能，并形成"三位一体"的督导体系，才能适应当前教改形势和发展需要。

三是探索构建主体多元合作的教育督导评价。随着教育治理体系和教育现代化建设的推进，教育督导内容、方法以及实施主体不断多样化。各地区根据区域实情，通过鼓励和培育社会上第三方机构以及其他各教育主体参与到教育督导评价过程中，正在构建政府主导下的督政、督学和评估监测三位一体的、多元化教育督导评价体系。

### （三）进一步完善责任区挂牌督导制度

一是应进一步厘清责任区督导内容。其督导工作应围绕学校来进行，主要包括学校教育教学质量、学校领导与管理、教育政策落实情况，从而避免责任区督导范围广而不实的情况，提高责任区督导效能。应进一步细化责任区督导方案，特别是督导内容和评价指标部分，对于督导什么、督导到什么样的水平，应有一

---

① 马效义.教育督导职能的内涵、影响要素及发展走向［J］.教育测量与评价，2017(8)：20-21.

个明确的要求，从而增强责任区督导方案的可操作性，提高督导结果的科学性、合理性。

二是完善责任区督导结果使用制度。首先，应建立跟踪督导机制，提高责任区督导工作的实际效果；应强化社会监督，提高责任区督导结果的公开性和透明度。① 其次，建立问责机制。自 2012 年《教育督导条例》提出教育督导问责以来，我国不断加强教育督导问责力度。2014 年 2 月，教育部发布的《教育重大突发事件专项督导暂行办法》明确指出，"建立健全监督检查和考核问责机制，对相关责任人进行责任追究和处理的情况。"2015 年，国务院教育督导委员会办公室公布了《教育督导报告发布暂行办法》，该办法明确指出，教育督导报告将作为对被督导单位及其主要负责人进行考核、奖惩、问责的重要依据。各地区在推进教育管办评分离改革的过程中，也纷纷将督导评估作为问责的重要参考。督导问责制的建立，其根本目的不仅仅在于追责，更重要的是通过问责制度的建设来确定各主体的教育责任，提供一种确保各教育主体权责平衡或权利与义务对等的管理制度与手段，以引导、监督、激励各教育主体转变教育发展方式，最终达到提高教育质量、促进学生全面发展的目的。②

三是进一步完善责任区常规化管理办法。如需要制定督学责任区工作经费使用管理办法、责任区挂牌督学的补助标准、督导评价结果的运用原则等规范性文件，使这项制度发挥更大的作用。

---

① 张清宇，苏君阳. 督学责任区建设中的问题与改进路径——基于对 X 省 Y 市调研的思考[J]. 现代教育管理，2016(1)：59-64.

② 杨文杰，范国睿. 教育督导制度改革：1977—2020——改革开放以来我国教育督导改革的回顾与展望[J]. 教育发展研究，2017(21)：14.

## 第三节　第三方参与教育评价案例

第三方治理，在本质上是一种治理理念与治理实践，它所探讨的是在治理过程中多元主体之间的关系问题。第三方治理就是引入第三方主体的治理。所谓第三方主体是指独立于政府、有意愿且有能力参加到公共事务治理中来的企业、社会组织与公民。

第三方治理，是对传统国家治理模式的补充与创新，是推动公共产品和公共服务供给侧结构性改革的措施和手段，也是推进国家治理体系和治理能力现代化进程中不可缺少的途径和方式。[①] 一般讲，第三方治理的实践模式表现为第三方供给、第三方运营、第三方监管、第三方评估等几个方面。由此可以说，第三方教育评价的理论基础是公共治理主体多元化。治理主体多元化，表明政府并非唯一的权力中心，一些社会公益组织、非政府组织以及社区组织等都可以参与到公共治理过程中来。第三方教育评价从本质上来说，是第三方治理在教育领域的应用。

### 一、第三方教育评价的基本内涵

衡量和评价教育治理体系现代化的标准主要涉及教育治理法治化、教育治理过程民主化和教育生态活力最大化。培育和发展第三方教育评价机构就是为了改变长期以来政府主管部门在教育评价领域既当"运动员"又当"裁判员"的身份尴尬现象，充分发挥评价的客观性、公正性和有效性，不断推进公共决策的科学化、民主化和法制化进程。

实践表明，第三方教育评价在提高公共产品和公共服务质量和效益、提升公众满意度、构建公共事务治理的社会网络支持系统等方面开始发挥重要作用。目前，在我国高等教育领域，第三方教育评估制度初具雏形，有些评估机构已具

---

① 陈潭．第三方治理：理论范式与实践逻辑［J］．政治学研究，2017(1)：98．

有良好的社会信誉和影响力，诸如上海市教育评估协会和麦可思研究院之类的第三方评估机构的实践成效逐渐显现。①

由于历史等多方面原因，我国的第三方教育机构只是近年来刚刚开始发展。由于国家还未从法律层面规定第三方教育评价机构的基本要义，因此，国内教育领域对第三方教育评价定义的理解与界定也各不相同。

在理解和界定第三方教育评价定义之前，首先，要界定何谓"第三方"。对此，邢海燕归纳了近年来国内学者相关论述，认为有以下四种代表性的观点：第一种观点认为，第三方是与委托方（政府）和被评估方无隶属关系和利益关系的专业性评估机构；第二种观点认为，第三方是与被评估方无隶属关系和利益关系的专业性评估机构，如公民个人、社会团体、社会舆论机构、中介评估机构等；第三种观点认为，第三方是与被评估方无隶属关系，但却有利益关系，如政府、研究机构、用人单位、企业、毕业生及家长等利益相关方，重点突出行业企业的作用；第四种观点认为，第三方是独立于政府／教育管理机构和高校之外的专业性评估机构，包括社会公众、行业协会、就业（用人）单位、学生及其家长、科研机构等。②

为了进一步推进管办评分离改革，规范第三方机构参与组织实施教育评估监测工作，地方政府根据区域实情，也各自对第三方教育评价机构做出了相应的界定。2016年5月，北京市政府教育督导室发布了《北京市人民政府教育督导室关于委托第三方机构开展教育评估监测工作暂行办法》（京教督〔2016〕10号），该办法明确指出："本办法所称第三方机构是指与市政府教育督导室和被评估监测方均无直接经济利益关系的组织机构，主要包括具有教育评估监测专业能力的高等院校、科研院所等事业单位和社会团体等社会组织。"山东省教育厅发布了《山东省第三方教育评价办法（试行）》（鲁教改发〔2016〕1号），该办法指出："本办法所称第三方机构，是指具有独立法人资格的专业机构，主要包括高等院校、科研院所、专业公司、社会组织等。"

---

① 王向华，张曦琳.管办评分离背景下高等教育第三方评估的探索与实践——以上海市教育评估协会和麦可思研究院为例［J］.当代教育科学，2019(2)：92.

② 邢海燕.第三方教育评价的内涵探讨［J］.中国高等教育评估，2018(3)：7.

综上所述，界定第三方教育评价的内涵时，应具备以下核心词汇：

一是独立自主。第三方教育评价机构是指独立于政府和学校之外，具有法人资格的，且自负盈亏的独立机构。教育第三方评价主要是指独立于学校和政府教育管理部门之外的，具有教育评估资质的机构或组织，对学校的办学资格、教育教学水平等方面进行的评价活动。[①] 界定第三方教育评价机构是否具备独立性，关键看其是否与被评估方之间有直接的利益关系。独立性还体现在是否具备独立法人资格，且财务独立，能够自主开展业务。只有独立自主的教育评价机构才能得到公众的认可。

二是专业权威。第三方教育评价机构必须具备评价理念和制度、专业化的团队，以及能够运用最新信息技术的评价技术水平。第三方教育评价组织开展的评价活动往往是以接受业务委托的方式进行，评价的方式是通过专业化工具完成评价内容的选取、评价指标设定、数据采集及处理、数据结果分析等活动，提高评价标准的全面性、评价技术的先进性、评价过程的科学性以及评价结果的准确性。[②]

三是公正公平。第三方教育评价结果应向社会公众公开，并且主要看其评价的客观、公正程度，评价结果的客观公正主要有赖于政府的有效监督以及市场的真实反馈。

独立自主、专业权威和公正公平是第三方教育评价的本质特征。第三方教育评价机构要有独立法人资格、专业评估能力和团队，其类型可以是高校、科研院所，也可以是社会团体或专业组织等机构，还有官方的教育行政机构（如上海市教育评估院），以及专业公司（如麦可思、陕西高级人才事务所有限公司）等。

## 二、我国实施第三方教育评价现状

近年来，第三方治理已引起我国政府的高度关注与重视，并开始具体推进第三方治理的实践探索。2015年初，国务院办公厅发布了《关于推行环境污染第三方治理的意见》(以下简称《意见》)，《意见》鼓励推行排污者通过缴纳或按合

---

① 佟林杰，卫东. 我国高等教育第三方评价体系构建研究[J]. 当代教育论坛，2013(3)：25-28.
② 莫玉音. 第三方教育评价的困境及策略[J]. 上海教育评估，2018(2)：7.

同约定支付费用，委托环境服务公司进行污染治理的新模式。并从总体要求、环境公用设施投资运营市场化、创新企业第三方治理机制、健全第三方治理市场、强化政策引导和支持等方面，对环境污染第三方治理进行了一系列宏观性指导。该《意见》是我国第一个从国家层面提出第三方治理的文件，对于推动第三方治理具有重大意义。

实际上，我国早在新世纪之初就开始探索教育评价主体、评价内容和评价方法的多元化途径。

2002年12月18日，教育部出台的《关于积极推进中小学评价与考试制度改革的通知》（教基〔2002〕26号）中就提出"评价方法要多样，除考试或测验外，还要研究制定便于评价者普遍使用的科学、简便易行的评价办法，探索有利于引导学生、教师和学校进行积极的自评与他评的评价方法。"

2010年，《教育规划纲要》明确提出"改进教育教学评价。根据培养目标和人才理念，建立科学、多样的评价标准。开展由政府、学校、家长及社会各方面参与的教育质量评价活动。"2013年，《中共中央关于全面深化改革若干重大问题的决定》再次明确提出，"加大政府购买公共服务力度"，"强化国家教育督导，委托社会组织开展教育评估监测。"教育部2014年的工作要点中，明确表示要组织第三方开展教育现代化监测与满意度测评。

财政部于2015年初印发《政府购买服务管理办法（暂行）》，明确提出要从实际出发，准确把握社会公共服务需求，充分发挥政府主导作用，探索多种有效方式，加大对社会组织承接政府购买服务的支持力度，增强社会组织平等参与承接政府购买公共服务的能力，有序引导社会力量参与服务供给，形成改善公共服务的合力。这一办法的颁布，将对推进、规范我国政府购买第三方服务发挥重要的政策支持作用，而教育第三方服务正是政府购买服务的重要组成部分。2015年，教育部下发的《关于深入推进教育管办评分离促进政府职能改变的若干意见》中，具体部署了如何构建"政府管教育、学校办教育、社会评教育"的总体格局。

上海市教育评估协会是国内最早成立的教育评估专业组织，于2004年4月25日正式成立。该协会是一个具有独立法人资格的专业性社会团体组织，目前由300多家团体会员组成。该协会已经成立了教育评估机构专业委员会、高等院校专业委员会、职业教育专业委员会、跨境教育专业委员会、终身教育专业委员会、高职高专院校专业委员会、基础教育专业委员会、高校继续教育专业委员会、互联网教育专业委员会等分支机构，常设机构为协会秘书处。基础教育专业委员会是上海市教育评估协会的分支机构，该委员会制定有《基础教育专业委员会工作条例》，规定其不具有独立的法人资格，在上海市教育评估协会的统一领导和管理下开展工作。不设专门的财务人员，财务管理纳入协会的财务管理，收取的费用归协会所有，由协会负责该委员会的会费等筹集工作。

2012年，成都市教育局联合卫生局委托第三方专业机构，对全市733所中小学1466间教室光环境改造工程进行监测验收。① 西安市教育局在2012年通过公开招标购买社会评价服务的形式，建立起"管办评分离"的科学评价机制。陕西高级人才事务所有限公司最终中标，成为第三方评价的实施者。

由于第三方教育评价在我国起步较晚，因此，还未形成被公众认可的，具有权威性、公信力的教育评价机构。实践表明，为了充分发挥第三方教育评价在现代教育治理体系中的客观、公正和有效的评价功能，首先，需要政府积极培育第三方教育评价机构，围绕建立科学、规范、公正的教育评价制度，教育督导部门具体推进第三方教育评价的培育和实施。其次，尽快制定相应的法律、法规和政策，规范和保护第三方教育评价机构参与教育管理的权利和义务，使各个社会阶层和团体，都有反映自己呼声的组织。

## 三、第三方参与教育评价案例

### （一）山东省青岛市培育并实施第三方参与教育质量评估案例

近年来，针对社会上教育专业机构数量不足，水平不高的实际，青岛市作为全国教育管办评分离改革综合试点单位以及教育质量综合评价改革试点单位，不断深化教育管办评分离，有效规范第三方机构开展教育评价行为，积极培育第三方机构。2014年9月12日，青岛市教育局委托中国海洋大学成立"青岛市教育评估与质量监测中心"，开展青岛市教育评估与质量监测及相关研究工作。教

---

① 周波.我市将委托第三方专业机构监测验收教室光环境改造工程[N].成都日报,2012-12-13（9）.

育局和中国海洋大学双方以签约形式签订了各自职责。

2015年10月30日，青岛市人民政府教育督导室委托第三方评价机构中国海洋大学青岛市教育评估与质量监测中心全面开展教育质量监测工作，在全市11个区市组织实施了小学、初中教育质量综合评价监测。本次监测采用随机抽样的方法，在市辖区11个区市抽取小学133所、初中107所，共计抽取6528名小学五年级学生、6656名初中九年级学生参加本次监测。同时对样本学校相关任课教师、校长进行问卷调查。

从本次实施效果看，有成效，也有问题。从成效看，本次监测，按照教育部中小学教育质量综合评价指标框架，从学生品德发展水平、学业发展水平、身心发展水平、兴趣特长养成等方面对中小学生发展状况进行抽样监测评价，目的是构建体现素质教育要求、以学生发展为核心、科学多元的中小学教育质量评价体系，建立教育质量评价监测工作体制。在本次监测中，青岛市首次启用青岛市中小学教育质量综合评价数字化管理平台，其中的学生问卷部分和校长、教师问卷部分首次采用网络方式进行。青岛市在对本次监测结果全面深入分析基础上，科学运用评价结果，诊断与改进教育教学，全面关注学生发展，引导区市、学校、家长和社会树立全面的教育质量观，形成有利于学生健康成长的社会环境，全面提高教育质量。面临的主要问题是该中心当时还不是法人单位，因此，在购买服务等方面出现问题。

对此，青岛市教育局及时发现问题并加以改进和完善。青岛市教育局出台了《青岛市关于委托第三方机构开展教育评价办法（暂行）》（青教规〔2017〕4号）（以下简称《办法》），该《办法》自2017年11月30日正式实施，有效期至2019年11月29日。按照为什么评、评什么、谁来评、怎么评的基本思路，该《办法》从总则、评价机构与事项、评价工作程序、各方职责、评价监管及结果使用等方面，对开展第三方教育评价的主要目的、机构资质、范围、程序和成果等都做出了具体详细的规范。

按照《办法》中明确开展教育评价工作程序，加强对评价过程及结果的监管，在成果提交后聘请评价事项相关领域专家组成专家验收组，对评价成果进行验收等相关规定，2019年3月15日，青岛市在中国海洋大学学术交流中心召开了 2018 年青岛市教育质量监测项目专家鉴定会，来自教育部、部分高校和青岛的教育专家参加鉴定会。专家组一致通过对 2018 年青岛市教育质量监测项目成果的审核鉴定，并提出了进一步改进、提高质量的建议。

为深化教育质量综合评价改革，推进教育管办评分离，培育独立的第三方评价机构，2018 年 8 月 27 日，青岛市教育局还发布了《关于征集青岛市教育评价第三方机构库成员的通知》（青教通字〔2018〕63 号），决定建设青岛市教育评价第三方机构库，并面向社会公开遴选第三方机构，符合条件的可申请入库。本次征集的对象的业务范围包括：（1）教育法律、法规、政策执行情况；（2）教育改革与发展情况；（3）教育布局与资源配置情况；（4）教育教学质量状况；（5）教育热点、难点、重点问题及舆情；（6）校长、教师专业发展水平；（7）学生综合素质发展水平；（8）需要评价的其他重要事项。根据通知要求，第三方评价机构是指具有教育评价专业能力的，与青岛市各级教育行政部门和被评价方均无直接经济利益和隶属关系的组织机构，主要包括高等院校、科研院所、专业公司、社会团体或其他符合条件的专业机构。

青岛市连续四年委托第三方机构开展全市中小学教育质量监测工作，在委托第三方开展教育评价方面积累了一定实践经验。

（案例来源：孙军. 青岛成立教育评估与质量监测中心［N］. 中国教育报，2014-9-13（02）. 青岛市教育局，青岛市关于委托第三方机构开展教育评价办法（暂行）（青教规〔2017〕4 号）［EB/OL］. 青岛市教育局官方网站，2017.11.29.）

**案例分析：**

1. 以签约方式构建政府和社会各司其职的教育格局

以作为第三方教育评价机构的青岛市教育评估与质量监测中心为例，该中心挂靠在中国海洋大学基础教学中心（属于院级单位），中心成立之初，作为委托方（教育局）和受委托方（中国海洋大学）之间以签约形式明确了各自职责。

中国海洋大学的职责是发挥大学学科和人才优势，为中心提供必要的工作条件，配备相应的管理人员和专业人员，组建评估监测团队；负责中心的日常运行管理工作；承担青岛市教育评估与质量监测体系的研究、构建和实施等相关工作。

青岛市教育局的职责有五方面：一是统筹规划全市教育评估与质量监测工作，指导青岛市教育评估与质量监测中心开展工作。二是负责青岛市教育评估与质量监测的中长期规划、年度项目任务和经费预算的制定。根据规划和年度项目任务，以委托协议或政府采购的形式，向青岛市教育评估与质量监测中心下达年度教育评估与质量监测项目和专项研究、开发任务。三是负责提供项目专项经费，保障中心相关研究和评估监测活动的开展，对相关经费执行情况进行管理和监督。四是负责教育评估与质量监测实施项目的组织和协调工作，指导教育质量监测项目数据采集与实施队伍的建设。五是负责教育评估与质量监测结果的发布和使用。对委托青岛市教育评估与质量监测中心建设的教育评估与质量监测数据库具有所有权。[①]

按照上述双方签约的职责，该中心参与教育评价的业务范畴主要是受教育局委托，开展学前教育、基础教育、职业教育和高等教育等评估与质量监测体系的相关研究、构建（研发团队）和实施工作。具体业务为构建（研发团队），研究制定教育评估与质量监测标准，组织构建教育质量监测基础数据库和系统平台，开发相关软件和监测工具；开展教育质量监测研究和专题调研；协助青岛市教育局完成教育质量监测项目的实施，并负责出具监测报告；负责做好教育质量监测专业队伍培训工作，指导区市开展区域教育质量监测工作等。

正确处理好教育督导室与第三方教育评价机构之间的关系，是保证教育评估和质量监测顺利实施的前提。按照上述双方签订的职责内容，作为委托方的政府教育督导室，其主要职能是负责区域教育评估和质量监测工作的总体规划、负责对监测过程的监督和指导，并最终负责教育评估与质量监测结果的发布和使用。而作为受委托方的青岛市教育评估与质量监测中心，则主要负责组织实施区域教育质量监测工作（如监测的标准、研发平台、监测工具、专题调研、项目实施等）、撰写监测报告、指导学校解读监测结果；参与指导学校整改提高。

青岛市政府充分利益区域高校资源，积极培育并引入第三方教育机构，既弥补了政府专业评估能力的不足，又探索了多元主体参与的教育评价体系，形成了

---

① 青岛市教育局与中国海洋大学合作开展教育评估与质量监测工作［EB/OL］. 鲁网青岛频道 qingdao.sdnews.com.cn, 2014.9.12.

区域教育评价良性发展的态势，并为全国教育质量监测改革提供了有益探索。

2. 在实践中不断完善对第三方教育机构的监管制度

从2014年成立青岛市教育评估与质量监测中心，到2017年制定《青岛市关于委托第三方机构开展教育评价办法（暂行）》（青教规〔2017〕4号），在短短3年时间内，青岛市政府围绕全面深化教育领域综合改革，持续不断地培育和完善区域第三方教育机构。以2017年制定的《青岛市关于委托第三方机构开展教育评价办法（暂行）》为例，该办法具有以下几个特点：一是评价范围广，评价事项由督导事项扩展为全局各项第三方教育评价事项，包括教育法律、法规、政策执行情况，教育改革与发展情况，教育布局与资源配置情况，教育教学质量状况，教育热点、难点、重点问题及舆情，校长、教师专业发展水平及学生综合素质发展水平等事项；二是没有过高设置第三方机构准入门槛，凡是具有一定专业团队、能独立开展教育评价、资金充足且信誉良好的独立法人机构，都可以参与青岛市教育评价，有利于鼓励和培育第三方市场发展；三是明确开展教育评价工作程序，加强对评价过程及结果的监管，在成果提交后聘请评价事项相关领域专家组成专家验收组，对评价成果进行验收，对验收不通过的，可以要求第三方机构进行核实或再评价，有效确保第三方机构的服务质量；四是重视评价结果的使用，把第三方评价结果作为调整教育决策、完善教育政策及改进教育教学工作的重要依据，并在条件允许的情况下，将其作为被评价方资源配置、项目立项、表彰奖励和绩效考核的重要依据，切实提高第三方教育评价的地位和作用。①

3. 第三方教育评价机构趋于专业化发展

实践表明，教育评价具有很强的专业性。要想正确发挥评价的监测、诊断和指导功能，必须要依靠专业机构。青岛市通过政府购买服务的方式，以合同、委托等多种方式向专业组织购买高质量的服务，充分发挥高校、专业学会、行业协会、基金会以及第三方机构等各类社会组织在教育公共治理中的作用，逐步形成了专业化的工具研发团队、数据分析团队、报告撰写解读团队、实践改进指导团队、组织实施团队。

---

① 青岛市教育局.青岛市关于委托第三方机构开展教育评价办法（暂行）[EB/OL].青岛政务网，2017.11.29.

青岛市教育评估与质量监测中心,于2017年5月至6月实施了青岛市中小学(中职)教育质量监测工作。监测工具由中国海洋大学青岛市教育评估与质量监测中心在国内外成熟监测工具的基础上改编和独立研发形成。监测工具包括学生测试试卷以及学生、家长、教师、校长问卷等。经过半年多的数据处理与分析,发布了监测评估结果。监测对象为,四年级、八年级、普高二年级和中职二年级学生。监测内容为,义务教育阶段主要考察学生品德发展、学业发展、身心健康、兴趣特长养成和学业负担5大领域;普通高中考察学生品德发展、学业发展、身心健康、兴趣特长和创新实践5大领域;中等职业学校考察职业素养、学业发展、专业技能、身心健康和人文素养5大领域。以学生的综合素质发展状况,家庭教育对学生发展的重要影响两个方面作为主要监测结果呈现。①

## (二)广东省深圳市罗湖区开展"家长与学生教育满意度测评"工作案例

深圳市罗湖区意识到,在一个区域内全面实施教育满意度测评,仅仅一个区的科研力量不足以完成这个课题。因此,罗湖区区委、区政府在中共深圳市罗湖区委六届四次会议上,率先决定对全区中小学实施教育满意度测评,致力于不断提高办学开放水平,持续满足人民群众对优质教育资源的需求,推动教育内涵式发展。

罗湖区教育督导室与华南师范大学教育科学学院开展合作,研发了《罗湖区家长与学生教育满意度评估》测评体系,探索教育第三方评价的方式,以科研机构的专业力量和科学测量工具方法保证调查研究的客观性与科学性,通过综合使用文献分析法、访谈法、问卷调查法等研究方法,对罗湖区全体中小学校进行教育满意度测评。

罗湖区实施教育满意度调查经历了三个阶段。

第一阶段,研制评估体系。体系主要包含两大板块:"家长教育满意度测评""学生教育满意度测评"。"家长教育满意度测评"侧重对学校教育资源、管理水平、师资建设、家校关系、教学质量、品牌形象等方面进行测评,重点分析家长、社会对学校的诉求和学校的办学短板,为学校发展争取最大的社会支持度。"学生教育满意度测评"侧重对教育资源、管理水平、课程教学、师生关系、

---

① 青岛市教育局,青岛市教育局发布2017年青岛市教育质量监测结果[EB/OL].青岛政务网,2018.7.3.

班级建设和学校形象进行评估，为学校发展提供全面的诊断性建议。此外，还包含"社区教育满意度测评""教育行政部门满意度测评"等。

第二阶段，组织测评。一是宣传发动阶段。充分发挥学校家长委员会的作用，实施"教学开放日"与"学校开放月"，学校各方面工作向家长、社会全面开放，让家长、社会人士了解学校工作与满意度测评，主动参与到学校的教育教学管理中。二是调查测评阶段。从2013年开始，区教育督导室开展正式测评，每年组织一批学校进行满意度测评，采取随机抽签的办法，确定受评学校名单。评估组对受评学校实地组织学生和家长参加问卷测评，每一所学校选取超过30%班级学生和家长参加问卷测评，并对学校部分家长进行电话访谈，根据问卷情况有针对性地组织学校家委会成员及部分家长进行座谈。三是撰写报告阶段。华南师范大学教育科学学院撰写了全区62所学校（分校）的调查报告和罗湖区"家长与学生教育满意度评估"总报告，分别从学校层面与全区层面，分析了社会各阶层满意度整体水平、群众对教育最关心的问题和义务教育均衡发展水平。

第三阶段，结果运用。针对全区教育满意度情况，召开全局反馈会议。会后，各相关职能部门就反馈报告进行自查与整改，有针对性地提高自身的教育管理与服务意识，同时积极指导学校开展整改工作。针对各学校教育满意度情况，委派责任督学和督学责任区督学下校视导，结合学校的"学生、家长教育满意度专项督导评估"报告，对学校存在的问题给出具体的整改意见，并跟进整改进度，督促学校完成整改。总体整改工作进程是：测评发现不足——责任督学提出建议——学校落实改进计划——督学过程监控——总结改进效果——教育满意度提升。

2018年6月，罗湖区委、区政府发布《深圳市罗湖区深化教育领域综合改革实施方案（2018—2020）》。同年暑假期间，罗湖区教育局围绕"罗湖教改"的核心内容开展问卷调查，辖区共有71,827个家庭参与调查。调查结果显示，家长对"罗湖教育"的满意度为93.77%，比2016年提高7个百分点。对教改理念、教改目标以及"保障学位供给""办学模式改革"等教改措施的认同度均在98%以上。

该区教育局这次问卷调查主要围绕了解家长对"罗湖教改"的认知与期待、进一步征求家长们的意见与建议、扩大家长对罗湖区《教改方案》的知晓度等三个目的进行，该区教育局将结合家长对"罗湖教改"的期待，一方面全面推进，一方面突出重点,形成政府、学校和家长之间合力共同推进区域教育综合改革。

(案例来源:办人民满意的教育——深圳市罗湖区开展"家长与学生教育满意度测评"工作案例[Z].罗湖区人民政府教育督导室,2017.5.19.七万份问卷调查解码深圳罗湖教改[N].深圳特区报,2018-09-10(A14).)

## 案例分析:

从提高政府公共教育服务水平的角度讲,对教育满意度进行测评并分析其影响因素,是当前我国教育督导评估领域一项重要的测评方式。通过满意度调查,既有助于掌握民意动向、了解人民群众的期盼、改进基础教育工作,也有助于促进各级政府职能转变和管理方式创新,提高政府基础教育工作绩效评价体系的科学性,推动教育领域管办评分离的落实。从罗湖区满意度调查实施的效果看,可以说有以下几方面的创新举措:

一是探索主体多元教育评价体系。案例表明,罗湖区实施的满意度调查,既有科研院所、第三方教育评价机构,又有家长、学生与社会构成的外部评价。这种开放式、交互式的多元化教育督导评估新机制,不仅打破了政府部门的单一评价体系,而且保障了教育评价的客观、中立和公正。

二是提高了学校教育服务水平。按照治理理念,教育评价的结果是否客观公正不仅有赖于政府的有效监督、专业机构的参与,还要看教育利益相关者(尤其是家长、学生)的真实反馈。罗湖区坚持让服务对象对教育质量进行检验,自2015年至2017年,该区将全部义务教育学校均纳入教育质量社会评价的范围,针对不同类型的学校分别修订指标观测点。实现了家长、学生对学校教育与管理的参与,不仅提升了家长与学生的教育满意度,还帮助学校转变了观念,不断提高教育服务水平,真正成为了家长和学生心目中的优质学校。

三是重视评价结果的运用。罗湖区人民政府教育督导室根据第三方对学校教育满意度测评结果,提炼家长与学生关切的热点难点问题,并围绕教育资源、管理水平、课程教学、师生关系、班级建设和学校形象评估的情况,及时分析原因并提出改进建议。这一过程不仅为学校发展提供全面的诊断性建议,而且还为政府教育决策提供科学准确的发展建议。

四是打造区域教育品牌。罗湖区与华南师范大学教育科学学院合作，在国内外遴选具有较好专业能力的第三方教育评价机构，参与满意度调查，可以有效运用大数据进行采纳数据分析。罗湖区坚持大样本调查和大数据分析，还采取问卷调查、电话访谈、现场座谈等方法，对学生、家长、社区居民、教育同行开展调查，多渠道了解其社会评价状况。其规模之大、抽样之多，在全省乃至全国教育改革上都具有开创意义。

## 四、结论与启示

### （一）政府主动培育和引入第三方教育评价机构，是实行多元治理的客观需要

一方面构建多元化评价体系是保障学校教育质量的关键性制度环节。针对第三方教育机构缺失的现实，以构建客观、中立和公正的、多元化的教育评价体系为目标，政府部门有必要主动积极培育和引入第三方教育评价机构。另一方面教育质量监测未来发展也要求引入专业的第三方教育评价机构。教育质量监测未来发展趋势表明，教育质量监测需要与信息化大数据相结合，构建基于大数据的质量监测结果；横向性评价与增值性教育评价相结合，构建不同发展起点的学校间的质量发展水平评价体系；阶段性评价与过程性评价相结合，推动学校改进工作促进发展；教育机构内部评价与社会评价相结合（引领家长、社区、企业等相关方参与评价），实现质量监测评价的社会化。

上述案例表明，通过与区域内的科研院所合作方式培育第三方教育评价机构的做法，不仅可行，且逐见成效。问题在于，现阶段引入第三方教育评价机构的地区，还仅限于经济发达且区域内科研院所资源较为丰富的地区。对于那些经济欠发达、又缺乏科研院所地区来讲，如何引入第三方教育评价机构？为了保障第三方教育评价机构的有序参与，发挥其客观、公正的评价功能，国家和政府层面作何政策引导和制度规范，这些问题都亟待给予回答和解决。

### （二）第三方教育评价机构的公信力取决于其独立自主性

当前，国内公众对第三方质疑最多的就是其独立性。上述案例表明，目前，多数第三方教育评价机构，都是在政府主导下培育起来的。对此，大家普遍按

照"第三方教育评价机构是指独立于政府和学校之外"的观念，认为政府培育的就存在各种关系，如青岛市教育评估与质量监测中心是挂靠在中国海洋大学基础教学中心，由事业单位组建的专业团队，能否保证其不受政府干预。还有，上海市教育评估院作为第三方教育评价机构，不仅与上海市教委之间有隶属关系，而且其领导也是由政府委派的，等等。这些都无法证明第三方是否具有独立性。由此，有人提出目前国内还没有一家真正独立的第三方教育评价机构的质疑。对此，上海市教育评估协会主任张伟江教授在接受《大学》（研究版）杂志社特约记者访谈时认为，"独立的第三方机构是指业务独立，不是指独立于党政之外。""一个机构是否独立，主要看它在业务上是否受到外部人为干扰。""从本质上讲，个人或机构绝对独立也是不可能的。"任何一项教育制度都要受本国体制的影响，在全面实行党的领导下，"对第三方机构独立性的理解，不能简单地把独立理解为独立于政府之外"。[①] 实际上，目前国外一些第三方教育评价机构也是具备双重属性的，如芬兰教育评价中心是一个同时具有政府和社会第三方双重属性的特殊组织，政府主要提供公共财政支持，业务上完全由第三方独立自主运行。

### （三）获取社会对学校的信赖

教育的公共性不仅体现在保障所有公民能够接受公平教育，而且还体现在保障所有儿童青少年健康成长。构建学校与家长之间的信赖关系，实际上也是为了保障儿童青少年有更加健康有序的成长环境。罗湖区通过采取自我评价、学校关系者评价（家长、学生满意度调查）相结合的方式，旨在处理好学校内部和外部之间的关系。即通过评价这一共建平台，让家长、学生、社区代表等围绕学校教育教学活动交换彼此意见，可促进学校和家长、学生、社区代表之间的相互理解和支持。通过这种活动关系，曾经是学校的"敌人"的家长、学生、社会逐步变成了学校的"朋友"，从过去的敌对关系转变成了同事关系。罗湖区开展社会满意度调查案例表明，试图让他人（家长、学生等）站到自己（学校）立场，将周边各种关系纳入进来，将外部关系转化为内部关系，以此获取社会对学校的满意度。

---

[①] 范秀娣，李维维．管办评分离背景下的教育评估：独立与创新——访上海市教育评估协会主任张伟江教授[J]．大学（研究版），2017(4)：7.

# Postscript 后记

本书围绕当前基础教育治理创新及案例这一主题，基于理念、政策以及实践三个维度，重点从推进现代教育治理的基本策略、政府职能转变及其案例、现代学校制度建设及其案例、构建多元教育评价体系及其案例四部分内容，系统阐述了当前我国基础教育领域构建现代教育治理体系和治理能力的主要探索和实践创新。

本书既有理论依据又有政策背景，同时又有客观性、实证性和可检验性。一是具有客观性。本书所列举的案例基本上是由全国各地区教育局提供，具有真实性、有效性，案例分析以确凿的事实和证据为基础，力求实事求是。二是实证性。本书运用大量专题调研数据，并围绕主题做了多次专题访谈，努力获得对事物特征和变化的"度"的把握。三是可检验性。本书从形成共同概念、共同规则和共同方法的目的出发，依据公共治理理念和教育管理基本原理，对教育治理、教育行政、现代学校制度以及多元教育评价体系等概念进行了一定的分析判断和概括提升。本书对基础教育研究者和管理者具有很好的借鉴参考作用。

本书案例由国家教育行政学院基础教育研究中心征集汇编。在此，特别感谢第43期全国地市教育局长研修班的66位教育局长提供的地方最新创新案例！感谢近年来参加国家教育行政学院培训班的全国各地的地市教育局长、县市教育局长、县市督学和中小学校长，感谢大家对基础教育研究中心开展专题调研给予的大力支持和协助！此外，感谢国家教育行政学院学术文库出版基金对本书出版的资助！

包金玲

2019年9月9日